Religion, Kirche und Staat

Religions- und Kirchenkritik als existentielle Voraussetzung für offene, liberale und säkulare Gesellschaften

Peter Kamleiter

AF199906

INHALT

TEIL II
Staat, Religion und Gesellschaft.
Norm und Wirklichkeit des Religionsverfassungsrechts im Wandel der Zeit

Vorwort

Religions- und Kirchenkritik ist ein noch immer heikles und gesellschaftlich stigmatisiertes Unterfangen. Mit diesem Buch soll aber in Teil 1 dargelegt werden, dass es sich dabei nicht nur um ein unmittelbar in der Sache sehr berechtigtes, sondern auch um ein mittelbares, nämlich für freiheitliche und offene Gesellschaften existentielles Unternehmen handelt. Religionskritik ist kein Unterfangen, für das man sich zu schämen hätte, sondern ganz im Gegenteil, ihr gebührt Respekt und Anerkennung, da sie - historisch betrachtet - aufgrund der eng mit ihr verbundenen Aufklärung eine unabdingbare Voraussetzung für die Entwicklung der modernen freiheitlichen Verfassungen und Gesellschaften darstellt. Die wichtigsten Einwände gegen die monotheistischen Glaubensansprüche, stellvertretend am Christentum dargelegt, werden hier chronologisch und wissenschaftsbasiert aus theologischer, philosophischer und naturwissenschaftlicher Sicht vorangestellt. Mit dieser seit der Neuzeit einsetzenden, permanent zunehmenden und in der Aufklärung kulminierenden Religionskritik ist auch der korrelativ hierzu schwindende Einfluss des Religiösen auf Gesellschaft und Politik verbunden, der die heutigen freiheitlich-säkularen Verfassungen und Gesellschaften erst ermöglicht hat.
Im zweiten Teil soll, unter Bezugnahme auf das Religionsverfassungsrecht, eine kritische Evaluation des Verhältnisses von Religion, Kirche und Staat in der heutigen BRD vollzogen werden. Dabei wird deutlich, dass durch die zahlreichen und weltweit beispiellos großzügigen Privilegien, welche den beiden großen christlichen Kirchen seitens des deutschen Staates im Laufe der Geschichte der Bundesrepublik Deutschland zuerkannt worden sind, es immer mehr zu einer verfassungsrechtlich problematischen Schieflage zwischen Rechtsnorm (Grundgesetz) und Rechtspraxis gekommen ist. Der Zusammenhang zwischen den Themen der beiden Teile des Buches besteht darin, dass dann, wenn die beiden großen christlichen Volkskirchen in

ihren ethisch-moralischen wie auch in ihren Glaubensansprüchen aufgrund einer zunehmend religionskritischer und somit säkularer werdenden Bevölkerung massiv an gesellschaftlicher Bedeutung verlieren, auch nicht mehr der von ihnen beanspruchte exorbitante Einfluss auf Politik, gesellschaftliche Institutionen und Medien gerechtfertigt ist. Das gilt insbesondere auch für die noch aus den für die Kirchen „besseren" Zeiten herrührenden und zudem auch noch sehr kostspieligen Privilegien, die ihnen vom bundesdeutschen Staat in einer weltweit einzigartigen Großzügigkeit zugestanden werden. Es ist gesellschaftspolitisch schlicht nicht mehr zu rechtfertigen, dass diese mit den Kirchenprivilegien verbundenen, exorbitant hohen Kosten von einer immer mehr anwachsenden Zahl an kirchenfernen Steuerzahlern mitfinanziert werden müssen. Sowohl die auf den den christlichen Kirchen zuerkannten Status der Körperschaft des öffentlichen Rechts beruhenden Privilegien als auch deren gesellschaftlich schwindende Bedeutung, was die Mitgliedszahlen und die moralische Akzeptanz in der Bevölkerung betrifft, sind Veranlassung genug, deren verfassungsrechtlich problematische staatliche Bevorzugung kritisch zu hinterfragen.

Im ersten Teil wird somit zunächst anhand einiger Beispiele dargelegt, dass Religionskritik neben ihrer inhaltlichen Berechtigung auch von entscheidender Bedeutung gewesen ist, was die Entwicklung von mittelalterlichen theokratischen Gesellschaftsstrukturen hin zu den modernen säkularen und freiheitlichen Verfassungen angeht. Das ist kein Prozess, der damit abgeschlossen wäre, denn auch heute noch stellt die permanente kritische Auseinandersetzung mit religiösen Systemen und ihren ideologischen wie gesellschaftlichen Ansprüchen eine notwendige und existentielle Bedingung für den Erhalt von offenen und demokratischen Gesellschaften dar. Das mag gegenwärtig mehr für den Islam als für das mittlerweile weitgehend sich an die Aufklärung angepasste Christentum gelten. Letztendlich aber profitieren auch die in der BRD immer mehr zur Minderheit werdenden religiösgläubigen Bürger von der durch die Religionskritik und Aufklärung erst ermöglichten säkularen Verfassung, denn sie gewährt - ebenso wie andere demokratische Staaten mit ihren freiheitlichen Verfassungen auch - allen Bürgern, egal welcher Glaubensgemeinschaft sie angehören, ein Leben in Freiheit, religiöser Selbstbestimmung, Frieden und damit letztlich auch in materiellem Wohlstand. Als ein grundlegendes Moment der Aufklärung war und ist die Religionskritik somit eine conditio sine qua non für einen über Jahrhunderte andauernden und in Wellen verlaufenen Säkularisierungsprozess, an dessen vorläufigem Ende die heutigen freiheitlich demokratischen Staaten mit ihren säkularen Verfassungen und den Menschenrechten stehen. Insofern ist die Religionskritik nicht nur inhaltlich, sondern auch was ihre historische Auswirkungen auf freiheitliche Verfassungen und Gesellschaften angeht, weitaus bedeutender und besser als ihr bisheriger, von klerikaler Seite propagierter schlechter Ruf. Denn mit einer sich auf Vernunft und wissenschaftlichen Erkenntnissen stützenden Religionskritik ist immer auch eine Relativierung der inhaltlichen und gesellschaftlichen Ansprüche religiöser Systeme verbunden. Eine Hinterfragung von Religionen, Gottheiten und allein selig machenden Glaubenswahrheiten hat als Wirkung immer auch eine gesunde kritische und vor allem auch gelassenere Einstellung der Gesellschaft gegenüber den religiösen Institutionen zur Folge, was deren Autorität, Macht und Einflussnahme deutlich eingrenzt. Damit wiederum wird auch die Toleranz gegenüber anders- oder „ungläubigen" Systemen und somit letztlich auch der gesellschaftliche Frieden gefördert. Denn, wie die Geschichte gerade der monotheistischen Weltreligionen lehrt, standen Freiheit, Friedfertigkeit und Wohlstand tatsächlich immer dann in größter Blüte, wenn der Einfluss des Religiösen auf die Menschen am geringsten war. Dass dies auch heute noch seine Gültigkeit besitzt, zeigt der Vergleich zwischen den sehr gegensätzlichen theokratisch und demokratisch verfassten Staaten. Insofern stimmt die These, dass auch religiöse Glaubensgemeinschaften und gläubige Bürger von den Segnungen, die im Zusammenhang mit Religionskritik,

Aufklärung und den säkularen Verfassungen stehen, letztlich profitieren. Leider scheint diese historisch belegbare Tatsache vielen der in offenen demokratischen Gesellschaften lebenden und von ihnen profitierenden Mitbürgern mit einer eher „orthodoxen" oder gar fundamentalistischen Glaubensgesinnung nicht bewusst zu sein. Bevor die gesellschaftlichen und politischen Auswirkungen der Religionskritik für das Zustandekommen freiheitlicher und offener Gesellschaften gewürdigt werden, soll aber zunächst als Voraussetzung hierzu, die sachliche Berechtigung einer wissenschaftsbasierten Religionskritik auf der Grundlage der historisch-kritischen Theologie, an einigen Beispielen aus dem Alten und Neuen Testament aufgezeigt werden. Danach werden weitere Einwände von bedeutenden Philosophen, Theologen und auch Naturwissenschaftlern gegen die (monotheistischen) Offenbarungsreligionen am Beispiel des Christentums zusammengefasst. Die damit verbundene Chronologie der Religionskritik zeigt deren zunehmenden Einfluss auf den damit korrelierenden Säkularisierungsprozess in Europa seit der Neuzeit bis heute sowie den damit verbundenen Autoritäts- und Glaubwürdigkeitsverlust vermeintlich allein seligmachender Glaubenssysteme. Dabei wird ebenfalls deutlich werden, dass die durch die Aufklärung errungenen freiheitlichen Werte wie die Menschenwürde oder die Menschenrechte als humanistische Errungenschaften weit über die sogenannte „christliche Ethik" hinausgehen und nicht wegen des Christentums, sondern trotz des Christentums entstanden sind, da sie erst gegen den erheblichen Widerstand der christlichen Kirchen durchgesetzt werden mussten. Freiheitliche Grundwerte wie Religionsfreiheit, Meinungs- und Wissenschaftsfreiheit, Emanzipation, sexuelle Selbstbestimmung oder Toleranz gegenüber Andersdenkenden mussten ihnen erst in einem langwierigen und erbitterten Kampf abgetrotzt werden. Noch 1864 hatte Pius IX. in seinem „Syllabus errorum" in Form eines Bannfluchs achtzig liberale Irrtümer angeprangert, darunter auch die individuelle Religionsfreiheit, die staatliche Schule, die staatliche Ehescheidung, die Anerkennung einer anderen

als der katholischen Religion als ausschließliche Staatsreligion. Seit der Aufklärung kämpfte die christliche Theologie gegen den humanistischen Autonomiegedanken als frevelhafte Anmaßung. Selbst im Evangelischen Staatslexikon von 2006 befindet sich unter dem Kapitel Grundrechte keinerlei Hinweis auf eine christliche Herkunft der Menschenrechte.[1]
Mit der Aufklärung und mit kritisch denkenden Philosophen ist somit auch in ethischer und gesellschaftlicher Hinsicht ein Fortschritt verbunden, der zu den heutigen freiheitlichen und säkularen Verfassungen bzw. Staaten geführt hat. Aufgrund der restriktiven Rolle, die die Kirchen in diesem Entwicklungsprozess und in der Historie im Allgemeinen gespielt haben, liegt dann natürlich auch die Frage auf der Hand, ob deren Anspruch als unverzichtbare ethisch-moralische Instanz für unsere Gesellschaft überhaupt gerechtfertigt ist. Immerhin wird mit dem Argument der ethisch-moralischen Leitfunktion der Einfluss der Kirchen auf Gesellschaft, Politik und staatliche Einrichtungen und vor allem auch deren noch näher zu schildernden Privilegien, gerechtfertigt. Zumindest war es für die Väter und Mütter des Grundgesetzes nach den Erfahrungen der Nazidiktatur ein Hauptanliegen, mit dem Religionsverfassungsrecht ein kooperatives Modell zwischen Staat und Religion zu erschaffen, das auf der Annahme beruhte, die christlichen Kirchen hätten einen besonderen ethisch-moralischen Status, der der Sittlichkeit und dem inneren Frieden dienlich ist. Die sehr fragwürdige historische Rolle, die die katholische wie auch evangelische Kirche im „Dritten Reich" gespielt haben, scheint hierbei allerdings übersehen worden zu sein. So auch die Frage, wie aus einer hauptsächlich aus katholischen und evangelischen Christen bestehenden christlichen Gesellschaft der Weimarer Zeit der Nationalsozialismus und der Holocaust hervorgehen konnte. Wenn man das Argument des unentbehrlichen ethisch-moralisch Führungsanspruchs der christlichen Kirchen ernst nimmt, hätte es in einer ausschließlich christlich zusammengesetzten Bevölkerung wie der deutschen in der Vorkriegszeit, diese schreckliche

Entwicklung von 1933 bis 1945 inklusive des Holocaust, gar nicht geben dürfen. Das ethisch-moralische Argument, mit dem die große gesellschaftliche Bedeutung der beiden großen christlichen Kirchen und die ihnen deshalb zugestandene staatliche Privilegierung aufrecht erhalten werden soll, scheint historisch betrachtet jedenfalls nicht zu greifen. Auch Umfragen belegen, dass der ethisch-moralische Führungsanspruch der Kirchen und das in sie gesetzte Vertrauen in der bundesdeutschen Bevölkerung enorm eingebüßt haben.[2] Das mag unter anderem an dem Scheitern an den eigenen Ansprüchen in der Kirchengeschichte, an dem im Vergleich zu ihrem Religionsstifter „unanständigen" Reichtum oder aber an den zahllosen Skandalen (Missbrauchsfälle) liegen. Hinzukommt noch ein enormer Glaubwürdigkeitsverlust, was den durch die historisch-kritische Methode aufgedeckten Wahrheitsgehalt der biblischen Geschichten und der darauf beruhenden Religionen angeht. Heute glauben selbst zahlreiche Katholiken und Protestanten nicht einmal mehr an ganz zentrale und essentielle Glaubenswahrheiten und Dogmen, die doch das Wesen und die Identität einer jeden Religion ausmachen. Auch dies wird mit Statistiken und Zahlen zu belegen sein.

Wie bereits eingangs kurz erwähnt, soll im zweiten Teil des Buches die Beziehung zwischen Staat, Kirche und Gesellschaft in Hinblick auf das Religionsverfassungsrecht durchleuchtet werden. Hierbei zeigt sich, dass die zahlreichen und sehr weitgehenden, dabei in der Welt fast einmaligen Privilegien, welche die beiden christlichen Volkskirchen staatlicherseits zugesprochen bekommen, verfassungsrechtlich als teilweise hoch problematisch einzustufen sind. Auch die demographische und religionssoziologische Entwicklung in der BRD, bei der die christlichen Kirchen in den vergangenen Jahrzehnten dramatisch an Mitgliedern und gesellschaftlicher Bedeutung eingebüßt haben (und auch allen Prognosen gemäß in Zukunft weiterhin noch einbüßen werden), drängt nach einer kritischen Hinterfragung der in der BRD sehr weitgehenden

Kirchenprivilegien. Immerhin müssen die damit verbundenen finanziellen Kosten für die privilegierten christlichen Institutionen und ihren immer weiter sinkenden Mitgliederzahlen von den damit korrelierenden, immer mehr werdenden nicht-christlichen Steuerzahlern getragen werden. Insofern geht die im ersten Teil dargelegte Notwendigkeit und Berechtigung der Religionskritik für das Zustandekommen und für den Erhalt freiheitlicher und demokratischer Verfassungen und Gesellschaften über in eine im zweiten Teil vollzogenen Kritik an einer nicht verfassungskonformen Umsetzung des Religionsverfassungsrechtes durch die Politik und teils auch durch die Justiz. Hier ist eine - vielleicht aus persönlichen religiösen oder traditionalistischen Gründen zu erklärende - Verweigerungshaltung zu konstatieren, die noch immer vorhandene Bevorzugung und Privilegierung der christlichen Kirchen zu unterbinden. Damit werden die verfassungsrechtlich zumindest als „problematisch" einzustufenden und nicht mehr zeitgemäßen, weil den demographischen und religionssoziologischen Veränderungen in der BRD nicht Rechnung tragenden Kirchenprivilegien künstlich und zu Lasten der steigenden Zahl an kirchenfernen Steuerzahlern aufrecht erhalten. Dieser Missstand wird anhand konkreter Beispiele im Einzelnen deutlich gemacht und dessen Beseitigung gefordert. Vorher wird aber zu prüfen sein, wie sich die demographische und religionssoziologische Situation in der BRD, in Zahlen ausgedrückt, darstellt. Diese hat sich aufgrund starker Flucht- und Migrationsbewegungen dramatisch verändert. Gleichzeitig und parallel zu dieser multireligiösen Entwicklung hat eine zunehmende Säkularisierung der bundesdeutschen Bevölkerung stattgefunden. Mittlerweile stellt die Gruppe der „Konfessionsfreien" die größte weltanschauliche Fraktion (38 Prozent), noch vor den den Katholiken (27 Prozent) und Protestanten (25 Prozent) dar. Und das vor dem Hintergrund noch immer anhaltender Austrittszahlen. Der Rest der bundesdeutschen Bevölkerung setzt sich aus ca. 5% Muslimen und zahlreichen kleineren Religionsgemeinschaften zusammen. Interessant ist dabei, wie viel mediale

Aufmerksamkeit diese religiösen Gemeinschaften im Vergleich ihres prozentualen Anteils an der Gesamtbevölkerung und vor allem im Vergleich zu der stärksten Fraktion, nämlich den nicht-religiös gebundenen Bürgern, zugesprochen bekommen. Jedenfalls hat sich die Bundesrepublik seit ihrer Gründung von einem einst fast zu einhundert Prozent rein christlichen zu einem zunehmend polyreligiösen und gleichzeitig säkularer werdenden Land entwickelt, bei anhaltender Tendenz. Das bedeutet eine enorme kulturelle Verschiebung von einer vor wenigen Jahrzehnten noch religiös homogenen, hin zu einer multikulturellen und weltanschaulich höchst diversen Gesellschaft, verbunden mit sehr unterschiedlichen und konfliktgeladenen Interessenlagen. Darauf muss der säkulare und weltanschaulich-religiös neutrale Staat als „Heimstatt aller Bürger[3] reagieren und einen angemessenen für alle weltanschaulich und religiösen Gruppierungen als gerecht und neutral empfundenen Interessensausgleich sorgen. Eine Privilegierung von speziellen Religionsgemeinschaften, auch wenn das aus historischen und prägenden Gründen von christlich gesinnten Politikern, Juristen und Theologen so gesehen und mit dem Begriff „christliche Leitkultur" gefordert wird, darf es laut unserer Verfassung nicht geben. Man muss kein Freund der multikulturellen Einwanderungspolitik sein, aber da sie nun mal auch religionssoziologische Fakten geschaffen hat, darf hier nach maßgeblicher Vorgabe durch das Grundgesetz nicht mit zweierlei Maß gemessen werden. Auch diese nicht zu leugnende demographische Entwicklung, bei der die Kirchen auch zahlenmäßig immer weiter an Bedeutung verlieren, drängt also immer mehr zu der Frage, wie zeitgemäß die Kirchenprivilegien überhaupt noch sind und wie sehr die Kirchen erst schrumpfen müssen, bis selbst die hartgesottensten Kirchenlobbyisten einsehen werden, dass nun der Punkt erreicht ist, an dem diese zur Makulatur verkommen sind, weil sie keinerlei gesellschaftlichen Rückhalt mehr besitzen.

Mit der eben erwähnten liberalen Flüchtlings- und Migrationspolitik, die insbesondere mit einem immensen Zuzug von Menschen aus islamischen Ländern verbunden ist, ergeben sich aufgrund der großen kulturellen Unterschiede weitere Probleme, die eben auch mit der Religion, also mit dem Islam, verbunden sind. Da die beiden großen christlichen Volkskirchen eine Aufklärung durchlaufen mussten und längst den säkularen, religions- und weltanschaulich neutralen Staat akzeptieren, muss das Hauptaugenmerk einer künftigen Religionskritik auch auf der Auseinandersetzung mit dem Islam liegen. Hier sind die mit der Aufklärung verbundenen freiheitlichen Errungenschaften noch lange nicht verinnerlicht oder gar zu einer Selbstverständlichkeit geworden. Selbst bei vielen hier schon seit Generationen lebenden Muslimen sind rückwärtsgewandte, archaische und patriarchalische Strukturen noch immer fest verwurzelt. Skeptiker sehen hier eine grundsätzliche Unvereinbarkeit des Islam mit der westlichen Art des Lebens, mit den offenen Gesellschaften und ihren freiheitlichen Werten. Denn in säkularen Demokratien beruhen die Gesetze und Werte auf dem Willen der Bürger und nicht auf heiligen Büchern oder irgendwelchen Gottheiten. Das Volk selbst ist hier der Souverän, es selbst gibt sich seine Verfassung inklusive der darin enthaltenen Wertvorstellungen und Gesetze. Götter und Religionen sind ihr untergeordnet, eben weil man aus der Geschichte gelernt hat. Die damit verbundene Depotenzierung des Göttlichen und Religiösen könnte dabei durchaus einen unüberwindbaren Widerspruch zwischen dem Selbstverständnis des Islam und dem säkularer Demokratien darstellen, der sich genau dann in für die freiheitlichen Gesellschaften existenzbedrohenden Konflikten entladen könnte, wenn es die demographischen Verhältnisse eines Tages erlauben sollten. Wie also soll der säkular geprägte freiheitliche Rechtsstaat mit den teilweise gegen ihn selbst gerichteten antidemokratischen und antiliberalen Formen des Religiösen umgehen? Auch auf diese Frage soll näher eingegangen werden. Allerdings muss der Grundsatz gelten, dass nicht die größtmögliche Religiosität, sondern ein gutes und friedliches Leben in Freiheit, Gleichheit und Brüderlichkeit oberstes Verfassungsgebot ist. Damit verbunden ist aber auch das für freiheitliche Gesellschaften existentiell wichtige Prinzip: Keine Toleranz gegenüber der Intoleranz!

Die thematische Verbindung zwischen dem ersten religionskritischen Teil und dem zweiten religionssoziologischen bzw. religionsverfassungsrechtlichen Teil besteht also darin, dass dann, wenn etablierte Religionen und ihre Götter sich für immer mehr Bürger der BRD aufgrund ihres säkularen Weltbildes als nicht mehr annehmbar erweisen und sie zudem auch noch ihre ethisch-moralische Glaubwürdigkeit einbüßen, auch ihr gesellschaftspolitischer Anspruch (von dem die Väter und Mütter des Grundgesetzes noch überzeugt waren) verfällt, für das gesellschaftliche Zusammenleben die höchste ethisch-moralische und göttlich legitimierte Instanz zu sein. Was aber rechtfertigt dann noch die zahlreichen und weltweit einmaligen Privilegien der ohnehin unermesslich reichen Kirchen? Ein unermesslicher Reichtum, der zudem völlig konträr zur Armut des Religionsgründers steht und von dem ebenfalls noch näher zu sprechen sein wird. Insofern stellt der zweite Teil des Buches keine Religionskritik mehr dar, sondern geht einen Schritt darüber hinaus, indem er die Politik und die staatlichen Institutionen anklagt, weil sie das Religionsverfassungsrecht in wichtigen Bereichen nicht adäquat und zeitgemäß umsetzen. Politik und Teile der Justiz tun sich sehr schwer damit, die gesellschaftlichen Veränderungen in religionssoziologischer Hinsicht zum unterstellten Zweck der kirchlichen Besitzstandswahrung zur Kenntnis zu nehmen und daraus die notwendigen Konsequenzen zu ziehen, nämlich die Abschaffung der Kirchenprivilegien.
Schließlich soll noch betont werden, dass es nicht die Absicht des Buches ist, für eine Gesellschaft ohne Gott zu werben, sehr wohl aber für einen säkularen Staat ohne Gott, so wie es im Grundgesetz bzw. im Religionsverfassungsrecht festgeschrieben ist. Hierzu aber gehört die konsequente Umsetzung der religiösen und weltanschaulichen Neutralität des Staates, die Trennung von Staat und Religion/Kirche sowie die Äquidistanz des Staates zu allen Weltanschauungs-

und Religionsgemeinschaften, mit der auch deren Gleichbehandlung verbunden ist. Die dabei von der säkularen Verfassung durchaus intendierte enge Kooperation des Staats mit den Religions- und Weltanschauungsgemeinschaften (RWG) ist zu respektieren, sie fordert aber dennoch die Unterordnung aller Religions- und Weltanschauungsgemeinschaften unter das Grundgesetz, was für den gesellschaftlichen Frieden in einer multireligiösen Gesellschaft durchaus förderlich ist. Nicht vergessen werden darf bei alldem, dass trotz der zunehmenden polyreligiösen Entwicklung viel mehr noch eine säkulare Entwicklung innerhalb der bundesdeutschen Bevölkerung zu konstatieren ist, was bei der Umsetzung von Religionsfragen ebenfalls von staatlicher und religionspolitischer Seite irgendwann nicht mehr ignoriert werden kann. Der Anteil dieser „schweigenden" und friedlichen Mehrheit, nämlich der Konfessionslosen und der im strengen Sinne der Kirchen nicht mehr kirchengläubigen Bürger, stellt mittlerweile - bei anhaltender Tendenz - die größte Gruppierung noch vor allen anderen religiösen Glaubensgemeinschaften dar. Dies darf religionspolitisch, trotz massiver Lobbyarbeit und größter kirchenpolitischer Einflussnahme auf die Politik, von dieser nicht außer Acht gelassen werden.

TEIL I
Die inhaltlich-faktische Berechtigung der Religions- und Kirchenkritik

1. Einleitung

Eine sichere und auch nachweisbare Antwort auf die Frage, ob ein höheres Wesen (oder auch mehrere höhere Wesen) existiert, das die Welt erschaffen hat und lenkt, ist objektiv betrachtet noch keinem Menschen gelungen. Sie ist seriös auch nicht abschließend beantwortbar. Als eine mögliche Option wird sie aber seit Menschengedenken sowohl in den primitiven Religionen bis hin zu theologischen und (natur-)philosophischen Theorien in allen möglichen Varianten diskutiert. Sofern man dieses höhere Wesen rein abstrakt in Erwägung zieht, ohne die ihm in den Religionen zugeschriebenen Eigenschaften und (Wunder-)Geschichten, die der Mensch bzw. jede Kultur letztlich aus seinem/ihrem eigenen Wesen ableitet, ist die Hypothese einer rein abstrakten höheren Macht ohne Eigenschaften für jede Religionskritik unangreifbar. Denn jede Kritik benötigt konkrete Aussagen, auf die sie sich beziehen kann. Und diese finden wir in den traditionellen (monotheistischen) Religionen zuhauf. Sie bestehen aus ganz konkreten Vorstellungen und Erzählungen, die mit einem absoluten Wahrheitsanspruch verbunden sind, den es um des Seelenheilswillen zu glauben gilt. Umso konkreter die Glaubensinhalte und Geschichten in den heiligen Büchern sind, um so besser lassen sie sich fassen und überprüfen. Somit geht es in der Religionskritik primär gar nicht um die Frage, ob ein höheres Wesen prinzipiell existiert oder nicht, sondern darum, ob die konkreten Angaben, die Religionen und deren zugrunde liegenden heiligen Bücher machen, plausibel und glaubhaft sind, ob sie einer kritischen Evaluation der Vernunft und der Wissenschaften standhalten können. Und hier zeigt sich eben anhand einer kritischen und wissenschaftsbasierten Evaluation, dass auch Religionen mit ihren Geschichten,

Gottes- und Weltbildern ganz profan der kulturellen Evolution unterliegen, dass sie sich völlig kausal als letztlich psychologisch, soziologisch, politisch, kulturell und historisch ausweisbare Produkte der Menschheitsgeschichte herleiten lassen. Damit werden sie in ihren transzendent begründeten Glaubens- und Machtansprüchen freilich stark infrage gestellt, womit durchaus individuelle, Trost spendende und mit paradiesischen Glaubensvorstellungen verbundene Hoffnungen zerbrechen können. Der mit ihrer Entzauberung allerdings auch einhergehende positive Effekt zeigt sich darin, dass Religionen mit der Aufklärung und der dieser zugrunde liegenden Religionskritik ihre Macht und ihren immensen gesellschaftlichen Einfluss im irdischen Dasein immer mehr verloren haben. Das war eine wesentliche Voraussetzung für die Entwicklung von theokratischen Gesellschaftsmodellen hin zu freiheitlichen säkularen Verfassungen und Gesellschaften. Die „Karriere" Jahwes beispielsweise, von einer ursprünglich regional begrenzten und unbedeutenden Gottheit unter vielen anderen hin zum alleinigen omnipotenten Weltenschöpfer, sie lässt sich rein kulturhistorisch und ohne Hinzuziehung übernatürlicher Spekulationen sehr plausibel nachzeichnen. In Nicäa (325) wurde Jesus als „Gottessohn" dogmatisiert und in Konstantinopel (381) folgte, nach jahrzehntelanger Diskussion, das Dogma vom dreieinigen Gott, indem der „Heilige Geist" als Teil des Göttlichen festgelegt wurde. Am 1. November 451 erhält Christus in Chalkedon seine zwei Naturen als "wahrer Mensch und wahrer Gott". Somit lässt sich historisch sehr stringent nachvollziehen, wie die Karriere Jahwes unter ganz profanen Voraussetzungen verlaufen ist. Er avancierte zunächst von einer ehemaligen unbedeutenden regionalen Berggottheit zu einem Kriegsgott, dann zum Vater eines Sohnes (Jesus Christus), der später zusammen mit dem Heiligen Geist eine trinitarische Einheit darstellt, mit dem Anspruch nun auch noch als alleiniger allwissender, allgütiger und allmächtiger Schöpfer des gesamten Universums zu gelten. Auch die damit verbundene biblische Vergöttlichung und Adaption Jesu durch den alttestamentarischen Gott hat nur noch wenig mit dem historischen Jesus zu tun. Zurecht unterscheidet man in der Theologie deshalb den Jesus des Glaubens, so wie er in der Bibel dargestellt und vergöttlicht wird, von dem historischen Jesus, also dem Menschen, wie er wirklich gelebt und gewirkt hat.

Mehr noch als von naturwissenschaftlicher oder philosophischer Seite sind es mittlerweile die Erkenntnisse einer kritisch-historisch vorgehenden Theologie selbst, die essentielle Glaubensgrundlagen kompetenter infrage stellt, als es andere Disziplinen je tun könnten. Ohne argumentative Umwege, wie in der Philosophie oder den Naturwissenschaften, setzt sie mit der historischen Infragestellung und Analyse zentraler Glaubensaussagen in den heiligen Büchern und den daraus entstandenen dogmatischen Konstrukten die Axt direkt am Stamm des Baumes an, an dem sich die vielzähligen Verästlungen der theistischen Religionen mit dem Judentum, Christentum, Islam und ihren zahlreichen Erscheinungsformen seit der Entstehung des (abrahamitischen) Monotheismus auf ganz profane Weise verzweigt haben. Aus einer historischen Sichtweise heraus lässt sich nämlich mühelos aufzeigen, dass alle Religionen von älteren Kulturen, also auch von anderen Religionen und vor allem auch von politischen Ereignissen beeinflusst wurden. Auch Religionen unterliegen somit einem „evolutiven" Entwicklungsprozess. Die geographische Lage zu benachbarten Kulturen, die klimatischen Verhältnisse und die damit verbundene Lebensweise, dies und noch vieles mehr spielt eine Rolle bei der Herausbildung von Religionen. Nomadenvölker haben andere Gottesvorstellungen als Bergvölker oder sesshafte Kulturen, in denen sich eine schriftliche Fixierung religiöser Vorstellungen herausbilden konnte. Die unterschiedlichen lebensweltlichen Verhältnisse wie geographische Lage, Klima, politische Bündnisse, gewonnene oder verlorene Kriege, die damit verbundenen spezifischen Lebenssituationen, gegenseitige kulturelle Beeinflussungen, Sorgen, Nöte, Hoffnungen usw., alle diese natürlichen und menschlichen Einflüsse unterliegen einem ständigen Wandel und prägen im Laufe der Geschichte die Religionen unterschiedlicher Kulturen. Diese natürliche, nämlich anthropologische, soziologische, psychologische oder historische Erklärung für die Entstehung unterschiedlichster religiöser Systeme und ihren Heiligen Schriften steht natürlich im Gegensatz zu deren behaupteter göttlichen Provenienz und dem damit verbundenen Absolutheitsanspruch. Dabei ist der Eingottglaube nicht einmal die Erfindung der abrahamitischen Offenbarungsreligionen. Er wurde wahrscheinlich von Echnaton im 14. Jahrhundert v.u.Z. in Ägypten erstmals in der Geschichte der Menschheit eingeführt und erst später von den Juden in veränderter Form und unter Einfluss benachbarter Religionen wie dem Zoroastrismus übernommen. Denn für das frühe Israel ist die Verehrung mehrerer Götter archäologisch wie exegetisch nachweisbar.

Aber auch diese Religionen wurden, ebenso wenig wie der Jahweglaube, nicht aufgrund ihrer intellektuellen Plausibilität verbreitet und angenommen, sondern neben den gerne angenommenen paradiesischen Versprechungen eines ewigen Lebens für ihre Anhänger musste noch gewaltig mit dem Schwert nachgeholfen werden. Zahlreiche grausam vollzogene Zwangsmissionierungen, die als Alternative nur den Tod oder die Taufe kannten, waren ebenfalls dazu notwendig. Die Liste und die Schilderungen der Grausamkeiten, die im Namen der monotheistischen Offenbarungsreligionen verübt wurden, ist lang und schockierend. Die religiösen Systeme des Judentums, Christentums und des Islam, ihre Macht, ihr Reichtum, ihr gesellschaftlicher und politischer Einfluss, all das existiert nicht aufgrund irgend eines tatsächlich sich in diesen offenbarenden Gottes, sondern zu einem ganz erheblichen Teil aufgrund eines intoleranten Wahrheitsanspruchs, der mit unerbittlicher Gewalt durchgesetzt wurde. Hat also Nietzsche aus heutiger Sicht nicht Recht, wenn er die rhetorische Frage stellt, ob man sich mit dem Christentum (aber ebenso auch mit allen anderen auf Offenbarung beruhenden monotheistischen Schriftreligionen) „nach dem gegenwärtigen Stand der

Erkenntnis" überhaupt noch einlassen kann, „ohne sein intellektuales Gewissen heillos zu beschmutzen"? Diese suggestive, aber keinesfalls unberechtigte Frage müsste aufgrund des heutigen Kenntnisstandes über die „Kriminalgeschichte" der monotheistischen Religionen sogar noch auf das „ethisch-moralische" Gewissen bezogen und erweitert werden.

Im Nachfolgenden soll eine kurze Zusammenfassung einer auf wissenschaftlichen Erkenntnissen beruhenden Betrachtungsweise heiliger Schriften am Beispiel des Alten und Neuen Testamentes gegeben werden.[4]

1.1 Das Alte Testament

Der Name des alten biblischen Gottes JHW taucht erstmals in einer ägyptischen Ortsnamensliste um 1350 v. Chr. auf. Die Rede ist dort von Jahwe-Beduinen. Abgeleitet wird diese Bezeichnung sowohl von dem von dieser Gruppe verehrten Gottesnamen als auch dem Berg, auf dem dieser Gott verehrt wurde. Land, Bewohner und Gott hatten also den gleichen Namen. Daraus lässt sich folgern, dass Jahwe ursprünglich eine regionale Berggottheit gewesen war und anfänglich noch gar nichts mit Israel zu tun hatte, das in vorstaatlicher Zeit auch noch gar nicht existierte. So wie es sich heute darstellt, war Jahwe ursprünglich nur eine von zahlreichen regionalen Gottheiten, die von einem kleinen Bergstamm, den Schasu-Medianiter, an einem bestimmten Ort, dem Gottesberg am Roten Meer auf heutigem saudiarabischen Territorium, verehrt wurde. Irgendwann muss es zum Kontakt mit einer Gruppe von Judäern gekommen sein, die ihn sozusagen „adoptierten" und bei denen er schließlich zum Kriegs- und Staatsgott und später sogar zum universellen Weltenschöpfer der Juden, Christen und Muslime avancierte. Für diese These spricht auch, dass die Erzväter Abraham, Isaak und Jakob Jahwe noch gar nicht kannten. Ihnen sind noch die sogenannten El-Gottheiten erschienen. (Vgl. Ex 6,2-3) Erst in nachexilischer Zeit setzte sich, und zwar durch entsprechenden Einfluss der Priesterschaft, der Jahweglaube durch. Die Existenz anderer Götter anderer Völker wurde dabei aber immer noch anerkannt und nicht geleugnet (Monolatrie).der sich im Laufe der Zeit zum drei-einigen Gott der Christen weiter entwickelnde Gott des Alten Testaments hatte im 9. und 8. vorchristlichen Jahrhundert sogar eine Gemahlin namens Aschera, die ebenfalls als gleichberechtigte Göttin an seiner Seite verehrt wurde. Erst mit der Rückkehr aus dem Babylonischen Exil im 6. Jahrhundert v.u.Z., entwickelte sich die alleinige Verehrung Jahwes durch die Israeliten. Daneben existierten aber noch weitere Gottheiten, wie die Fruchtbarkeitsgöttin Astarte und Baal als ebenfalls lokale Gottheiten in Samaria, der Hauptstadt Israels, von denen sich noch die polytheistischen Spuren im Alten Testament auffinden lassen.

Im babylonischen Exil wurden die über viele Jahrhunderte nur mündlich tradierten Sagen und Legenden von den Priestern verklärend an die religiösen und pölitischen Wunschvorstellungen angepasst und schriftlich fixiert. Angefangen von der frei erfundenen und neu komponierten judäischen Vorgeschichte über Abrahams Wanderung, Mose Rückkehr aus Ägypten bis hin zur ebenfalls frei erfundenen kriegerischen Landnahme Kanaans.[5] Das allermeiste, was uns im Alten Testament überliefert wurde, vom Schöpfungsbericht über die Erzvätergeschichten, dem Auszug aus Ägypten bis hin zu den Gründungsmythen des Staates Israel, wurde erst zur Zeit der Babylonischen Gefangenschaft von der Priesterschaft, also erst viele Jahrhunderte nach einer fiktiven und verklärenden mündlichen Tradition erstmals schriftlich fixiert. Eine historische Geschichtsschreibung mit dem Anspruch auf Objektivität, hat es dabei noch nicht gegeben und war auch gar nicht die Absicht der Autoren. Es sind Geschichten, die der theologischen Phantasie entspringen, wenngleich dahinter im Kern durchaus historische Rudimente zu vermuten sind. So waren die im AT genealogisch verbundenen Erzväter Abraham, Isaak und Jakob ursprünglich drei unterschiedliche Stammespatriarchen, die nichts miteinander zu tun hatten und die jeweils ihre eigenen Vätergötter verehrten (Gott Abrahams, Gott Isaaks, Gen 31,42, der Starke Jakobs, Gen 49,24). Als später diese Nomadenstämme sesshaft wurden und sich vereinigten, wurde auch die Erzvätertraditionen vereinigt, indem man die Väter in eine genealogische Reihe brachte. Isaak als Sohn Abrahams und Jakob als Sohn Isaaks.

Zum Gründungsmythos kam neben der Erzvätertradition dann auch noch die Exodus- und Sinaitradition hinzu, benannt nach einem wohl schon damals heiligen Berg im Norden der arabischen Halbinsel. Das Zusammentreffen mit der Berggottheit Jahwe am Berg Sinai führte – wie eben schon angedeutet - zum Beginn jenes Monotheismus, der dann auch in das palästinensische Kulturland eingeführt wurde.[6] Den damit in der Bibel geschilderten Zusammenhang mit dem Exodus und der Landnahme des Gesamtvolkes Israel aus Ägypten kann es aber so realiter nicht gegeben haben, da Israel als Volk im 13. und 12. vorchristlichen Jahrhundert noch gar nicht existierte. Aufgrund der Ergebnisse der modernen Archäologie wissen wir heute, dass die Städte Jericho und Ai zur Zeit der angeblichen Landnahme gar nicht besiedelt waren. Auch Ausgrabungen anderer, angeblich durch die Landnahme zerstörter Städte geben keinerlei Hinweise einer Eroberung zu dieser Zeit. Somit ergibt sich die Erkenntnis, dass aus drei unabhängigen Überlieferungstraditionen im Laufe der Zeit eine Einzeltradition entstand, die zu einer Gesamtüberlieferung komponiert wurde.[7] Der Glaube an Jahwe als den einzigen Gott Israels neben den selbstverständlich akzeptierten Göttern anderer Völker entstand also erst in der Königszeit, nachdem er in der Vorzeit von außen (Exodus- und Sinai-Tradition) nach Kanaan eingeführt wurde. Vor der Zeit Mose wurden noch die El-Gottheiten der Erzväter verehrt. Erst mit dem Wirken der Propheten Elia (um 850 v.u.Z.) und Hosea (etwa 750 v.u.Z.) kam es für Israel zur Durchsetzung des Alleinigkeitsanspruches Jahwes im Rahmen der Monolatrie. Der auf die Monolartie folgende Monotheismus, also der Universalitätsanspruch Jahwes als alleiniger König und Schöpfer der gesamten Welt, wird dann insbesondere in Deuterojesaia (Jes. 40-55, entstanden in der Auseinandersetzung mit der babylonischen Religion und am Ende des Babylonischen Exils), schriftlich festgelegt.[8] Dieses unter rein profanen und entwicklungsgeschichtlichen Gesichtspunkten zu erklärende monotheistische Produkt „Jahwe" wurde später noch zum Ausgangspunkt zweier weiterer Weltreligionen, nämlich des Christentums und des Islams.

Nicht unerwähnt bleiben darf auch der Einfluss des Zarathustra (um 800 v.u.Z.) - also des persischen Propheten und Begründers des Zoroastrismus - auf die Entwicklung der nahöstlichen Religionen und somit auch auf das Judentum und das spätere Christentum. Zarathustra führte den monotheistischen Glauben ein, als in Palästina noch der Polytheismus verbreitet war. Ebenso den ethischen Dualismus, den Kampf des Guten gegen das Böse mit anschließendem Weltgericht, bei dem die Bösen bestraft und die Guten mit Heil und Unsterblichkeit belohnt werden. Aufgrund der geographischen Nähe und des kulturellen Austausches ist stark davon auszugehen, dass diese Auffassungen auf das Judentum und somit auch indirekt auf das Christentum eingewirkt haben.

Den heutigen Christen ist der alttestamentarische Gott mittlerweile allerdings peinlich geworden, da er ein grausamer Kriegsgott ist, dessen blutige Schandtaten den Gewaltexzessen, wie sie auch im Koran zu finden sind, in nichts nachsteht. Besonders perfide ist dabei die Konstruktion, dass Jahwe selbst es ist, der die Völker und Menschen „verstockt", um sie dann auch noch dafür zu töten. Die Menschen hatten also nicht einmal eine Wahl, sie hatten keinen freien Willen und sind für ihre Taten nach heutigem ethischen Verständnis deshalb auch nicht verantwortlich zu machen. Ohne den freien Willen, mit dem sich der Mensch frei für das Böse oder das Gute entscheiden kann, macht aber die ganze spätere christliche Ethik, die Vorstellung eines Jüngsten Gerichts, nach der die Menschen entweder zur Strafe in die ewige Hölle oder zum Lohn in das ewige Paradies kommen, keinen Sinn. Die Bibel ist auch an diesem Punkt in sich höchst widersprüchlich und zeigt damit, dass sie nicht von einem allwissenden und weisen Gott herrühren kann, sondern eher als Synthese von lange zurückliegenden, nur mündlich tradierten und verklärten historischen Geschehnissen,

Wunschdenken und menschlicher Phantasie anzusehen ist. Ein besonders ins Auge fallender grundlegender Widerspruch besteht in dem grausamen und eifersüchtigen Kriegsgott des Alten Testamentes, der noch gar nichts von der Trinität, also von seinem Sohn und dem Hl. Geist wusste, der aber der gleiche Gott sein soll, wie der „liebe" und trinitarisch gedachte Gott des Neuen Testamentes. Die Peinlichkeit des Gottes des Alten Testamentes für die heutigen Christen besteht aber hauptsächlich in ethischer Hinsicht. So erteilt beispielsweise Jahwe in der Schlacht um Jericho (Jos 6) den Befehl, alles Lebendige, Männer, Frauen, Kinder, Greise, sogar Rinder und Schafe und Esel zu töten sowie die Schätze zu plündern. Im Zusammenhang mit dem Auszug aus Ägypten (Ex 11) geht Jahwe um Mitternacht sogar selbst durch Ägypten und tötet jede Erstgeburt, auch die des Viehs. In „Sprüche gegen die Babylonier" (Jes 13) verkündet Jahwe bei der Musterung seines Heeres, dass die Erde in eine Wüste verwandelt, alle Meder durch das Schwert fallen, die Kinder zerschmettert, Häuser geplündert und Frauen geschändet werden. In den Psalmen ist zu lesen: "In deinem Namen zertreten wir unsere Gegner" (P44) "Der Herr steht dir zur Rechten, er zerschmettert Könige am Tage seines Zorns. Er hält Gericht unter den Heiden, er häuft die Toten, die Häupter zerschmettert er weithin auf Erden" (Ps 110). Weiter heißt es: "Wohl dem, der deine kleinen Kinder packt und sie am Felsen zerschmettert." (Ps 137) Mit der Sintflut wird sogar die gesamte Menschheit vernichtet. Man vergleiche dagegen den Psalmspruch: "Lobet den Herrn, denn er ist freundlich, und seine Güte währet ewiglich."

Nach heutigem ethischen Verständnis war Jahwe ein grausamer Schlächter, eben ein Kriegsgott. Moses und Josua wären nach heutigem Rechtsverständnis als Kriegsverbrecher zu verurteilen. Wenn sich heute Politiker und Geistliche auf die Bibel und die (ethische) Bedeutung des Christentums für unsere Gesellschaft berufen, wird das Alte Testament deshalb gerne ausgeblendet, obwohl auch dies zum christlichen Gottesglauben dazu gehört. Fairerweise muss man aber zugestehen, dass die Quellen der eben geschilderten

Grausamkeiten natürlich nicht die des behaupteten Gottes Jahwes sind, sondern der Phantasie der Priesterschaft während der babylonischen Gefangenschaft entsprangen, was dann aber der Auffassung gläubiger Christen, die Bibel sei ein von Gott geoffenbartes Buch, widerspricht. Jahwe und die ihm im Alten Testament zugeschriebenen Eigenschaften sind für gläubige Christen eine untrennbare Einheit, Jahwe wird durch diese definiert. Von den Eigenschaften Gottes, die ihm das spätere Christentum mit seiner Dogmengeschichte anheften wird, wussten die alttestamentarischen Autoren noch nichts. Dass Jahwe einen Sohn haben soll, dass er von einer Jungfrau geboren sein soll, dass er eine Dreiheit und gleichzeitige Einheit zusammen mit einem heiligen Geist sein wird, dass er jetzt auf einmal auch noch seine Feinde liebt, nachdem er sie vorher auf blutrünstige Weise abgeschlachtet hat, all das entspricht nicht den alttestamentarischen Vorstellungen über Gott, wie sie von den Priestern im Babylonischen Exil schriftlich festgelegt wurden. Der Gott des Alten Testaments bildet zwar die theologische Grundlage für den Gott des Neuen Testaments, dennoch gehen die ihm jeweils zugesprochenen Eigenschaften so weit auseinander, dass sie sich aufgrund ihrer Widersprüchlichkeit nicht vereinbaren lassen. Der Kriegsgott Jahwe und der daraus evolvierte barmherzige und zu Mensch gewordene dreieinige Gott der Christenheit könnten trotz ihrer behaupteten Identität gegensätzlicher nicht sein. Man muss schon Theologe oder streng gläubiger Christ sein, um in dieser Widersprüchlichkeit einen höheren und konsistenten Sinn der Offenbarung zu erkennen beziehungsweise ihn notfalls eben zu konstruieren. Die These, dass Heilige Bücher und darauf sich gründende Religionen nicht als göttliche Offenbarungen vom Himmel gefallen sind, sondern eine kulturhistorisch nachvollziehbare Entstehungsgeschichte aufweisen, wird aufgrund solcher und weiter unten im Zusammenhang mit dem Neuen Testament noch zu erörternden Ungereimtheiten erhärtet. Religionen sind nicht göttlichen, sondern „menschlich-allzumenschlichen" Ursprungs. Das ergibt sich schon alleine aus der logischen Konsequenz der Tatsache, dass sich die Religionen selbst widersprechen und sich somit gegenseitig in ihren Wahrheits- und Glaubensansprüchen negieren.

1.2 Das Neue Testament

Die wichtigste, das Christentum ganz wesentlich prägende Tradition kommt aus dem Judentum. Jesus selbst war Jude und hatte, wie viele andere Propheten auch, das kurz bevorstehende Reich Gottes verkündet. Ob er sich dabei tatsächlich für den Sohn Gottes gehalten und ausgegeben hat oder ob er im Nachhinein von seinen Anhängern und vor allem von Paulus dazu erst verklärt wurde, nachdem sich seine Prophezeiungen über das Reich Gottes nicht erfüllt hatten und er unerwarteter Weise hingerichtet wurde, das ist die entscheidende Frage, was die Kernaussage des christlichen Glaubens angeht, dass nämlich Jesus Gottes Sohn ist. Sie wird unter den Theologen durchaus kontrovers diskutiert. Von ihrer Beantwortung hängt existentiell das ganze Konstrukt des christlichen Glaubens ab. Entweder Jesus war der Sohn Gottes oder er wurde von seinen Anhängern zu diesem erst post mortem verklärt. Wir werden gleich noch näher darauf eingehen.
Nach Auffassung der historisch-kritisch geschulten Theologen wurde das Christentum tatsächlich entscheidend von Paulus geprägt. Dabei könnte der zu Paulus Zeiten auch in seiner Heimatstadt praktizierte Mithras-Kult eine bedeutende Rolle gespielt haben. Es ist davon auszugehen, dass Paulus diese Lehren gekannt und teilweise mit dem Christentum vermischt hat. Zumindest gibt es frappierende Parallelen zwischen dem Christentum und dem älteren Mithras-Kult, die kaum auf Zufall beruhen können. Hierzu gehören das Aussenden Mithras durch Gottvater, um die Welt zu retten, die sieben Sakramente, darunter die Taufe, Firmung, Kommunion und Abendmahl. Auch Hostien mit einem Kreuzzeichen, letztes Abendmahl, Himmel und Hölle, letztes Gericht und Wiederauferstehung kannte der Mithraskult bereits vor dem Christentum. Aus dessen Mysterienfeiern stammt der Ruf: „Euch ist heute der

Heiland geboren." Ebenso zu nennen sind die Präexistenz, Inkarnation des Erlösers, Martyrium, Tod mit Auferstehung, Endzeiterwartung, Höllen- und Himmelfahrt. All das sind keine originär christlichen Erfindungen, sondern Vorstellungen, die bereits in älteren Kulturen vorzufinden sind. So wurde beispielsweise in Ägypten die Gattin des Königs zwar nicht vom Heiligen Geist, aber immerhin vom Sonnengott geschwängert und auch in Babylonien, Indien (Buddha), Persien (Zarathustra) und später in Rom (Hera und Hephaistos) wurden die heidnischen Heilande lange vor Christi Geburt von Jungfrauen geboren. Und lange bevor die Kirche im Jahre 353 den Geburtstag Christi auf den 25. Dezember legte, war dies bereits als Tag der Wintersonnenwende der Geburtstag des unbesiegbaren Sonnengottes Mithras. Die Schilderung von Gottheiten in einem Korb oder in einer Krippe ist ebenso wie die der auf der Flucht befindlichen Jungfrauensöhne ein lange vor Christus beliebtes und gängiges Sujet. So beispielsweise das Kind der göttlichen Isis, die lange vor Maria als „liebreiche Mutter", Himmelskönigin", „Gnadenspenderin", „Unbefleckte" verehrt wurde. Selbst die von Jesus ausgeführten Wunder haben ihre Vorbilder in anderen Religionen. Das Wunder auf der Hochzeit in Kana, demnach Jesus Wasser in Wein verwandelt haben soll, wird bereits, so Euripides, von Dionysos vollbracht. Die zahlreichen Heilungen Jesu haben ihr Vorbild in den wunderbaren Heilungen des Asklepios, der ebenfalls mit ausgestreckter oder aufgelegter Hand heilte und Tote auferweckte. Viele weitere sogenannte „Standardwunder" vieler Hochreligionen kehren im Christentum wieder. So auch die Dämonenaustreibungen, das Wandeln auf dem Wasser, die Stillung von Stürmen, die wunderbare Essensvermehrung. Nicht einmal das zentrale Glaubensmotiv der Auferstehung ist originär christlich. Dionysos, Herakles, Tammuz (Babylonien), Adonis (Syrien), Attis (Phrygien) Osiris (Ägypten) sind Gottheiten, die den Tod ebenfalls (meist nach drei Tagen) überwunden haben. So gab es gekreuzigte Götter lange vor Jesus: Prometheus, Lykurgos, Marsyas oder Dionysos. Gerade die Parallelen von Jesus und Dionysos sind frappierend, so das Reiten auf dem Esel, Dionysos zu Schiff und als Herr des Meeres, Dionysos und die trockenen Feigen, der Weinstock, seine Verspottung und sein Leiden. Auch Dionysos' Fleisch wurde gegessen und sein Blut getrunken. Weiterhin kann man die Geschichte vom leeren Grab auch in dem griechischen Roman „Chaireas und Kallirhoe" von Chariton nachlesen. Das Erscheinen der Gottheit nach der Auferstehung ist ebenfalls kein originär christliches Ereignis. Zahlreiche Parallelen mit den Wundergeschichten Jesu bestehen auch zu Apollonios von Tyana. Wie Jesu erschien auch diesem seine Aposteln. Höllenfahrten und Himmelfahrten kennen wir ebenfalls aus ägyptischen, babylonischen und hellenistischen Mythen. So z. B. von dem babylonischen Weltenschöpfer Bel Marduk, von Herakles, Attis, Mithras, Dionysos und Orpheus. Ja sogar der von seinen Anhängern verklärte und zu einem Gott erhobene Pythagoras soll der Legende nach zur Hölle hinabgestiegen sein. All dies zeigt, dass das Christentum wenig originäre und originelle Elemente enthält, sondern in einen kulturhistorischen Zusammenhang mit anderen religiösen Vorstellungen eingebettet ist und diese übernommen hat. Die damit verbundenen Wundergeschichten und Verherrlichungen dienten einzig und allein dem Zweck, die Göttlichkeit Jesu zu erweisen und ihn im Vergleich zu den Gottheiten anderer Religionen als überlegen erscheinen zu lassen. Ein Gottessohn, der in der Antike keine Wunder vollbracht hat, keine göttlichen Zeichen ausgesandt hat oder auch sonst in keinem Zusammenhang mit übernatürlichen Geschehnissen gestanden hat, der hat keine Chance darauf ernst genommen zu werden. Um so größer die vollbrachten Wunder und um so phantastischer die übernatürlichen Geschehnisse waren, um so größer war seine Verehrung.

Im Gegensatz zum Alten Testament stellen die Verfasser des Neuen Testaments Gott nun einen Sohn an seine Seite. Dieser predigte, wie viele andere Propheten seiner Zeit auch, das kurz bevor stehende Reich Gottes (Mk 1,15; 9,1; 13,30; Mt 10,23) und rief zur Umkehr auf. Allerdings täuschte er sich in dieser Erwartung. Das als unmittelbar bevorstehend angekündigte Reich Gottes kam nicht. Statt dessen wurde

Jesus selbst, der aufgrund dieser Ankündigung gar nicht mit seinem Tod gerechnet haben konnte, weil er und seine Anhänger das Reich Gottes erwartet hatten, vergöttlicht. Dafür aber wurde er, nach dem Motto „Was nicht sein darf, das kann nicht sein", selbst zum Mittelpunkt eines heilsgeschichtlichen Konstruktes mit ihm als Erlöser, der für die Sünden der Menschen von Gottvater geopfert wurde. Dass er sich selbst dabei für den "Messias" gehalten und sich als dieser ausgegeben hat, wird von der Forschung mittlerweile allerdings in Zweifel gezogen. Vielmehr soll er den Titel "Menschensohn" für sich beansprucht haben. Nach jüdischer Vorstellung handelt es sich bei diesem Titel aber nur um eine endzeitliche Gestalt, welcher die Herrschaft von Gott übertragen bekommen soll, nachdem die Feinde Gottes vernichtet worden sind. An einigen Stellen wird der Menschensohn auch mit den Titeln "Sohn Gottes" oder "Messias" identifiziert. Aber wie auch immer, entscheidend ist, dass die Bezeichnungen "Sohn Gottes" oder "Messias" für das Judentum Hinweise auf einen Menschen, nicht auf einen Gott waren, wenngleich auch auf einen besonderen Menschen.[9] Das Judentum, und Jesus war Jude, es kannte noch keinen dreieinigen Gott, also auch Jesus nicht! Dieses Gottesbild entstand erst im Laufe des frühen Christentums. Wenn also Jesus als Jude vom Geist Gottes sprach, dann meinte er die alttestamentarische Vorstellung der Gotteskraft beziehungsweise Gottespräsenz, aber keine eigenständige Person. Erst allmählich wurde von einer zunächst subordinationistischen Dreiheit gesprochen, die dann später verketzert wurde, weil man die drei Personen als gleichberechtigte Einheit sehen wollte. Erst viel später, auf dem zweiten ökumenischen Konzil von Konstantinopel im Jahre 381, wurde das Trinitätsdogma festgelegt. Erst ab diesem Zeitpunkt wurde auch der Geist im Vollsinne zu Gott. Gegen die Behauptung, Jesus habe sich tatsächlich für Gottes Sohn gehalten, spricht auch der Umstand, dass er bei Markus (Mk 14,65) nach dem Prozess nicht als Messias bzw. Gottessohn verspottet wird, sondern lediglich als (falscher) Prophet. Und auf Falschprophetie stand die Todesstrafe. Wäre

Jesus wirklich Gott gewesen, bliebe das Problem, wie sich ein vermeintlich allwissender Gott mit der Ankündigung des unmittelbar bevorstehenden Reich Gottes so fundamental irren konnte.

Auch bei Paulus wird das Problem der Parusieverzögerung mehrmals thematisiert (z.B. 1.Thess 4,13-17). Eindeutig wird hier, also noch zwanzig Jahre nach Jesu Tod, vorausgesetzt, dass nicht alle sterben werden, bis der Herr wiederkommt. In 1. Kor 15,51-52 spricht Paulus davon, dass die Toten beim Erklingen der Posaunen unverweslich auferweckt werden. Was für ein peinlicher und fataler Irrtum! Für wissenschaftliche Systeme sind Theorien, die empirisch falsifiziert wurden, ein Grund, die Theorie zu überarbeiten oder fallen zu lassen. Für religiöse Glaubenssystem dagegen wird der Glaube dadurch sogar noch fester, denn die Wege des Herrn sind ja bekanntlich unergründlich.[10] Vernunft, Logik und gesunder Menschenverstand können da schon mal zugunsten von Wunschdenken und Erlösungsbedürfnis auf der Strecke bleiben. Der Theologe Alfred Loisy fasst die Situation so zusammen: "Jesus hat das Reich Gottes verkündet, gekommen aber ist die Kirche." Die Naherwartung wurde in Folge ihres Nichteintretens somit kirchlich institutionalisiert und noch heute wartet die Christenheit auf ihren Erlöser. "Aus dem Verkünder ist der Verkündigte geworden," so Rudolf Bultmann. So wie einst Jesus auf das Erscheinen Gottes gewartet hatte, so erwarteten die Christen das Wiedererscheinen Jesu.

Zu den großen Fragen des Christentums gehört auch die, woher Jesus eigentlich stammt. Ist er von göttlicher oder menschlicher Geburt? Hierzu gibt es sich widersprechende Traditionen im Neuen Testament. Da der Messias nach jüdischer Vorstellung aus dem Geschlechte Davids kommen sollte, verlegten Matthäus und Lukas seinen Geburtsort von Nazareth in Galiläa nach Bethlehem, wovon das ältere Evangelium nach Markus noch nichts wusste. Auch wurden bei Matthäus und Lukas zwei Stammbäume angeführt, die die Linie ziehen sollen, von König David bis hin zu Maria und Josef. Das Problem dabei ist nur, dass sich diese biologischen

Genealogien bei Matthäus und Lukas widersprechen. Aber selbst wenn sie übereinstimmen würden, würden sie immer noch in einem noch viel größeren Widerspruch mit der Weihnachtslegende stehen, nach der ja gerade nicht Josef, sondern der Heilige Geist der nichtbiologische Vater von Jesus ist. Historisch scheint es am wahrscheinlichsten, und so ist es auch spurenhaft noch in der Bibel zu erkennen, dass Jesus tatsächlich aus einer unbedeutenden galiläischen Familie stammt, ihm aber nach seinem Tod eine davidische Herkunft und später als nochmalige Steigerung seiner Göttlichkeit eine Verwandtschaft mit dem Heiligen Geist angedichtet wurde. Das jüngste und am historischen Geschehen am weitesten entfernte Evangelium, das Johannesevangelium, ist an einer davidischen Abstammung schon gar nicht mehr interessiert. Für den Autor dieses Evangeliums spielen historische Gegebenheiten keine Rolle mehr, hier geht es nur noch um Theologie, um eine noch phantastischere Steigerung der Göttlichkeit Jesu. Im Johannesevangelium ist Jesus zu einem präexistentes Gotteswesen entrückt, also zu einer Gottheit, die im Gegensatz zu Paulus und den anderen Evangelisten schon vor ihrer Geburt neben Gottvater existierte. Diese Gottesvorstellung aber war nicht nur Paulus und den restlichen Evangelisten völlig unbekannt, sondern erst recht dem Alten Testament und dem darauf sich gründenden monotheistischen jüdischen Glauben. Gegen die Vaterschaft des Heiligen Geistes und für eine biologische Abstammung Jesu spricht im übrigen auch Mk 6,3, demnach Jesus mindestens vier Brüder und einige Schwestern hatte.

Dafür, dass es sich bei der Weihnachtsgeschichte um eine Legendenbildung handelt, spricht auch der Umstand, dass es die Volkszählung bzw. Steuerschätzung als der äußere Anlass für die Reise nach Bethlehem so gar nicht gegeben hat. Der erste römische Zensus fand erst im Jahre 6 -7 nach Christus statt und erstreckte sich gar nicht auf Galiläa. Auch der Kindermord des Herodes dem Großen hat nie stattgefunden. Es gibt keine außerbiblischen Hinweise dafür. Herodes war außerdem bereits vier vor Christus gestorben. Die Wanderung nach Bethlehem wurde von Matthäus konstruiert, weil eine alttestamentarische Weissagung nach Micha 5,1 eintreffen musste, in der der Messias aus Bethlehem stammt. Das Hauptfest der Christenheit, die Schilderung der Geburt eines Gottes in Bethlehem, gründet sich somit auf Legenden und entbehrt jeglicher historischer Grundlage. Das älteste und zuverlässigste Evangelium nach Markus weiß noch gar nichts von den Geburtslegenden. Sie sind erst später aus rein theologischem Interesse entstanden.[11]

Wenn schon Weihnachten auf einer Fiktion beruht und jeglicher historischer Grundlage entbehrt, wie sieht es dann mit Ostern aus? Fakt ist, dass es für die Auferstehung Jesu keinerlei neutrale Zeugen gibt. Jesus zeigt sich nur den engsten Anhängern und macht sich dann davon. Neutral betrachtet ist das nicht sehr glaubwürdig. Bemerkenswert ist dabei, dass sogar Paulus im Zusammenhang mit der Auferstehung nur von einer Vision spricht, Kor 15,3-8. Erst in einem späteren Stadium der Überlieferungsgeschichte wurden die Visionen zu einem realen Ereignis umgedeutet, als Auferstehung eines realen Menschen aus Fleisch und Blut. Wenn man diese Indizien alle zusammenträgt, ist es nicht verwunderlich, dass man wie der Theologe Heinz-Werner Kubitza zu dem Ergebnis kommt: "Das Heilsgeschehen am Kreuz ist nur deshalb Teil des christlichen Glaubens geworden, weil man dem [unerwarteten, P.K.] Geschehen am Kreuz einen Sinn geben wollte und musste... Seine [Jesu, P.K.] Niederlage konnten sie [seine Anhänger, P.K.] nicht ertragen, sie mussten sie in einen Sieg umdefinieren..." insbesondere durch Paulus.[12] Die Auferstehung Jesu von den Toten ist mehr noch als seine Geburt das zentrale Ereignis für die Glaubwürdigkeit der christlichen Religion, denn wenn Jesus nicht auferstanden ist, war er nicht von göttlicher Natur und alles nur eine Konstruktion von Wunschdenken und religiösem Wahn. Tatsächlich findet sich bei Jesu selbst von einer Erlösung durch Blut und von einer Erlösung am Kreuz keine Spur. Sein Gott vergibt, ganz ohne Gewalt und Blutvergießen. Jesus selbst hatte keine Erlösungslehre, er spricht die Menschen von den Sünden frei, ohne dass dafür mehr als Glaube und reuige Einsicht nötig wären. Dass der Menschensohn sein Leben "für viele" hingegeben hat (Mk 10,45), ist für die meisten Exegeten heute eine späte Deutung der Gemeinde. Und so wird aus dem liebenden Vater des Jesu bei Paulus wieder ein Rachegott, der mit Blut besänftigt werden muss. Die Erlösung durch das Blut Christi steht in krassem Gegensatz zur Verkündung Jesu.

Festzuhalten ist also, dass der älteste Zeitzeuge des Neuen Testamentes, Paulus, ein Verständnis der Auferstehung nahelegt, demnach diese nicht als reales Ereignis, sondern als Erscheinung, als Vision zu interpretieren ist. Das älteste Evangelium, das Markusevangelium, hatte in seinem Urtext ursprünglich überhaupt keine Auferstehungsgeschichten gehabt. Es endete in Mk 16,8 mit der Geschichte vom leeren Grab. Auch kommen bei Markus drei Frauen zum leeren Grab, bei Matthäus nur zwei, bei Lukas wieder drei, doch statt Salome jetzt eine Johanna. Zudem variiert die Anzahl der Engel am Grab, bei Markus kommen sie noch gar nicht vor. Matthäus ist der Erfinder der Wache am Grab, womit er sich gegen den bereits aufkommenden Vorwurf des gestohlenen Leichnams absichert. Während sich der Auferstandene nach Joh. 20,17 von Maria nicht berühren lässt, "denn ich bin noch nicht zum Vater hinaufgegangen," lässt er sich bei Matthäus gleich von zwei Frauen umarmen. Und wer ist überhaupt der erste Auferstehungszeuge? Für Paulus und Lk 24,34b ist es Petrus, für Matthäus und Johannes ist es Maria Magdalena. Widersprüchlich auch die Geistausgießung. Sie fand nach dem Verständnis der Kirche an Pfingsten, also 40 Tage nach der Auferstehung, für Johannes 20,22 dagegen schon acht Tage nach Jesu Auferstehung statt. Es hat sich also hier nicht die Johannestradition, sondern die Apostelgeschichte durchgesetzt. Laut dem Lukasevangelium sind wiederum alle Erscheinungen Jesu bereits am Tag seiner Auferstehung beendet. Das heißt, die Himmelfahrt findet bei ihm am Ostersonntagabend statt. Im Gegensatz dazu erfolgten die Jesus-Erscheinungen im Matthäusevangelium in Galiläa, wohin die Jünger aber erst einmal gelangen mussten. Bei

Lukas verbietet Jesus sogar den Jüngern von Jerusalem wegzugehen. In der sich an das Lukasevangelium anschließenden Apostelgeschichte widerspricht der Evangelist, denn nach der ist Jesus seinen Jüngern 40 Tage hindurch erschienen „und hat vom Reich Gottes gesprochen." (Apg 1,3b) Weiterhin nennt Paulus als weitere Auferstehungszeugen "die Zwölf," obwohl Judas als Verräter schon gestorben sein soll. Nach Mt 27,51-53 ist beim Tode Jesu nicht nur der Vorhang im Tempel gerissen, sondern es sollen auch viele Heilige wieder auferweckt worden sein, die aus ihren Gräbern kamen und in der heiligen Stadt vielen erschienen sind. Die "Heiligen" waren offenbar schon Christen, obwohl es beim Tode Jesu noch gar keine Christen geben konnte. Beim näheren Hinsehen zeigt sich also, dass es sich hierbei um fiktive Geschichten handelt, die erst viele Jahre nach dem Tode Jesu von den Evangelisten erfunden sein konnten.

Ein weiterer Widerspruch besteht auch in der Frage, wann denn nun Jesus seinen göttlichen Status erhalten haben soll. Nach Paulus (Röm1, 1-4) erfolgt die Einsetzung Jesus als Nachkomme Davids zum Sohn Gottes seit dessen Auferstehung von den Toten, also vergleichsweise spät. Für Markus wiederum beginnt seine Hoheit mit seiner Taufe. Jesus wird von Gott quasi adoptiert. Bei ihm spricht Gott am Tag seiner Taufe: "Heute habe ich dich gezeugt". Markus kennt somit auch noch keine Jungfrauengeburt und auch kein göttliches Kind, wie bei Mt und Luk. Für Johannes wiederum war Jesus als Gott präexistent. Auch verkündet er sich dort selbst, während er beim älteren Mk-Evangelium noch das Reich Gottes verkündet hat. Die Anrede "Sohn Gottes" verbietet er sogar den ihn so bezeichnenden Dämonen (Mk 3,12). Auch einem Reichen gegenüber sagt Jesus: "Was nennst du mich gut? Niemand ist gut als Gott allein." (Mk 10,18) Wir haben also innerhalb des NT bei Paulus, Markus und Johannes schon mal drei sich widersprechende Vorstellungen vom Zeitpunkt der einsetzenden Göttlichkeit Jesu.

Damit ist auch erklärt, warum Markus und Paulus noch gar nichts von einer Jungfrauengeburt Jesu wissen. Diese Konstruktion findet sich erst bei Mt 1,22-23, wo allerdings nicht von einem Jesus, sondern Immanuel die Rede ist. Allerdings spricht die alttestamentarische Stelle, Jesaja 7,14, auf die sich Mt zu beziehen scheint, nicht von einer Jungfrau, sondern von einer jungen Frau. Dort ist auch nur die Rede von einem nahen Ereignis noch zu Lebzeiten des Königs Ahas und nicht von einer göttlichen Geburt nach 700 Jahren. Auch der Name Imanuel stimmt nicht überein. Grund für die ganze Konstruktion bei Matthäus könnte sein, dass es ein gängiges antikes Sujet gewesen ist, dass bedeutende Männer und Göttersöhne von einer Jungfrau geboren werden mussten.

Problematisch ist auch die für die Heilsgeschichte grundlegende Sündentheologie, die in ihrer mythologischen Ableitung auf der Geschichte von Adam und Eva basiert. Durch diese dort geschilderte Ursünde kamen erst Arbeit, Mühsal und der Tod in die Welt. Leider haben Paulus, Luther und Heerscharen von Theologen diesen Mythos als solchen nicht erkannt und darauf ihre Rechtfertigungstheologie gegründet. Der damit in Zusammenhang stehende Erbsündegedanke findet sich weder im Alten noch im Neuen Testament, sondern ausgearbeitet erst im 5. Jahrhundert bei Augustinus. In den Evangelien wird der Sündenfall Adams und die damit verbundene Wiedergutmachung durch Jesus gar nicht erwähnt. Die Lehre von der Erbsünde stellt somit lediglich ein aus dem Erlösungsbegriff abgeleitetes Dogma dar. Es hat im Judentum gar kein direktes lehrmäßiges Vorbild. Aus heutiger wissenschaftlicher (biologischer, anthropologischer) Sicht ist diese Auffassung ohnehin reine Makulatur, weil es keine „sündige" Natur des Menschen gibt. Jedenfalls werden die theologischen Konstrukte des Augustinus von Albertus Magnus und Thomas von Aquin später wieder aufgenommen und weiter entwickelt. Da die Sünde Adams mit der Zeugung weitergegeben wird, befinden sich jetzt sogar Neugeborene im Zustand der Sünde und gehören, sofern sie die Gnade Gottes nicht erhalten, in die

Hölle. Als ein zu glaubendes Dogma findet sich die Lehre von der Erbsünde schließlich im Tridentinischen Konzil im 16. Jh. definiert. Leider hat sich hierbei Augustinus und nicht das humanere Gottesverständnis des englischen Mönchs Pelagius (ca. 350/360 bis ca. 418/420) durchgesetzt. Pelagius hat die augustinische Lehre von der Erbsünde ebenso wie dessen Determinismus abgelehnt. Er wurde 417 exkommuniziert und ging somit als Ketzer in die Geschichte des Christentums ein. Besonders die späteren Reformatoren haben sich an Augustinus orientiert und die Sünde stark betont.

Aber nicht nur die Auffassung über Erbsünde, Determinismus oder über die Natur Jesu Christi (Monophysitismus versus Zweinaturenlehre) entspringt nicht göttlichen, sondern menschlichen Quellen. Die gesamte Heilsgeschichte ist ein Konstrukt menschlicher bzw. theologischer Phantasie. Da nämlich der unerwartete Tod Jesu nicht ohne Sinn sein durfte, sprach man ihm eine erlösende Funktion zu. Dazu aber musste die Sündhaftigkeit des Menschen vorausgesetzt werden. So hat also erst die Kirche den Menschen zu Sündern gemacht, mit einer den gesunden Menschenverstand doch sehr strapazierenden Dogmatik, die vielleicht nur deshalb nicht noch abstruser wirkt, weil man von Kindesbeinen an durch eine intensiv betriebene Glaubensimpfung daran gewöhnt wurde. Aus religionskritischer Sicht ergibt sich dagegen der Eindruck, dass der völlig unerwartete und für einen Messias schmachvolle Tod am Kreuze, dass diese schmähliche Niederlage in einen Sieg umgedichtet werden musste. Denn mit diesem schmachvollen, eines Messias unwürdigen Tod, der auch noch im Widerspruch zu Jesu Lehre stand, dass das Reich Gottes noch zu seinen Lebzeiten hereinbrechen wird, wurde eine Theologie konstruiert, die diesen Tod als Erlösungstat Gottes umdeutete. Der Tod Jesu war nun kein Betriebsunfall der Geschichte mehr, sondern er gehörte fortan zu seinem Heilsplan, denn Gott habe seinen Sohn für die Sünden der Menschen geopfert. Was für eine grauenvolle und objektiv betrachtet krude Theologie. Aber diese ebenso krude wie geniale theologische Umdeutung historischer Fakten erfüllte durchaus ihren Zweck, denn mit ihr wurde die Aussicht in das Reich Gottes zu gelangen, auch über den Tod Jesu hinaus aufrecht erhalten. Das zu Lebzeiten Jesu erwartete und ganz offenbar nicht eingetretene Reich Gottes wurde nun kurzerhand, sozusagen aus der Not geboren, in die Zukunft verlegt. Gleichzeitig erzeugte die Kirche damit eine aus psychologischer Sicht höchst wirksame Abhängigkeit der Gläubigen von ihr, indem sie den Menschen ein schwer auf diesen lastendes Sündenbewusstsein einimpfte. Denn alle Menschen sind ja von Geburt an Sünder und deshalb auf die Gnade Gottes sowie auf die Vermittlung der Kirche angewiesen. Verbunden mit der dabei systematisch erzeugten Angst vor der Hölle und der Hoffnung in das Paradies zu gelangen, waren die meist sehr ungebildeten Menschen dann leicht gefügig und abhängig zu machen. Die Kirche und die Kleriker haben über Jahrhunderte weg gut von dieser aus der Not geborenen Theologie profitiert.

Zu den bisher genannten Ungereimtheiten und Widersprüchen gibt es noch zahlreiche weitere im Neuen Testament, von denen einige noch kurz erwähnt sein sollen. So zum Beispiel das prophetische Wirken Jesu. Es erstreckt sich nach den Synoptikern über etwa ein Jahr, nach dem Johannesevangelium sind es drei Jahre. Bei den Synoptikern wirkt Jesus vorwiegend in Galiläa und kam erst am Ende seines Lebens nach Jerusalem. Johannes vermittelt dagegen ein Bild eines hauptsächlich in Jerusalem tätigen Jesus. Die Tempelreinigung lässt Johannes am Beginn des Wirkens Jesu stattfinden, bei den Synoptikern dagegen wird sie in das Passionsgeschehen integriert. Eine weitere Ungereimtheit stellt es dar, wenn Jesus einerseits die Nächstenliebe predigt, andererseits aber gesagt haben soll: "Wenn jemand zu mir kommt und hasst nicht Vater und Mutter, Frau und Kinder, Brüder und Schwestern, ja sogar sein Leben, der kann nicht mein Jünger sein." (Lk 14,26) Wie würden sich gläubige Christen darüber echauffieren, wenn nicht Jesus, sondern Bhagwan, Buddha oder Allah solche Worte von sich gegeben hätten. Zur Ehrenrettung muss allerdings gesagt sein, dass auch diese Jesusworte als Erfindung des vierten Evangelisten gelten. Nichtsdestotrotz gehören sie zum Kanon des christlichen Glaubens, der für gläubige Christen verbindlich ist. Ein weiterer Widerspruch stellt der Todestag Jesu dar. Bei den Synoptikern ist es Freitag, der 15. des Frühlingsmonates des Nisan, bei Johannes der 14. Nisan. Bei einem menschengemachten Werk können im Nachhinein solche Abweichungen entstehen, was dann aber gegen den Glauben spricht, die Bibel sei ein göttliches und somit unfehlbares Buch. Das betrifft auch unterschiedliche Schilderungen im Zusammenhang mit dem Prozess, den man Jesus gemacht hat. Bei Lukas findet das Verhör am Morgen, bei Johannes nachts statt. Die in diesem Zusammenhang gemachte Schuldzuweisung am Tod Jesu an die Juden steht im Widerspruch zu Paulus eigener Theologie, nach der es ja Gottes Wille war, dass Jesus am Kreuz stirbt. Siehe auch Mt 27,25: "Sein Blut komme über uns und unsere Kinder." Das Erscheinen Jesu vor seinen Jüngern und der damit verbundene Missionsbefehl am Ende des Matthäusevangeliums (Mt 18b-20) ist ebenfalls nicht authentisch, sondern ein späterer Zusatz. Denn es ist bekannt, dass Jesus explizit Missionierung der Heiden abgelehnt hatte (Mt 10,5). Als Matthäus aber sein Evangelium schrieb, war man schon längst zur Heidenmission übergegangen. Damit wird genau das Gegenteil von dem, was Jesus gewollt hatte, ausgeführt. Auch bei dem Taufbefehl am Ende des Matthäusevangeliums als Missionierungsauftrag und christlichen Anspruch auf die Weltherrschaft handelt es sich um eine Erfindung des Evangelisten Matthäus, ebenso wie die Legenden um den Auferstandenen, was sprachanalytische und terminologische Untersuchungen nahe legen. Für einen später hinzu gedichteten Zusatz spricht auch die Taufformel "... im Namen des Vaters und des Sohnes und des Heiligen Geistes", die bei den ersten Christen noch gar nicht verwendet wurde, sondern nur eingliedrig auf Jesus beziehungsweise Christus. Da die Taufe Jesu durch Johannes dem Täufer als Sündertaufe zu verstehen war, ergab sich für die Kirche zudem das Problem, dass sich Jesus offenbar selbst als

Sünder verstanden hat, dieser aber bei seiner Beförderung zum Sohn Gottes für die Kirche als sündlos angesehen wurde.

Was letztlich noch die von Theologen und moralisierenden Politiker ständig praktizierte Überhöhung Jesu als ethisch-moralisch unfehlbarer Humanist angeht, so erscheint auch dies aus einer etwas kritischeren Sichtweise doch eher fragwürdig. Viel zu oft spricht Jesus von der Hölle, von Heulen und Zähneklappern, von Gericht und Verdammung für alle, die nicht an ihn und seine Lehre glauben wollen. Dabei ist die Beurteilung Jesu als moralisch-ethische Instanz zwingend vor dem Hintergrund zu sehen, dass für ihn das Reich Gottes unmittelbar bevorstand und nur die zur Umkehr bereiten Schäfchen seinem Reich angehören werden. Insofern relativiert sich seine Rede von der Feindesliebe, als sie nicht für Menschen galt, die nicht an ihn und an seinen Gott glaubten. Wer die Geschichte des Christentums und die zahlreichen ethisch verwerflichen, weil an Grausamkeit kaum zu überbietenden Stellen der Bibel kennt, fragt sich zu Recht, wie man sich heute noch in ethischen Fragen auf den biblischen Gott berufen kann. Während beispielsweise der diesseits orientierte alttestamentarische Gott „nur" grausam tötet, droht der neutestamentarische „liebe" Gott den Ungläubigen im Jenseits mit weitaus schlimmeren ewigen Höllenqualen. „So jemand den Herrn Christus nicht lieb hat, der sei verflucht." (1.Kor 16,22) Und „... doch jene meine Feinde, die nicht wollten, dass ich über sie König würde, bringt her und erschlagt sie vor mir." (Lk 19,24ff.) Oder: „Wer glaubt und sich taufen lässt, wird gerettet; wer aber nicht glaubt, wird verdammt werden." (Mk 16,16) „Der Menschensohn wird seine Engel aussenden, und sie werden aus seinem Reich alle zusammenholen, die andere verführt und Gottes Gesetz übertreten haben, und werden sie in den Ofen werfen, in dem das Feuer brennt. Dort werden sie heulen und mit den Zähnen knirschen." (Mk 9,42-48. Vgl. auch Mt 13,49-50).

Eine gewisse Entlastung eines solchen grausamen Gottesbildes stellen die Ergebnisse der Forschung der historisch-kritischen Methode der Theologie dar, demnach die neutestamentlichen Schriften, also auch die Evangelien und Glaubensbezeugnisse, keine historischen Berichte darstellen. Sie entstanden auch erst nach mindestens 50 Jahren mündlicher Tradition nach Jesu Tod. Viel Zeit für Verklärung, vage Deutung und Fiktion. Objektivität oder historische Fakten dürfen also hier ebenso wie eine authentische Wiedergabe der Worte und Gedanken Jesu kaum oder nur sehr bedingt erwartet werden. Das sei all jenen Theologen, Politikern, Moralisten und Weltverbesserern ins Stammbuch geschrieben, die meinen, heilige Bücher, hier speziell das Neue Testament, ständig als authentische Quelle der Wahrheit zitieren zu müssen, um damit eine moralisch höher stehende oder gar unfehlbare Bedeutung beanspruchen zu können. Was wir mit dem Neuen Testament vorliegen haben, die ganzen Wunderberichte und die Jesu in den Mund gelegten Zitate, sie sind aus Sicht der kritischen Theologie zu einem sehr großen Teil nicht historisch. Somit entspricht der Jesus der Bibel nur sehr bedingt dem historischen Jesus.

Auch die viel zitierte und hoch gelobte christliche Ethik erweist sich bei näherem Hinsehen als keineswegs konkurrenzfähig mit der humanistischen Ethik der Menschenwürde und der Menschenrechte, wie sie die europäische Aufklärung gegen den Widerstand der Kirchen hervorgebracht hat. Darauf werden wir im Zusammenhang mit den Menschenrechten noch einmal etwas ausführlicher eingehen. In jedem Falle ist es intellektuell unredlich, sich die Passagen aus den heiligen Büchern herauszugreifen, die einem gerade als passend erscheinen und andere, die dies nicht sind, als unhistorisch zu verwerfen. Eine solche selektive Bibelauslegung ist zwar unter Priestern sehr beliebt, aber entweder es handelt sich bei den heiligen Büchern um göttlich inspirierte Werke oder eben nur um menschliche Artefakte mit einem mehr oder weniger zutreffenden historischen Kern.

Letztendlich kommen wir damit zu dem Ergebnis, dass mit der Kenntnislage einer wissenschaftsbasierten kritischen Bibelexegese weder der Absolutheitsanspruch noch der ethisch-moralische Führungsanspruch des Christentums länger glaubhaft aufrecht erhalten werden kann. Dies betrifft aber nicht nur das Christentum. Bei einer entsprechend historisch-kritischen Vorgehensweise würden sich auch die Glaubensinhalte des sich auf den Koran beziehenden Islams als keineswegs plausibler als die des Christentums erweisen. Zumal sich der Islam nicht ohne das Juden- und Christentum erklären lässt und ohne diese älteren Religionen so auch gar nicht existieren würde. Wenn nun aber schon die Voraussetzungen in diesen älteren Religionen als fragwürdig erwiesen sind, wie könnte dann der sich darauf beziehende Islam glaubwürdiger sein? Die Irrtumslosigkeit und Widerspruchsfreiheit heiliger Bücher wie der Bibel als göttliches, vom Heiligen Geist inspiriertes Buch oder des Korans als wortwörtliche Rede Allahs, hat sich für die wissenschaftlich vorgehende kritisch-historische Theologie als nicht konsistentes, sehr phantasievolles und rein menschliches Konstrukt erwiesen. Wie in einem Schneeballsystem kamen im Laufe der Jahrhunderte bei der Entstehung des Christentums immer mehr Götter (Hl. Geist, Jesus) Heilige, Wundergeschichten, Zitate und vermeintliche Zeugen hinzu: "Der Glaube schafft sich nicht nur seine Götter, sondern auch seine Stifter, seine Dogmen, seine Ethik, seine Liturgie, seine Feste, seine heiligen Männer und Frauen, nur einen wirklichen Gott braucht es dazu nicht."[13] Das trifft natürlich, wie eben schon angedeutet, mutatis mutandis auch für alle anderen Offenbarungsreligionen zu. Aus einer nüchternen wissenschaftlichen Sichtweise, welche die gesamte Menschheitsgeschichte und alle Kulturen neutral und objektiv umfasst, unterliegen auch die Religionen, die sich in ihren Lehren und Ansichten gegenseitig beeinflusst haben, einem evolutiven Prozess des Entstehens und wohl auch des Vergehens. Aus einfachen Naturreligionen entstanden wissenschaftlich plausibel rekonstruierbar die ersten Mythen, daraus der Polytheismus und daraus wiederum der Monotheismus. Auch die drei großen monotheistischen Buchreligionen stellen hier keine (göttliche) Ausnahme

41

außerhalb dieses kulturellen und entwicklungsgeschichtlichen Prozesses dar.

1.3 Religions- und Kirchenkritik aus philosophischer Sicht

Bis hierher haben wir einige konkrete Ungereimtheiten und Widersprüche der Bibel beziehungsweise des christlichen Glaubens aufgezeigt, die sich aus kritisch-theologischer Sicht ergeben. Im Folgenden sollen einige prominente Philosophen und ihre Einwände gegen den (theistischen) Gottesglauben vorgestellt werden. Wir werden dabei in chronologischer Reihenfolge vorgehen. Die philosophische Kritik unterscheidet sich von der theologischen dadurch, dass sie weniger analytisch und exegetisch auf die konkreten und spezifische Glaubensinhalte heiliger Schriften und den damit verbundenen Glaubensansprüchen eingeht, sondern eher von allgemeiner und prinzipieller Natur ist.

Eine erste kritische Hinterfragung und Negation von mythischen und religiösen Erzählungen beginnt mit den sogenannten Vorsokratikern. Sie wenden sich gegen die anthropomorphen Gottesvorstellungen, wie sie in den Mythen des Homer und Hesiod zum Ausdruck kommen. Erstmals wird dabei im 7. und 6. Jahrhundert v.u.Z. mit den ionischen Naturphilosophen der Versuch unternommen, die Welt auf natürliche und rationale Weise zu erklären. Der über das christliche Mittelalter, der Renaissance, der Aufklärung bis in die Moderne anhaltende Kulturkampf zwischen Mythos und Logos, also zwischen religiöser und wissenschaftlich-rationaler Weltdeutung, nahm dort seinen Anfang und stellt zudem den Beginn der abendländischen Wissenschaftsgeschichte dar.

Thales von Milet (um 624/23 - ca. 548 und 544) gilt in der westlichen Philosophiegeschichte als der erste Philosoph, der nach einer kausalen und natürlichen Welterklärung suchte. Er nahm an, dass das Wasser der Anfang und Urgrund aller Dinge sei. Der zweite milesische Philosoph, Anaximandros (um 610 - 547), ein Schüler des Thales, entwirft als erster Mensch eine rein physikalische Kosmogonie, also eine ausschließlich auf Beobachtung und rationales Denken gegründete Entstehungsgeschichte des Kosmos. Als erster geht er von einer frei im Weltraum schwebenden Erde aus, die er sich allerdings noch als den Mittelpunkt der Welt vorstellte. Besonders frappierend sind Anaximanders Gedanken über die Entstehung des Lebens über zweitausend Jahre vor Darwin. Die Vorstellung Anaximandros war es, dass die Erde die Lebewesen durch allmähliche Austrocknung selbst hervorgebracht hat, wobei diese zunächst im Wasser lebten und später auf das Land überwechselten. Damit hatte er nicht nur die moderne Entwicklungslehre vorgedacht, sondern auch die heute innerhalb der Evolutionstheorien vertretene Theorie, dass das Leben abiotisch (also allmählich nach vielen Zwischenstufen aus letztlich toter Materie) und ohne Eingreifen übernatürlicher Mächte entstanden sei. Xenophanes (580 - ca. 500) vertrat die Auffassung, dass nicht die Götter die Menschen erschaffen haben, sondern dass sich die Menschen ihre Götter nach ihrem Ebenbilde oder besser nach ihren eigenen Bedürfnissen und Veranlagungen erschaffen.[14] Er wandte sich deshalb gegen den zu seiner Zeit üblichen Polytheismus und vertrat eine pantheistische Weltanschauung, denn der höchste Weltgott ist für ihn identisch mit der Einheit des Weltganzen. Auch Anaxagoras (um 499 - 428) sah in dem „nous" die geistige Kraft, die das Materielle ordnet und bewegt. Da er diesen Geist aber nicht als göttlich betrachtete, wurde ihm der Prozess wegen Gottlosigkeit gemacht und er musste aus Athen fliehen. Die frühen Materialisten wie Demokrit (460 - ca. 370) und Epikur (um 341 - 270) vertraten mit ihrer heute zumindest prinzipiell bestätigten Atomtheorie eine Ansicht, die weit über das damalige und auch spätere christliche Weltbild hinausragte. So kann für Demokrit die Seele nicht unsterblich sein, weil sie aus einer feinstofflichen, atomischen Zusammensetzung besteht, die nach dem Tode wieder verfällt. Und für Epikur waren die Lehren der Religionen nichts weiter als Abbilder menschlicher Natur, denn der Mensch projiziert letztlich nur seine eigenen Sehnsüchte und Vorstellungen in seine Götter. Ein Gedanke, den viele Jahrhunderte später Ludwig Feuerbach systematisch ausarbeiten wird.

Mit dieser bei den vorsokratischen Naturphilosophen zwar weniger den Religionen und Mythen, dafür aber mehr der Mathematik, Beobachtung und der Logik zugeneigten Geisteshaltung kamen die Griechen vor über zweitausend Jahren zu Erkenntnissen, die uns heute noch ehrfurchtsvoll staunen lassen. Aristarchos (ca. 310 - 230) von Samos beobachtete und errechnete, dass der Durchmesser der Erde 2,85 mal so groß ist wie der des Mondes, tatsächlich ist er 3,67 mal so groß. Eine großartige Annäherung mit bescheidenen, aber rein denkerischen Mitteln. Erathostenes von Kyrene (276 - 194) errechnete den Umfang der Erde mit einer Fehlerquote von nur 4,2%, während das christliche Mittelalter noch immer an der Scheibentheorie der Erde festhielt. Im Gegensatz zu Sokrates, Platon und Aristoteles, die einen immensen Einfluss auf das mittelalterliche Christentum hatten, sind die Leistungen jener Männer und die der Vorsokratiker fast völlig unbekannt, was nicht an den minder bedeutenden Gedanken dieser Denker liegt, sondern daran, dass nur vereinzelte Fragmente ihrer Erkenntnisse erhalten sind. Platon (427 - 347) und Aristoteles (384 - 322) gelten zwar nicht als Vorläufer moderner Religionskritik, aber auch sie kennen keinen personalen Gott mit menschlichen Eigenschaften, wie ihn später die monotheistischen Offenbarungsreligionen vertreten werden.
Es ist sehr bedauerlich, dass in den Schulen diese bedeutenden Denker kaum Erwähnung finden, dagegen aber die in ihrer Historizität und ethischen Grundhaltung mehr als fraglichen Inhalte heiliger Bücher. So ist beispielsweise das mit diesen verbundene kreationistische Weltbild, wie es die drei abrahamitischen Religionen vermitteln, definitiv widerlegt. Vom Geist der griechischen Aufklärung ist die europäische Kultur mindestens so sehr geprägt wie vom Christentum, aber leider besitzen aufklärerische und säkulare Geisteshaltungen nicht die starke Lobby wie das Christentum mit den einflussreichen Kirchen und den christlich geprägten Politikern.

Das Mittelalter zwischen dem Ende der Antike (6. Jahrhundert) und dem Beginn der Neuzeit (15. Jahrhundert) war lebensweltlich wie geistesgeschichtlich überwiegend christlich geprägt. Eine freie und kritische Philosophie gab es im christlichen Abendland so gut wie nicht, ebenso wenig wie einen nennenswerten Fortschritt in wissenschaftlicher oder technologischer Hinsicht. Es war das Zeitalter der Theologie, die entsprechend restriktiv über die Philosophie als einst freie und kritische Disziplin herrschte. Lediglich als ancilla theologiae, als Magd der Theologie, durfte sie sich unter Rückgriff auf antike Philosophen, vor allem Platon und Aristoteles, zensiert und devot zu Wort melden.

Am Anfang dieser theologischen Zeit stand der noch in der Spätantike verwurzelte, aber das Mittelalter mit zahlreichen und thematisch sehr umfassenden Werken prägende Augustinus von Hippo (345 - 430). In seinem Wahlspruch „Credo, ut intelligas" - glaube, damit du erkennst, drückt sich der Gegensatz zu einer freiheitlichen, empirischen und kritischen Philosophie ganz pointiert aus. Theologen wie Thomas von Aquin (1225-1274) versuchten später dann eine auf Offenbarungsglauben basierende biblische mit einer rationalen Weltsicht zu vereinbaren, was ihnen aber letztlich nicht gelang, wie die geistesgeschichtliche Entwicklung von der Neuzeit bis zur Gegenwart, von der absoluten Theokratie bis hin zu den heutigen säkularen Gesellschaften und Wissenschaften eindeutig belegt. Grundlage für die mittelalterliche „Philosophie" war ein heilsgeschichtlicher Werdegang mit dem biblischen Gott als Schöpfer, der Erde als Mittelpunkt des Universums, dem sündigen Menschen als unvollkommenes Ebenbild Gottes und Jesus als dem Erlöser erfundener Sünden. Diese biblisch-kreationistische Sichtweise, der damit verbundene tausendjährige Glaubenszwang sowie der entwicklungsgeschichtliche Fast-Stillstand, er war im Vergleich zu den oben nur kurz angedeuteten Leistungen der griechischen Philosophen sicher kein intellektuelles und auch kein ethisch-moralisches Ruhmesblatt der menschlichen Kulturgeschichte. Erst mit den spätmittelalterlichen Scholastikern Roger Bacon, Duns Scoutus und Wilhelm von Ockham wurde der Boden für die Neuzeit, für den Humanismus und die Renaissance, bestellt.

Für Roger Bacon (1214 - 1292) waren die größten Philosophen immerhin drei Heiden, nämlich Aristoteles, Avicenna und Averroes. Als Empirist war für Bacon die Beobachtung der Natur die Quelle wahren Wissens. Damit aber legte er die Axt an das eingefahrene und sich auf (heilige) Schriften und Autoritäten berufende scholastische System. Bacon musste für mehrere Jahre nach Frankreich ins Exil. Bei seiner Rückkehr nach England wurde er für den Rest seines Lebens im Kerker gefangen gehalten. Duns Scotus (1270 - 1308) war Professor in Oxford, Paris und Köln. Auch er wandte sich gegen den katholischen Haustheologen Thomas von Aquin und widersprach dessen behaupteter Übereinstimmung von Glaube und Vernunft, weil ihm mit Aristoteles' Philosophie der schroffe Gegensatz zwischen dessen Philosophie und dem christlichen Glauben bewusst war. Bedenkt man, dass die gesamte mittelalterliche Philosophie letztlich nur Theologie war, so bereitete Scotus endlich wieder das vor, was Wilhelm von Ockham (1290 - 1349) schließlich vollzog, nämlich die Trennung von Glaube und Vernunft beziehungsweise von Theologie und Philosophie. Mehr noch als Bacon und Scotus erschütterte Ockhams Nominalismus die mittelalterliche Scholastik, deren Methode es war, unter Verzicht von Naturbeobachtung alle wahren Erkenntnisse aus von der Kirche anerkannten Autoritäten abzuleiten. Ein selbstreferenzielles System also, für das am Ende nur das wahr ist, was schon als wahr vorausgesetzt wurde.[15] Um der zu erwartenden Konfrontationen mit der Kirche zu entgehen, schließt Ockham die Dogmen und Mysterien der katholischen Theologie von seiner nominalistischen Sichtweise auf die Dinge aus. Sie seien zwar widervernünftig, müssen aber als solche hingenommen werden, ganz nach dem Motto „credo quia absurdum", ich glaube, gerade weil es absurd ist. Dennoch wagte er es, aus realpolitischen Gründen das Papsttum und die Verweltlichung der Kirche, unter Berufung auf das Leben Jesu in Armut, anzugreifen. So sollte sich die Kirche nicht weltlichen Dingen widmen, sondern sich allein auf geistliche Aufgaben beschränken. Auch Ockham bezahlte seine Kritik mit einer

Kerkerhaft. Aber immerhin wurde mit den genannten kritischen Theologen das künstlich und zwanghaft gestrickte Band zwischen Glauben und Wissen, zwischen Theologie und Philosophie wieder zerschnitten. Beide Disziplinen werden von nun an wieder eigene Wege gehen und eine eigene Entwicklung durchmachen. Die Philosophie, das freie Denken, befreit sich sukzessive aus ihrer Knechtschaft und bleibt nicht länger die Magd der Theologie. Sie erhebt sich sogar über die Theologie und aus ihr gehen die späteren einzelwissenschaftlichen Disziplinen, so wie wir sie heute mit Physik, Chemie, Psychologie usw. kennen, hervor. Bacon, Scotus und Ockham machten mit ihrer freilich nur vorsichtig möglichen Kritik den Weg frei für eine neue Epoche. Tatsächlich besann man sich mit der daraufhin einsetzenden Renaissance wieder auf die antike Freiheit der Philosophie und der Vernunft, die Luther, als entschiedener Gegner des Humanismus, später als „Teufelshure" brandmarken wird.

Nach einer doch zunehmend geistig als eng und restriktiv empfundenen christlich-klerikalen Herrschaft über das Volk war nach vielen Jahrhunderten eine Sehnsucht nach freiem Denken und einem unbeschwerten Lebensglück angewachsen, dessen Vorbild man in der Antike zu finden glaubte. Allerdings muss darauf hingewiesen werden, dass auch mit Beginn der Neuzeit noch keineswegs die Vorherrschaft der theokratischen Strukturen gebrochen waren. Noch immer herrschten über die Menschen die Kirchen mit ihrem christlichen Fundamentalismus, der alle Menschen zu Sündern macht, von denen die allermeisten im Falle des Ungehorsams und des kritischen Zweifels ihre postmortale Existenz in der ewigen Hölle als ihren ewigen Aufenthaltsort verbringen müssen. Ein bewährtes Mittel gegenüber einem bewusst in Unwissenheit, Glaubens- und Erlösungsabhängigkeit gehaltenem Volk, um sich der eigenen Macht und des eigenen Wohlstandes dauerhaft versichern zu können.
Dennoch war mit diesem neuen Lebensgefühl, wie es der Humanismus und die Renaissance hervorbrachte, eine neue

Literatur und vor allem auch Wissenschaftlichkeit entstanden, die Denker wie Kopernikus (1473 - 1543), Kepler (1571 - 1630) und Galilei (1564 - 1641) hervorbrachte. Sie brachten nolens volens das Primat des Glaubens mit ihren neuen naturwissenschaftlichen Erkenntnissen immer mehr ins Wanken. Diese neuen Generationen von Wissenschaftlern orientierten sich nicht mehr am biblischen Weltbild mit seinem Geozentrismus, sondern vertrauten mehr auf die Empirie und dem Experiment. Galilei vertrat das kopernikanische Weltbild, das noch weiter, nämlich auf Aristarchos von Samos zurückgeht. Im Jahre 1616 war das wissenschaftliche Hauptwerk des Kopernikus von einer päpstlichen Kommission verworfen und auf den Index gesetzt worden. Die dabei als ketzerisch eingestuften Thesen betrafen die Behauptung, dass die Sonne der Mittelpunkt der Welt sei und dabei keinerlei örtliche Bewegung besitzt. Damit verbunden war die Erkenntnis, dass die Erde eben nicht, wie es aus der Bibel abzuleiten ist, der Mittelpunkt der Welt und auch nicht unbeweglich ist, sondern sich um sich selbst und um die Sonne bewegt. Galilei übernahm diese These und untermauerte sie durch seine Beobachtungen. Da er seinen Standpunkt in seinem „Dialogo" von 1632 nicht als Hypothese veröffentlichte, sondern als feststehende Theorie - basierend auf seinen Beobachtungen mit dem Fernrohr, die zeigten, dass die Jupitermonde sich nicht um die Erde bewegten, - entkam er nur knapp dem Scheiterhaufen. Auch wenn Galileis Herleitungen für sein Modell ungenügend gewesen sein mögen, in der Sache, also dass sich nicht die Sonne um die Erde, sondern die Erde um die Sonne dreht, hatte er Recht. Indem Galilei seinen Erkenntnissen abgeschworen hatte, nämlich „stets geglaubt zu haben, gegenwärtig zu glauben und in Zukunft mit Gottes Hilfe glauben zu wollen alles das, was die katholische und apostolische Kirche für wahr hält, predigt und lehret", kam er mit einer Kerkerstrafe davon, die dann in einen Hausarrest umgewandelt wurde. Der Fall Galilei ist deshalb von so besonderer Bedeutung, weil er die Divergenz zwischen Wissenschaft und Glauben offenbart. Erstens zeigt die sogenannte kopernikanische Wende, dass nicht die Erde respektive der Mensch im Mittelpunkt der Schöpfung steht, was sowohl dem katholischen Glauben als auch der Bibel widerspricht. Damit verbunden ist ein Glaubwürdigkeitsverlust auch hinsichtlich der Wahrheitsfrage nach der Existenz des biblischen Gottes. Zweitens zeigt es die klerikale Unterdrückung des freien und rationalen Denkens, das mit Folter, Kerker und Tod sanktioniert wurde. Nicht die Frage, wer in der Sache Recht hat, ob die Begründung und Herleitung einer Theorie richtig oder falsch ist, ist das eigentliche punctum saliens, sondern die Tatsache, dass religiöse Institutionen, die auf veraltete Weltbilder in Heiligen Schriften rekurrieren, das freie Denken - heute würde man sagen die Wissenschaftsfreiheit - gegen alle Vernunft und Menschlichkeit notfalls auf grausamste Weise unterdrückt hatten, um ihr vermeintlich göttliches und unfehlbares Glaubenssystem aufrecht zu erhalten. Für diesen Kampf, dem eines an der Göttlichkeit und Unfehlbarkeit festhaltenden, auf fragwürdigen Dogmen beruhenden Glaubenssystems mit einer sich davon lösenden, auf freiem Denken beruhenden Vernunft und Wissenschaftlichkeit steht der Fall Galilei. Insofern stellt er einen Meilenstein im Emanzipationsbestreben der unterdrückten Vernunft vom alles beherrschenden christlichen Glauben dar. Die „ungeheure Fortschrittlichkeit" der katholischen Kirche erweist sich darin, dass sie Galilei, und ähnlich verhielt es sich auch im Fall Darwin, nach "nur" 350 Jahren, nämlich 1992, formal rehabilitierte. Indem Galilei wie Kopernikus die Unabhängigkeit der Astronomie, wie der ganzen Naturphilosophie von der Religion forderte, war er einer der ersten Verfechter der Trennung von Religion und Wissenschaft.

Während sich diese bedeutenden Naturphilosophen mit der Kirche so einigermaßen arrangieren konnten bzw. mussten, stellte der dagegen weniger kompromissbereite Charakter des Dominikaners und Naturphilosophen Giordano Bruno (1548 - 1600) eine noch ernstere Bedrohung für den einzig wahren Glauben dar. Lange vor Baruch Spinoza (1632 - 1677) vertrat Bruno einen Pantheismus, für den er anno domini 1600 durch die Inquisition auf dem Scheiterhaufen verbrannt wurde. Bruno lehnte die Trinität und die Existenz eines personalen Gottes ab, was dann auch die Hauptanklagepunkte gegen ihn waren und für die Verurteilung eines Menschen zum Tode ausreichte. Seine zentralen Gedanken bestanden in der neuplatonischen Anschauung eines unendlichen Universums und dem aus der stoischen Naturlehre übernommenen Gedanken einer alles belebenden Weltseele. Mit der Idee eines unendlichen Universums mit unendlich vielen Welten oder Sonnensystemen, was uns bereits bei Anaximandros und auch bei dem von Bruno hochgeschätzte Cusanus (1401 - 1464) begegnete, muss Bruno zuerkannt werden, die räumlichen und zeitlichen Dimensionen des Universums, so wie sie uns heute vorliegen, vorausgeahnt zu haben. Während allerdings Cusanus schlau genug war, die Grenzenlosigkeit der Welt oder des Universums als Lobpreis Gottes darzustellen, ist der Kosmos für Brunos Pantheismus bereits selbst der neue Gott. Eine blasphemische Auffassung, die ihm das Leben kostete.

Beginnend mit Thomas Hobbes, John Locke, George Berkley und David Hume in England, mit Montesquieu, Denis Diderot, d'Almbert, Voltaire und Rousseau in Frankreich, mit Leibniz, Wolff, Lessing, Moses Mendelssohn und Kant in Deutschland, ist die Kernzeit der Aufklärung vom ausgehenden 17. Jahrhundert (Glorious Revolution in England 1688/89) bis zur französischen Revolution 1789 oder bis zum Beginn des 19. Jahrhunderts, dem Tod Immanuel Kants im Jahre 1804, anzusetzen. Die diesem Buch zugrunde liegende Hauptthese besagt, dass Religionskritik als ein zentrales Wesenselement der Aufklärung entscheidend mit dazu beigetragen hat, die religiösen und theokratischen Machtstrukturen, die seit dem Mittelalter bestanden haben, entscheidend zu schwächen und somit den Weg frei gemacht zu haben für neue Staatsformen, die schließlich zu den modernen Verfassungen der offenen und demokratischen Gesellschaften geführt haben. Deshalb sollen nun an dieser Stelle die wichtigsten Wesensmerkmale der Aufklärung vorab aufgezählt werden.

- Erkenntnistheoretisch an erster Stelle steht hierbei die Hochschätzung der menschlichen Vernunft und deren autonomen Gebrauchs, ohne dabei zwingend auf metaphysische Erklärungen als letzte Ursachen zurückzugreifen. Die Religionen werden mittels der Vernunft kritisch hinterfragt. Die Kritik wird somit zu einem philosophischen Wesensmerkmal der Aufklärung.
- Eine gewisse Distanz zu Traditionen und Autoritäten, verbunden mit einer radikalen Ablehnung aller Formen des Dogmatismus ist ebenfalls kennzeichnend.
- Philosophiegeschichtlich interessant ist die Herausbildung zweier konträrer philosophischer beziehungsweise erkenntnistheoretischer Grundanschauungen, nämlich des Rationalismus und des Empirismus.
- Wissenschaftstheoretisch findet eine durch Newton geprägte Umkehrung des Erkenntnisweges statt, weg von einer Deduktion aus dogmatischen Glaubenssätzen oder rationalistischen Prinzipien hin zu einer Induktion aus unmittelbarer Erfahrung. Insofern kann die Aufklärung auch als eine Konsequenz der Entdeckungen der Naturwissenschaften seit der Renaissance angesehen werden.
- Eine weiteres Wesensmerkmal der Aufklärung ist das Aufblühen der Naturwissenschaften als Konsequenz der naturwissenschaftlichen Entdeckungen der Renaissance, aber auch die Entstehung neuer rechts- und staatsphilosophischer Ansätze.
- Der Begriff der Freiheit avanciert neben dem der Vernunft zu einem ebenfalls zentralen Thema der Aufklärungsphilosophie. Individuelle Freiheit, Mündigkeit, persönliche Verantwortung und die Selbstbestimmung des Individuums gelten als Kernforderung der Aufklärung im gesellschaftstheoretischen und politischen Bereich. Gefordert wurde auch Toleranz gegenüber Andersdenkenden und Andersgläubigen (Nathan der Weise)
- Die Aufklärung war geprägt von einem auf der menschlichen Vernunft gegründeten Optimismus, was den wissenschaftlichen, aber auch den sozialen und ethischen Fortschritt anbelangt.

- Als wichtigste neue staats-, rechts- und verfassungstheoretische Prinzipien wären die aus dem Naturrecht abgeleitete Vertragstheorie, Volkssouveränität, Gewaltenteilung und demokratische Beteiligung an der Macht zu nennen. Mit den damit verbundenen neuen Gesellschaftsmodellen soll dem Missbrauch staatlicher oder klerikaler Gewalt entgegengewirkt werden. Herausragende staatsphilosophische Denker waren beispielsweise Hobbes, Locke, Hume, Montesquieu, Rousseau, Voltaire und Kant.

- Die Rechte des einzelnen gegenüber dem Staat und den Mitbürgern wurden philosophisch fundiert und es begann der Aufstieg des Bürgertums und Liberalismus mit freiem Gewerbe und Handel.

- Allmählich setzte sich eine Art „Laissez faire" - Mentalität durch.

- Natürlich ließen sich die heute existierenden demokratischen und offenen Verfassungen nicht sofort realisieren. Es entstanden zunächst die konstitutionelle Monarchie in England und der aufgeklärte Absolutismus auf dem Kontinent. Rousseaus basisdemokratischen Ideen konnten sich zu seiner Zeit zwar noch nicht durchsetzen, aber die Geschichte begab sich mit der Aufklärung und ihrer freiheitlichen, auf Vernunft gegründeten Ideale auf den noch langen und keineswegs geradlinig verlaufenden Weg hin zu den heutigen demokratischen Verfassungen. Natürlich gibt es zahlreiche Facetten, Antriebskräfte und Wesensmerkmale der Aufklärung, aber ohne eine Schwächung der religiösen Strukturen und Mächte durch die Vernunft und Kritik wäre die Durchsetzung ihrer Ideale nicht gelungen. Auch die damit verbundenen philosophischen Fortschritte auf erkenntnistheoretischem wie auch auf staats-, rechts- und verfassungstheoretischem Gebiet wären so nicht möglich gewesen.

Auch wenn Thomas Hobbes (1588 - 1679) philosophiegeschichtlich als Begründer des aufgeklärten Absolutismus und als bedeutender Theoretiker des Gesellschaftsvertrages bekannt ist, so verbinden sich damit doch auch für seine Zeit mutige kirchenkritische Ansichten. Da für Hobbes der Mensch aus erkenntnistheoretischen Gründen nicht in der Lage ist, die Welt zu erkennen, gelte dies mehr noch für die Bereiche, die über die Welt hinaus gehen, also für behauptete transzendente Welten und Götter. In diesem Sinne war Hobbes nicht zwingend Atheist, aber Agnostiker. Mit René Descartes (1596-1650) „Cogito, ergo sum" bestimmt sich zum ersten Mal der Mensch mit seinem denkenden Selbstbewusstsein für autonom. Gott geht dieser erkenntnistheoretischen Annahme nicht mehr voraus, sondern ist nur mehr eine Folge daraus. Denn das Denken ist nun der Beleg für die menschliche Existenz und nicht mehr Gott oder religiöse Glaubensgrundsätze. Pièrre Bayle (1647–1706) vertrat die Auffassung, dass Glaube und Wissen unüberbrückbare Gegensätze darstellen und dass widerspruchsfreie religiöse Erkenntnis gar unmöglich sei. Bayle setzte sich für religiöse Toleranz ein und entwickelte die Grundlagen zu einer nicht religiös bestimmten Ethik. Er forderte Gewissensfreiheit für Andersgläubige und Atheisten und machte deutlich, dass letztere nicht unmoralischer sind als Christen, die im Namen Gottes schlimme Verbrechen begehen. Darüber hinaus behauptete er sogar einen schädlichen Einfluss der Religion auf den Menschen, wenn sie etwa gewollt oder ungewollt Hass gegenüber Andersgläubigen fördert. Bayle, der sich trotz aller Kritik zum Christentum bekannte oder bekennen musste, forderte als einer der ersten Aufklärer, ganz im Gegensatz zu John Locks Forderung nach einem Staatskirchentum, eine strikte Trennung zwischen Staat und Religion.

Mit den französischen Aufklärern nimmt die Schärfe der Kritik an den Religionen, explizit am christlichen Theismus, deutlich zu. Claude Adrien Helvétius (1715-1771) betrachtete die Religion nur mehr als eine aus Herrschaftsinteressen der Priesterkaste entstandenes Unterdrückungsinstrument. Nur ein eingeimpftes Sündenbewusstsein, verbunden mit dem darin gleich mitgelieferten Glücks- und Erlösungsversprechen an den erlösungsbedürftigen Menschen, sichert ihm seinen Erfolg. Im Sinne seiner Zeit propagierte er ein Naturrecht als in allen Menschen wirkende Weltvernunft, die den archaischen

Offenbarungsglauben und das damit verbundene Strafgericht ersetzen sollte. Der deutschstämmige Philosoph Baron Paul-Henri Thiry d´Holbach (1723-1789) bezeichnete in seinen pseudonym veröffentlichten Schriften die Religion als moralisch sehr fragwürdig und war damit der Auffassung, dass sie unter dem Strich der Menschheit mehr schade als nutze, insbesondere wenn man sich die zahlreichen Kriege ansehe, die im Namen der Religionen geführt werden. D'Holbach analysierte die Kernaussagen des Christentums und kam zu dem Ergebnis, dass aufgrund der ägyptischen, phönizischen, platonischen und sonstigen Einflüsse es wenig Originäres darin zu entdecken gäbe. Indem er das Christentum, wie die heutige kritische-methodische Methode der Theologie auch, in einen historischen Kontext stellte, entzauberte er es seiner Göttlichkeit und stellte es als historisch gewachsenes Produkt der Menschheit dar. Der 1729 verstorbene abtrünnige Priester Jean Meslier (1664-1729) behauptete, dass alle Religionen letztlich nur menschliche Erfindungen seien und somit nichts als Einbildung und Betrug. In seinen Gedanken sind auch erste Ansätze von System- und Gesellschaftskritik aufzufinden, wenn er Religion als ein Instrument der Herrschaftsabsicherung verstand. Der vielleicht neben Rousseau bedeutendste französische Aufklärer, Voltaire (1674-1778), vertrat wiederum einen deistischen Standpunkt und war Anhänger einer natürlichen Religion, für die weder Offenbarungen noch Wunder existierte. Dabei beschränkte sich Voltaires Religionskritik keineswegs nur auf das Christentum, sondern auf alle monotheistischen Offenbarungsreligionen. Deren Religionsstifter wie Moses, Jesus oder Mohammed, sind für ihn nichts weiter als erfolgreiche Betrüger. Voltaire hatte sein ganzes Leben gegen den Aberglauben und gegen die Dogmen der Kirche und ihre Verflechtungen mit der weltlichen Macht gekämpft. In einem Drama über den Propheten Mohammed, 1741 in Lille uraufgeführt, kritisiert er auch massiv den Propheten und somit den Islam. Nur am Rande sei hier angemerkt, dass 1994 und 2005 entsprechende Versuche der Wiederaufführung in Genf und im französischen Vernay gescheitert sind, da eine dem sogenannten linksliberalen Zeitgeist geschuldete Demut oder Angst vor dem Islam dies als rassistisch und islamophob verhindert hatte. Anstatt im Sinne unserer mühsam erkämpften säkularen Prinzipien in einem öffentlichen Diskurs Gebrauch von der Meinungsfreiheit und einer wohlbegründeten Kritik zu machen, herrscht hier eine völlig falsch verstandene Toleranz, Angst und Feigheit vor einer in der Tat sehr kritikwürdigen Religion vor. Hier war man zu Voltaires Zeiten also schon mal weiter und auch freier. Für Jean-Jacques Rousseau (1712–1778) schließlich kann Gott gar nicht Gegenstand des Wissens sein, sondern des Herzens und des Gefühls. In seinem Erziehungsroman „Emile ou sur l'éducation" (1762) schreibt er: „Wenn ich die Dummheit symbolisch darzustellen hätte, die unsere Galle erregen kann, so würde ich einen Pedanten malen, der die Kinder aus dem Katechismus unterrichtet." Der französische Philosoph und Positivist Auguste Comte (1798 - 1857) entwickelte ein Gesetz der Geistesentwicklung, das er als Dreistadiengesetz bezeichnete. Demnach durchläuft die Menschheit drei Stadien des Denkens beziehungsweise des Wissens, bis sie ihren Optimalzustand erreicht. Dabei handelt es sich um das theologische (mit Fetischismus, Polytheismus und Monotheismus), das metaphysische (abstrakte) und das positive (wissenschaftliche) Stadium. Entsprechend der Individualentwicklung vergleicht er diese Stadien mit dem Kindesalter der Menschheit, der Pubertät und dem „männlichen Geisteszustand." Damit bringt Comte zum Ausdruck, dass der Mensch in seiner intellektuellen Entwicklungsgeschichte zunächst auf niedriger Stufe in theologischen Denkmustern gefangen war. Die Aufgabe der Philosophie sieht er unter anderem darin, diese Entwicklung der menschlichen Gesellschaft von einem primitiven Fetischglauben über den Poly- und Monotheismus bis hin zum Stadium der positiven Wissenschaften, das durch Beobachtung und Experiment geprägt ist, zu fördern.

In Schottland lebte mit David Hume (1711 - 1776) ein Philosoph, der schwerwiegende Gründe gegen den Theismus und die Unsterblichkeit der Seele vorbrachte. Sein Ruf als Atheist vereitelte ihm eine Universitätslaufbahn in Edinburgh. Kritik an der Metaphysik wurde aber mit Hume nun auch in Großbritannien salonfähig. Sie wird zunehmend kritisch gesehen als vergebliche Anstrengung menschlicher Eitelkeit, welche in ein Gebiet vordringen möchte, das dem menschlichen Verstand letztlich unzugänglich ist. In ihrer religiösen Form wird sie von Hume als Werk eines listigen Volksaberglaubens eingestuft, um über den Weg religiöser Ängste und Vorurteile den Geist des Menschen zu überfallen, wobei rein profane Kriterien wie Macht oder materielle Güter, aber auch psychologische Erlösungsbedürfnisse eine ausschlaggebende Rolle spielen. Da Kant selbst sagt, er sei durch Hume aus seinem „dogmatischen Schlummer" erweckt worden, ist nicht auszuschließen, dass es ohne Hume die kritische Philosophie Kants gar nicht gegeben hätte. Den Anmaßungen der rationalen Philosophie, über die Erfahrung hinaus allgemeingültige Wahrheiten zu erfassen, entgegnet Hume: „Solange wir nicht einen befriedigenden Grund angeben können, warum wir nach tausend Erfahrungstatsachen glauben, dass ein Stein fallen oder das Feuer brennen wird – können wir uns da mit irgend einer bestimmten Anschauung zufrieden geben, die wir über den Ursprung der Welten und den Zustand der Natur von Ewigkeit zu Ewigkeit bilden mögen?... Mir scheint, dass die einzigen Gegenstände der abstrakten Wissenschaften oder der Demonstration Größe und Zahl sind und dass alle Versuche, diese vollkommeneren Wissensarten über diese Grenzen hinaus zu erstrecken, nur Blendwerk und Täuschung bedeuten."[16]

Humes skeptischer Grundsatz gegenüber den Offenbarungsreligionen lautet: „Kein Zeugnis reicht aus, ein Wunder festzustellen, es müsste denn das Zeugnis von solcher Art sein, dass seine Falschheit wunderbarer wäre als die Tatsache, die es festzustellen trachtet." Und erst wenn die Falschheit des Zeugnisses des Erzählers wunderbarer als das von ihm berichtete Ereignis sei, „dann, aber auch erst dann kann er Anspruch auf meinen Glauben und meine Überzeugung erheben."[17] Im Vergleich zum Polytheismus hält Hume den Monotheismus als

Volksreligion hinsichtlich seiner praktischen Folgen sogar für schädlicher, denn die Betonung eines einzigen Gottes und die einer einzigen wahren Religion führt zu Intoleranz und Verfolgung anderer Religionen.

In Deutschland wurde durch den 1694 in Hamburg geborenen Hermann Samuel Reimarus (gest. 1768) eine religionskritische Position vertreten, die sich später durch G. E. Lessing zum Skandal entwickelte und diesen 1779 zu seinem Bühnenstück "Nathan der Weise" veranlasste. Lessing veröffentlichte Textfragmente des Orientalisten Reimarus, was ihm ein zeitweiliges Publikationsverbot einbrachte, denn Reimarus vertrat in seiner Schrift "Apologie oder Schutzschrift für die vernünftigen Verehrer Gottes" einen bibelkritischen Ansatz und leugnete die übernatürlichen Offenbarungen, indem er für eine deistische Vernunftreligion eintritt. Für Gotthold Ephraim Lessing (1721 - 1789) waren Religionen nie etwas Endgültiges, sondern „Stadien auf dem Lebensweg der Menschheit"[18], womit aber der Anspruch der Religionen, mit ihren Lehren letztgültige Wahrheiten zu verkünden, subjektiviert und somit relativiert wird. Sein „Nathan" tritt jedenfalls für eine agnostische und eine damit verbundene tolerante Grundhaltung ein, da man nicht wissen könne, welche der Religionen die wahre sei - wenn überhaupt.

Für den großen Philosophen Immanuel Kant ist Gott in seiner „Kritik der praktischen Vernunft" nur mehr ein aus moralischen Gründen abgeleitetes Postulat der Vernunft, ohne dass damit seine objektive Realität behauptet wäre. Auch wenn für Kants Philosophie die Religionskritik nur eine untergeordnete Rolle spielte, so ging er in seiner „Kritik der reinen Vernunft" der Frage nach, ob und gegebenenfalls wie Metaphysik als Wissenschaft gelten könne. Dabei kam er zum Ergebnis, dass dies nicht möglich ist, weil die unter anderem damit verbundenen Gottesbeweise die kategorialen Grenzen der Vernunft und der Erfahrung überschreiten. Das schließt die prinzipielle Möglichkeit Gottes, insbesondere unter moralischen Gesichtspunkten, keineswegs aus. Dennoch glaubte Kant an keinen persönlichen, in die Welt eingreifenden Gott. Sinn und Zweck der Religion lagen für Kant in den Moralgesetzen und in der Motivation für ein gutes Handeln. Die Inhalte der Religionen hielt er sogar für schädlich, was das friedliche Zusammenleben der Kulturen angeht. Nur wenn alle Gottesvorstellungen und die damit verbundenen bildhaften Erzählungen zu den bloßen und austauschbaren Hilfsvorstellungen relativiert werden, fänden die religiösen Auseinandersetzungen ein Ende. Somit könnte dann der eigentliche Sinn und Zweck der Religion erfüllt werden, nämlich den des guten und sittlichen Handelns statt des Kampfes um den einzig wahren Glauben. In seiner religionskritischen Schrift „Die Religion innerhalb der Grenzen der bloßen Vernunft" findet sich dann auch der Satz: „Alles, was, außer dem guten Lebenswandel, der Mensch noch tun zu können vermeint, um Gott wohlgefällig zu werden, ist bloßer Religionswahn und Afterdienst Gottes." Eine Religion, die sich auf Offenbarung gründet, lehnte Kant ab. „Dass Christus eine Religion hatte und lehrte, ist klar; aber nicht, dass er Gegenstand der Religion habe sein wollen." Eine Ansicht, die sich durchaus mit der Auffassung der heutigen kritischen Theologie deckt. Die Jesuslehren des Paulus verurteilt er sogar als „orientalischen Kram", der aller „Vernunft ein Hindernis in den Weg legte."[19] Und im Gegensatz zu Luther will Kant auch nichts von der Rechtfertigung aus Gnade wissen, nach welcher der Mensch ein hilfloser Spielball des göttlichen Willens ist, von dem seine Erlösung abhängt. Als „sehr gewagt und mit der menschlichen Vernunft schwer vereinbar" lehnt er sie ebenso wie die Lehre von der Erbsünde in klaren Worten ab: „Wahre Religion kennt auch keine Furcht oder Angst, keine Gunstbewerbung oder Einschmeichelung, keine falsche Demut, winselnde Reue und Selbstverachtung oder Selbstpeinigung, sondern rüstiges Vertrauen auf die eigene Kraft im Widerstand gegen das Böse."[20] Verglichen mit der von der Kirche aufgezwungenen devoten Rolle der Philosophie im Mittelalter, geschieht nun ein Befreiungsschlag, der auch bei Kant das Ziel hatte, die Philosophie nicht nur zu emanzipieren, sondern sie gar als oberste Richterin der Vernunft auch über den Kirchenglauben zu erheben (So in seiner Schrift „Der Streit der Fakultäten").

Gerade auch Kants „Religion innerhalb der Grenzen der bloßen Vernunft" richtet sich dabei gegen jede Einschränkung des öffentlichen Vernunftgebrauchs, insbesondere im Zusammenhang mit der Religionskritik. Nicht verwunderlich, dass das Verhältnis Kants zur Kirche eher ein kühles gewesen ist. Dass er sich mit dieser aber nicht überworfen hatte, mag auch an der friedlichen Natur Kants und seinem hohen Ansehen gelegen haben. Denn deren tatsächliche, nicht immer positiv verlaufende Entwicklung war ihm sehr wohl bewusst: „Diese Geschichte des Christentums (welche, sofern es auf einem Geschichtsglauben errichtet werden sollte, auch nicht anders ausfallen konnte), wenn man sie als ein Gemälde unter einem Blick fasst, könnte wohl den Ausruf rechtfertigen: tantum religio potuit suadere malorum (zu so viel Unheil konnte die Religion Anlass geben)!"[21] Nicht verwunderlich, dass Kant also auch ein konsequenter Nichtkirchgänger war, der „kirchliche Formen wie Gebete und Lobgesänge zu Ehren einer menschlichen Person mitzumachen..." ebenso wie das dogmatische Christentum eines Paulus oder Luther sowie die Göttlichkeit Jesu ablehnte. Kants Freund Borowski bedauerte, dass dieser als Philosoph die christliche Kirche bloß als eine „zu duldende Anstalt um der Schwachen willen" angesehen und Jesus nicht als Sohn Gottes anerkannte. Noch ein weiterer Biograph und Schüler Kants, Reinhold Jachmann, bezeugt, dass er sich „aller äußeren und sinnlichen Religionsbräuche enthielt." Im Gegensatz zur natürlichen Religion lehnt Kant auch das Staatskirchentum ab, wenn die Regierungen erlauben, die Religion „mit Bildern und kindischem Apparat reichlich versorgen zu lassen", um ihre Untertanen als „bloß passiv" leichter behandeln zu können.[22] Kant wandte sich also gegen jede politische Einschränkung des öffentlichen Vernunftgebrauchs gerade auf dem Felde der Religionskritik und kämpfte in diesem Sinne für Weltanschauungs- und Religionsfreiheit. Für ihn entscheidet nicht die Kirche mit ihren Dogmen, sondern die Vernunft über die Wahrheit der Religion.

Selbst der Dichterfürst Johann Wolfgang von Goethe (1749 - 1832), den viele Deutsche über alle Konfessionen hinweg als geistigen Übervater hoch schätzen, hat sich mehrmals kritisch gegen den Offenbarungsglauben geäußert. So sprach er gar von dem „Märchen von Christus" und bezeichnete „die ganze Lehre von Christo... [als] ein Scheinding."[23] In einem Brief an Johann Kaspar Lavater vom November 1773 schreibt er sogar explizit, er sei „zwar kein Widerchrist, kein Unchrist, aber doch ein dezidierter Nichtchrist..." Kein Wunder also, dass die „Theologische Realenzyklopädie" von 1984 feststellt: Zu Goethes „beständigen Überzeugungen gehört die Ablehnung des kirchlichen Offenbarungsdogmas". In der Tat, denn schon Goethe schien seine Probleme mit der Vergöttlichung Jesu zu haben: „Offen steht das Grab. Welch herrlich Wunder, der Herr ist auferstanden! Wer's glaubt! Schelme, ihr trugt ihn ja weg."[24] Zugeschrieben wird Goethe auch das folgende Zitat: „Es werden wohl noch zehntausend Jahre ins Land gehen und das Märchen vom Jesus Christus wird immer noch dafür sorgen, dass keiner so richtig zu Verstande kommt." Und in „Zahme Xenien" schreibt er gar: „Es ist die ganze Kirchengeschichte Mischmasch von Irrtum und Gewalt."

Auch der Begründer des Deutschen Idealismus, Johann Gottlieb Fichte (1762 - 1814) sympathisierte wie Goethe mit dem Spinozismus bzw. Pantheismus, der zu jener Zeit mit Atheismus gleichgesetzt wurde und schließlich auch zu dem berüchtigten Atheismusstreit führte.[25] Ursache für diese Auseinandersetzung war Fichtes Aufsatz „Über den Grund unseres Glaubens an eine göttliche Weltregierung" (1798). Aufgrund der Reaktionen aus kirchlichen Kreisen sah sich der Fürstenhof in Weimar gezwungen, Fichte von seiner Professur in Jena zu entlassen. Fichte hatte die bereits von Kant vorgebrachte Kritik an den Gottesbeweisen zu einer „Ablehnung der wissenschaftlichen Gottesmetaphysik" gesteigert. Nach Fichtes Auffassung dürfe kein begrenzender Begriff, auch nicht der der Person, auf Gott übertragen werden, denn dies würde „der Absolutheit und Unendlichkeit Gottes widersprechen."[26] Schon 1794 veröffentlichte Fichte seinen anonym erschienenen und zunächst Kant zugesprochenen „Versuch einer Kritik aller Offenbarung," in der es ihm darum ging, zu zeigen, dass „mögliche Offenbarungsphänomene es nicht zur Erkenntnisgewissheit" bringen können.[27] In Übereinstimmung mit Kant und anderen Aufklärern erhebt auch Fichte die Ethik zum wesentlichen Kern der Religion, die aber mit den Forderungen der Vernunft übereinstimmen müsse, wie sie auch Kant in seiner „Kritik der praktischen Vernunft" deduziert hat. „Allein das Sittengesetz als Gebot der Vernunft verpflichte unter allen Umständen den Menschen unmittelbar. Was über diesen wesentlichen Punkt hinaus die Gestalt der Religion forme, sei bloß unwesentlich, historisch oder kultisch."[28]

G.F.W. Hegel (1770 bis 1831) verstand seine Philosophie als Schlusspunkt der abendländischen Geistesgeschichte und das Christentum als höchste Entwicklungsstufe der Religionen überhaupt. Für Hegel ist die christliche auch die einzig wahre Religion, indem Gottes Selbstbewusstsein „sich im Wissen der Menschen weiß."[29] Dem geht die metaphysische, spekulative, idealistische und dialektische Grundannahme voraus, dass die gesamte Wirklichkeit in all ihren Erscheinungsformen als Selbstdarstellung der Vernunft resp. des „Weltgeistes" resp. des „Absoluten" zu begreifen ist. Aber auch Hegel gerät in Widerspruch zur traditionellen Gottesbestimmung, wenn er aufgrund dieser idealistisch-dialektischen Konstruktion davon ausgeht, dass Gott „weder als Sein noch als Wesen, sondern allererst als Begriff, der sich zur Idee entwickelt, adäquat entwickelt..." und dabei nur   insofern adäquat erfasst [wird], als der menschliche Geist Gott als absoluten Geist mitkonstituiert."[30] Ähnlich wie bei Schelling ist Gott also nur insofern Gott, als er sich selbst weiß, wozu er aber den Menschen bzw. das biologisch und kulturell hoch entwickelte menschliche Bewusstsein benötigt. Denn nur in und mit ihm wird der Geist als das „absolut Erste" sich seiner selbst bewusst und kehrt von seiner Entäußerung wieder als absoluter Geist in sich zurück. Durch die Entäußerung bzw. Entfremdung des Weltgeistes und seines in dialektischen Stufen erfolgenden historischen Zusichzurückkehrens, angefangen von der leblosen Materie bis hinauf zum bewusstseinsfähigen Menschen und dessen kulturellen Erzeugnissen wie Staat, Kunst, Religion und Philosophie, haftet aber auch der theologischen Geschichtsphilosophie Hegels etwas Pantheistisches an, das im Grunde mit dem theistischen Christentum unvereinbar ist. Der gesamte Weltprozess ist für Hegel die Selbstentfaltung des Geistes zum ganz bei sich selbst seienden, vom „Anders-Sein" zurückgekehrten absoluten Geist. Die Aufgabe der Philosophie sei es, diese Selbstentfaltung denkend zu betrachten, wobei sie aber immer selbst auch Bestandteil dieser Selbstentfaltung ist. Durch diese Identifizierung und die gegenseitige existentielle Abhängigkeit des Geistes Gottes und des Menschen, vereint zum absoluten Geist, kommt es in Hegels Philosophie zu einer heute etwas kurios anmutenden und höchst spekulativen Mischung aus Idealismus, Pantheismus, Dialektik und Christentum.

Ein scharfer und polemischer Kritiker an Hegels spekulativem System war Arthur Schopenhauer (1788-1860).[31] Im Gegensatz zu Hegel verkündet er: "Keiner, der religiös ist, gelangt zur Philosophie: er braucht sie nicht; keiner, der wirklich philosophiert, ist religiös; er geht ohne Gängelband, gefährlich, aber frei."[32] Arthur Schopenhauer lehnte ebenso wie Kant die Offenbarungsreligionen ab. Was ihn wiederum mit Hegel, Fichte und Schelling einte, war sein Idealismus, also verkürzt ausgedrückt die philosophische Auffassung, die ganze Welt sei nichts als Vorstellung. Religionen und ihre Gottesvorstellungen bestehen für Schopenhauer, ähnlich wie für Feuerbach, nur aus Bildern oder Analogien. Das Verwerfliche an den Religionen sei dabei, dass sie diese Bilder und Analogien (man denke nur an Luthers sola scriptura-Prinzip oder den Glauben an die Realexistenz des Teufels u.v.m.) nicht als solche zugeben, sondern darauf bestehen, dass es sich hierbei um wahre Begebenheiten handelt. Darin, so Schopenhauer, liegt "der Trug der Religion". Für den Spötter Schopenhauer repräsentiert die Religion als "Metaphysik des Volkes" welches eigentliche Element der Mythos und die Allegorie ist, eine ganz andere Art von

Wahrheit, nämlich die "als notwendiges Übel", das auf der "erbärmlichen Geistesschwäche der großen Mehrzahl der Menschen beruht" und die sich durch "Glaubensimpfung im zarten Kindesalter"[33] ihren Fortbestand sichert. In „Parerga und Paralipomena" (1851) widmet Schopenhauer ein ganzes Kapitel der Religionskritik (Kapitel 15, Über Religion). Dort kritisiert er die Religion als Blockiererin von Wissen und Fortschritt: „Während des ganzen christlichen Zeitraums liegt der Theismus wie ein drückender Alp auf allen geistigen, zumal philosophischen Bestrebungen und hemmt, oder verkümmert, jeden Fortschritt. Gott, Teufel, Engel und Dämonen verdecken den Gelehrten jener Zeit die ganze Natur..." Besonders aber stört Schopenhauer am christlichen Gott, dass „der Gott, welcher Nachsicht und Vergebung jeder Schuld, bis zur Feindesliebe, vorschreibt, [selbst] keine übt." Unter historischen, moralphilosophischen und soziologischen Aspekten fragt er sich: "Ziemt es dem, Toleranz, ja zarte Schonung zu predigen, der die Intoleranz und Schonungslosigkeit selbst ist? Ich rufe Ketzergerichte und Inquisitionen, Religionskriege und Kreuzzüge, Sokrates Bücher und Brunos Scheiterhaufen zum Zeugen an! Und ist es nun damit zwar heute vorbei; was kann dem echten philosophischen Streben, dem aufrichtigen Forschen nach Wahrheit, diesem edelsten Beruf edelster Menschheit, mehr im Wege stehn, als jene konventionelle, vom Staate mit dem Monopol belehnte Metaphysik, deren Satzungen jedem Kopfe, in frühester Jugend, eingeprägt werden, so ernstlich, so tief, so fest, dass... seine ohnehin schwache Fähigkeit zum eigenen Denken und unbefangenen Urteilen... auf immer gelähmt und verdorben ist... Denn, du weißt es, die Religionen sind wie die Leuchtwürmer: sie bedürfen der Dunkelheit um zu leuchten." Denn „ein gewisser Grad allgemeiner Unwissenheit ist die Bedingung aller Religionen, ist das Element, in welchem allein sie leben können. Sobald hingegen Astronomie, Naturwissenschaft, Geologie, Geschichte, Länder- und Völkerkunde ihr Licht allgemein verbreiten und endlich gar die Philosophie zum Wort kommen darf; da muss jeder auf Wunder und Offenbarung gestützte Glaube untergehn... denn ohne Zweifel sind bloße, auf Auktorität, Wunder und Offenbarung gestützte Glaubenslehren eine nur dem Kindesalter der Menschheit angemessene Aushülfe."[34]

Nach den ersten vorsichtig formulierten Gedanken der ersten Aufklärer seit der einsetzenden Renaissance, die vordergründig nur sehr verhaltene Kritik am Offenbarungsglauben üben konnte, über den später in England einsetzenden Deismus, der zwar nicht Gott, aber den Schöpfergott der Offenbarungsreligionen negierte, über den Pantheismus eines Spinoza, Lessing und Goethe, radikalisierte sich also im 19. Jahrhundert die philosophische Kritik immer mehr zu nun unverhohlenen offenen und radikalen Infragestellung der traditionellen, sich auf heilige Bücher, Tradition, Dogmen und Offenbarung berufenden Gottesvorstellung.
Besonders der zu den oppositionellen Linkshegelianern zu zählende Ludwig Feuerbach (1804-1872) übte neben Schopenhauer und Nietzsche eine besonders schonungslose, dabei aber ebenfalls durchaus tiefgründige Kritik am Christentum im Speziellen und an den Offenbarungsreligionen im Allgemeinen. In seinem Hauptwerk „Das Wesen des Christentums" unterzieht Feuerbach die Religionen, explizit das Christentum und seine Gottesvorstellung, einer „anthropologischen" Kritik, indem er sie auf das „Wesen" des Menschen zurückführt und gleichzeitig eine quasi tiefenpsychologische Auswertung des menschlichen Wesens und der daraus entstehenden religiösen Vorstellungen vornimmt. Die eigentliche Ursache aller Religionen sowie deren Wunschvorstellungen, Versprechungen und Götter sieht Feuerbach in der Psyche des Menschen begründet. Nicht Gott bringt uns mittels einer Offenbarung die Religionen, sondern der Mensch erschafft sich seine Religionen und Götter selbst. „Was der Mensch nicht wirklich ist, aber zu sein wünscht, das macht er zu seinem Gotte..."[35] Wie Schopenhauer so sieht auch Feuerbach das eigentlich Betrügerische der Religion darin, dass sie den Schein der

Wirklichkeit, nämlich die ihr eigenen bildhaften Erzählungen für Wirklichkeit ausgibt.[36] Die Philosophie hingegen will, so Feuerbach, nichts von dieser verkehrten Welt wissen: In ihr ist nicht das Heilige als solches das Primäre und Gute; in ihr ist „nur das Wahre heilig, aber noch nicht das Heilige wahr". Damit beruhen für Feuerbach die Religionen nicht mehr wie für viele Aufklärer auf Betrug, sondern ihr Geheimnis ist die Anthropologie. Das heißt, aufgrund seiner Natur, seines Wesens, entwickelt der Mensch mehr unbewusst als bewusst seine projizierten Vorstellungen über Gott, Unsterblichkeit, Jenseits usw. Die eigentliche Aufgabe seines Hauptwerkes sieht Feuerbach deshalb darin, zu zeigen, dass den übernatürlichen Mysterien der Religion ganz einfache, natürliche Wahrheiten zugrunde liegen. Während die Religionen dabei stark mit Hilfe von Bildern und für jeden leicht verstehbaren Allegorien arbeiten, sieht er den essentiellen Unterschied zur Philosophie darin, dass diese nicht dramatisch fungiert, sondern rein abstrakt.

Das Gefühl als Grundlage und Ursache aller Religion dient Feuerbach dazu zu zeigen, wie der Mensch subjektive Bedeutungen zu objektiven Bedeutungen und somit zu vermeintlichen Realitäten extrapoliert.[37] „Die Religion" – so in der 2. Vorrede, Das Wesen des Christentums, 1849 – „ist der Traum des menschlichen Geistes", und „das Wesen Gottes drückt nichts anderes aus, als das Wesen des [menschlichen] Gefühls." Der Mensch, einschließlich seiner aus der Natur abgeleiteten Eigenschaften, wird also als das primär Gegebene gesetzt und gleichzeitig alles Metaphysische wie Gott, Unsterblichkeit, Seele etc. als etwas Sekundäres und vom Wesen des Menschen Projiziertes relativiert.[38] Mit dieser Projektionstheorie, so die logische Konsequenz, ist nicht Gott der Schöpfer, der die Welt und den Menschen erschaffen hat, vielmehr erschafft sich vice versa der Mensch seine Götter und Religionen selbst, wobei die Merkmale seiner eigenen Natur, seines eigenen Wesens wie der Wunsch nach Unsterblichkeit, nach Liebe, Friede, etc. in die Religion bzw. auf die Gottesvorstellung projiziert wird.[39] Das ist es also, was

Feuerbach damit meint, wenn er sagt, das Geheimnis der Religion sei die Anthropologie. Wie der Mensch dabei seine tiefsten Sehnsüchte und Wünsche in seinen Glauben projiziert, wird dabei in dem Kapitel, "Der christliche Himmel oder die persönliche Unsterblichkeit" exemplarisch aufgezeigt. Hier legt Feuerbach dar, dass die Beziehung des Menschen auf Gott nichts anderes als die Beziehung desselben auf sein Heil darstellt und dass der Zweck der Religion somit letztlich im Wohl und Heil des Menschen begründet liegt. Unter einem wissenschaftstheoretischen Aspekt kritisiert Feuerbach auch, dass alle Fragen der Vernunft von der Religion mit „nein" bejaht würden, indem sie Antworten gibt, die keine sind, wenn sie alle Wirkungen der Natur zu unmittelbaren Wirkungen Gottes macht. So zumindest noch in den zu Feuerbachs Lebzeiten beliebten physikotheologischen Gottesbeweisen, in denen man glaubte Gott aus der Zweckmäßigkeit der Natur heraus beweisen zu können. Damit ist für Feuerbach Gott letztlich nur der den Mangel an Theorie und Wissen ersetzende Begriff, der alle Zweifel löst, weil er alle niederschlägt, alles weiß, weil es nichts Bestimmtes weiß..."[40] Je beschränkter der Gesichtskreis des Menschen, je weniger er weiß von Geschichte, Natur, Philosophie, desto inniger hängt er an seiner Religion".[41]

Ein weiterer erwähnenswerter Kritikpunkt Feuerbachs ist der "Widerspruch von Glaube und Liebe." Da der (religiöse) Glaube in wahr und falsch scheidet und naturgemäß nur sich selbst die Wahrheit zueignet, ist er seiner Natur nach ausschließend. Der Gläubige hat Gott für sich, der Ungläubige gegen sich. Was aber Gott gegen sich hat, ist nichtig und somit verdammt. Deshalb steckt für Feuerbach auch ein „böses Prinzip" im Glauben. Der Satz "liebet eure Feinde" ist deshalb für ihn eine Farce und bezieht sich nur auf persönliche Feinde, aber nicht auf die öffentlichen Feinde, die Feinde des Glaubens bzw. die Feinde Gottes. Somit hebt der (religiöse) Glaube die naturgemäßen Bande der Menschheit auf. Deshalb setzt ihm Feuerbach die natürliche Liebe entgegen. Sie ist freier Natur, im Gegensatz zum engherzigen und beschränkten Glauben. Er hat die Hölle erfunden und nicht die Liebe oder die Vernunft. Der Liebe ist die Hölle gar ein Gräuel und der Vernunft ist sie blanker Unsinn. Die wahre, natürliche Liebe bedarf nicht der Weihe des Glaubens, kennt keine Gesetze und ist göttlich durch sich selbst. Die Liebe, die durch den Glauben gebunden ist, sei dagegen eine scheinheilige sich selbst widersprechende Liebe, denn sie birgt den Hass des Glaubens in sich: sie ist nur so lange gut, wie der Glaube nicht verletzt wird. Ja sie geht sogar so weit, dass sie die Handlungen des Hasses, die um des Glaubens wegen geschehen sind, als Handlungen der Liebe auslegt.[42] Die „wahre Liebe" dagegen ist sich selbst genug und nicht an eine Person, Autorität oder Institution (Jesus, Allah, Jahwe, Kirche usw.) gebunden. Auch im Christentum wurde die Liebe eine Angelegenheit des Glaubens, womit sie aber zu einer engherzigen Liebe degenerierte und sich in Widerspruch zu der allgemeinen Liebe setzte, die Feuerbach als „universelles Gesetz der Natur" begreift. Es sei zwar richtig, dass mit dem gemeinsamen Glauben an das Christentum die Nationaldifferenzen verschwanden, an deren Stelle jedoch traten heftiger als alle nationale Gegensätze die Glaubensdifferenzen, der Gegensatz von christlich und unchristlich oder auch islamisch und unislamisch.

Feuerbachs anthropologisch und psychologisch begründete Religionskritik stellt somit den Schöpfungsgedanken wieder vom Kopf auf die Füße, indem er aufzeigt, dass nicht Gott der Schöpfer des Menschen, sondern der Mensch der Schöpfer Gottes ist. Zudem hinterfragt er die an den Glauben gebundene christliche Ethik, indem er ihr die allen Menschen, unabhängig von ihrer Religion, angeborene Eigenschaft der natürlichen Liebe entgegenhält.

Karl Marx (1818 – 1883) ist in seiner Einstellung den Religionen gegenüber stark von Feuerbach geprägt. Für ihn stellt die Religionskritik sogar die Voraussetzung aller gesellschaftlichen Kritik dar. Religion ist für Marx mehrfach interpretierbar. Sie ist sowohl „Ausdruck des wirklichen Elends", „Säufzer der bedrängten Natur," der „Geist geistloser Zustände, und „Opium für das Volk." Indem man sich in die Versprechungen der Religionen mit ihren illusionären und irrealen besseren Welten flüchtet, verkennt man die wahren Ursachen des Elends ohne sie zu beseitigen. Dieses falsche und irreale Bewusstsein, das die irdischen ungerechten Verhältnisse nicht zu beseitigen vermag, müsse durch ein reales und menschliches Bewusstsein der Realität abgelöst werden. Marx kritisiert dabei die Philosophen, weil sie die Welt immer nur unterschiedlich interpretieren, wobei es ihm darauf ankommt, sie auch zu verändern. Diese Veränderung besteht für Marx in der Überwindung der das alltägliche Leben der einfachen Menschen bestimmenden Strukturen, also des Kapitalismus. Die Voraussetzung hierfür aber ist die Kritik an den Religionen und deren immensen Einfluss auf Politik und Volk. Religionskritik ist für Marx deshalb nicht nur Selbstzweck, sondern er erkennt, dass Theorien, Anschauungen und Religionen durch die soziale und materielle Wirklichkeit als deren Spiegelbild geschaffen werden. So auch das Christentum, das von einer hierarchisch gegliederten Priesterschaft getragen wird. Diese ist sehr am Fortbestand der von ihr dominierten irdischen Verhältnisse interessiert, weil damit auch ihr Wohlstand und ihre Macht verbunden sind. Dies gelingt ihr damit, dass sie ihren meist weitaus weniger gut situierten Schäfchen, denen die Kirchen ihren Reichtum großteils zu verdanken haben, eine Sündhaftigkeit einredet, welche wiederum nur durch die Mittlerrolle Kirche wieder vergeben werden kann. Damit und mit dem Versprechen, die Schlüssel für das Jenseits in der Hand zu haben, macht sich die Kirche wiederum unentbehrlich. Ein kluger Schachzug, der aber nur so lange funktioniert, solange die Menschheit in Unwissenheit und in einem eingeredeten Abhängigkeitsverhältnis gehalten werden kann. Je gebildeter und aufgeklärter eine Gesellschaft ist, je weniger wird sie dieses Spiel mitspielen. Veränderungen der als ungerecht empfundenen realen sozialen Verhältnisse bedürfen daher der Religionskritik und letztlich in einem revolutionären Entwicklungsprozess der Abschaffung religiöser Chimären und der darauf sich stützenden kapitalistischen Strukturen. Diese stehen ohnehin in einem schroffen Gegensatz zur Verkündigung und Armut Jesu. Damit dient die Religionskritik durchaus einem humanistischen Ansatz: „Die Kritik der Religion endet mit der Lehre, dass der Mensch das höchste Wesen für den Menschen sei, also mit dem kategorischen Imperativ, alle Verhältnisse umzuwerfen, in denen der Mensch ein erniedrigtes, ein geknechtetes, ein verlassenes, ein verächtliches Wesen ist."[43]

Max Weber (1864 - 1920), der als Soziologe ebenfalls die sozialen und wirtschaftlichen Verhältnisse seiner Zeit analysierte, sieht im Gegensatz zu Marx geistige Leistungen, zu denen auch die Religionen gehören, weniger als einen durch die materiellen Verhältnisse hervorgebrachten Überbau, sondern betont, dass vielmehr umgekehrt Theorien und Weltanschauungen die sozialen und wirtschaftlichen Verhältnisse beeinflussen. Anders als Hegel und Marx sieht er hier auch keine historische Gesetzlichkeit am Werk und lehnt umstürzlerische Revolutionen der Arbeiterklasse zugunsten eines auf Reformen beruhenden gesellschaftlichen Fortschrittes mit entsprechend verbesserten Bildungs- und Aufstiegsmöglichkeiten ab. Weber untersucht als erster auch den Zusammenhang zwischen Kapitalbesitz und konfessioneller Zugehörigkeit. Er macht darauf aufmerksam, dass der Gedanke des Berufs im Sinne einer Pflichterfüllung gegenüber Gott eine Folge der Reformation sei. Im alttestamentarischen Sinne war Arbeit noch ein Mühsal, das aufgrund des Sündenfalles in die Welt gekommen ist. „Im Schweiße deines Angesichts sollst Du Dein Brot essen" (1. Mose 3, 19). Erst die protestantische, speziell die puritanische Ethik verkündete eine revolutionäre Aufwertung der Arbeit, indem sie jedem Gläubigen die Hingabe an den weltlichen Beruf, in den Gott sie gestellt hatte, als Dienst an Gottes Ordnung sah. Deshalb wurde auch die weltflüchtige mönchische Askese als Absage an Gottes Willen verworfen.[44] Indem Luther somit das Mönchtum kritisierte und demgegenüber die Berufsarbeit als Ausdruck der Nächstenliebe ansah, gewann der Beruf auf einmal auch eine unbeabsichtigte sittliche Qualität. Verpönt dagegen war im asketischen Protestantismus (Calvinismus, Pietismus, Methodismus, Quäker, Baptisten, Mennoniten usw.) ein luxuriöses Leben. Damit konnte folglich der erwirtschaftete Gewinn wieder reinvestiert werden, was zu immer mehr Kapitalanhäufung und Besitz führte. Dabei, so Weber, spielte die Frage der „certitudo salutis", also der Heilsgewissheit, auch im Alltag für die Gläubigen eine zentrale Rolle. Sich über sein Heil einigermaßen sicher zu sein, konnte nur derjenige, der ein gutes und erfolgreiches Leben führen konnte, da dies als Zeichen der Erwähltheit Gottes angesehen wurde. Wer es also zu Wohlstand brachte, der hatte gute Chancen zu den Erwählten zu gehören, was natürlich entsprechende Anreize schaffte, sich mit seiner Arbeitsleistung noch mehr ins Zeug zu legen. Insofern sieht Weber, der sich selbst allerdings als „religiös unmusikalisch" bezeichnete, das protestantische Arbeitsethos als eine entscheidende Ursache für die Entstehung des von ihm durchaus als positiv zu bewertenden Kapitalismus, der somit nicht zufällig in den USA seine stärkste Ausprägung im 19. und 20. Jahrhundert erfahren hatte.

Friedrich Nietzsche (1844 - 1900) war von Hause aus eigentlich klassischer Philologe und kein Philosoph. Er betrieb eine sehr scharfsinnige Fundamentalkritik an Staat, Gesellschaft, Wissenschaft, Metaphysik, Religion und Kirche. Im dritten Hauptstück aus „Menschliches Allzumenschliches" (1886), das überschrieben ist mit „Das religiöse Leben", bekommen wir einen Einblick in dessen speziell religionskritische Ansichten. So könne man „jene Dogmen der Religion und der Metaphysik nicht mehr glauben, wenn man die strenge Methode der Wahrheit im Herzen und im Kopfe hat", andererseits aber sei man "durch die Entwicklung der Menschheit so zart, reizbar und leidend geworden, um Heil- und Trostmittel der höchsten Art nötig zu haben". Deshalb könne man sich auch mit dem Christentum, "nach dem gegenwärtigen Stand der Erkenntnis, schlechterdings nicht mehr einlassen, ohne sein intellektuelles Gewissen heillos zu beschmutzen..." Ähnlich wie für Feuerbach ist auch für Nietzsche jede Religion „aus Angst und Bedürfnis geboren." Sie habe sich, so Nietzsche, „auf Irrgängen der Vernunft ins Dasein geschlichen. Dabei werde „die angenehme Meinung als wahr angenommen, so dass der Glaube selig macht; würde er dies nicht tun, würde er auch nicht geglaubt werden... wie wenig wird er also wert sein!... Wissenschaftliche

Philosophie dagegen muss sich davor hüten, sorgsam erschlossene Wahrheiten und geahnte Dinge zu vermengen. Erstere entstammen dem Intellekt, letztere dem Bedürfnis..." Hier sehen wir die Gegenüberstellung eines auf Aufklärung, Kritik und wissenschaftlichem Vorgehen beruhenden Atheismus und einem auf Gefühl, zweifelhaften Überlieferungen und Bedürfnissen basierenden Wunschdenkens. Was Nietzsche dabei besonders am Christentum missfällt, ist die Lehre eines sündigen Menschen und eines großzügig vergebenden Gottes: „Die Vorstellung eines Gottes beunruhigt und demütigt so lange, als sie geglaubt wird... Fällt aber die Vorstellung Gottes weg, so auch das Gefühl der Sünde als eines Vergehens der göttlichen Vorschriften..."[45] Dabei bezweifelte der Atheist Nietzsche gar nicht das besondere Charisma Jesu, ebenso wenig wie dessen humanitäre Qualitäten. Aber seine Vergöttlichung durch seine Anhänger wie auch der biblischen Autoren und der Kirche (die Jesus als Verkünder eines unmittelbar bevorstehenden Weltendes gar nicht geahnt und gewollt haben konnte) ist auch für ihn ein nicht hinnehmbares und als solches aufzudeckendes Artefakt. Aus der allmählichen, aber unaufhaltsamen Verdrängung religiöser Wunschträume durch wissenschaftliche Einsicht entspringt schließlich auch sein Nihilismus: „Seit Kopernikus scheint der Mensch auf eine schiefe Ebene geraten – er rollt immer schneller nunmehr aus dem Mittelpunkt weg – wohin? Ins Nichts? Ins ‚durchbohrende Gefühl seines Nichts'"?[46]

Um den Nihilismus ertragen und schließlich auch überwinden zu können, entwickelt Nietzsche sodann seine Idee vom Übermenschen. Er vermag ohne Heilsversprechungen und ohne einen postulierten höheren Sinn des Daseins zu leben und erkennt die falschen Götter und die Heilsversprechungen als Wunschtraum. Nicht das Diktat eines fiktiven Gottes und einer Moral der Schwäche, sondern der Wille zur Macht zeichnet die Herankunft des Übermenschen dabei aus, der den Herdenmenschen ablösen soll. An Stelle von Himmel und Hölle setzt Nietzsche, der vehemente Metaphysikkritiker, am

Ende dann doch noch seine eigene Metaphysik, nämlich die Idee der ewigen Wiederkehr des immer Gleichen, wie sie in seinem „Zarathustra" (1883) ihren Ausdruck findet. Auch wenn sich Nietzsche insofern selbst untreu geworden ist, so förderte doch auch er die dunklen und fragwürdigen Seiten des Christentums ans Tageslicht.

Wie der Agnostiker und Begründer des Kritischen Rationalismus Karl Popper (1902 - 1994) hat auch der religionskritische und sich zum Atheismus bekennende Hans Albert (1922) ein Problem mit dem „dogmatischen" Charakter von Religionen. Erkenntnistheoretisch vertritt Albert eine eng an Popper angelehnte Position der kritischen Prüfung (trial and error) und Negation der Möglichkeit von ewigen und absoluten Wahrheiten für die menschliche Erkenntnis.[47] Im Gegensatz zu dieser erkenntnistheoretischen Bescheidenheit, was die Möglichkeiten selbst der streng wissenschaftlich fundierten Erkenntnisfähigkeit angeht, erheben religiöse Glaubenssysteme dagegen einen - weil auf göttlicher Offenbarung beruhend - letzten und absoluten Wahrheitsanspruch. Während im Gegensatz dazu die wissenschaftliche Erkenntnis nur in langsamen und kleinen Schritten vorankommt und sich dabei an strenge Kriterien halten muss, generieren Religionen groß angelegte, die gesamte Welt erklärende Systeme, die alleine auf Glauben, Wunder und transzendente Götter beruhen. Dagegen geht der Kritische Rationalismus davon aus, dass man selbst mit einer von den Wissenschaften praktizierten strengen Methode zwar zu überprüfbaren Theorien und somit auch der Wahrheit näher kommen kann, dabei aber nie die Gewissheit erlangen kann, sie tatsächlich in ihrer absoluten und ewig gültigen Form gefunden zu haben. Da nun aber metaphysische und insbesondere religiöse Systeme nicht einmal überprüfbare und somit auch keine falsifizierbaren Aussagen liefern, im Gegenteil mit ihren Heiligen Schriften, Wundern und Dogmen sogar anerkannten rationalen und wissenschaftlichen Erkenntnissen widersprechen, kann ihr Anspruch auf Wahrheit aus erkenntnistheoretischer Sicht nicht eingelöst werden.

Jean-Paul Sartre (1905 bis 1980) hatte als der Hauptvertreter eines „atheistischen Existentialismus" wiederum ganz andere Beweggründe Gott zu negieren. Für ihn stellte der Gottesglaube eine Bedrohung der für ihn absoluten Freiheit des Menschen dar. Für diese ist der Mensch selbst verantwortlich und nicht irgendwelche Götter. Auch für Sartre existiert zunächst der Mensch und danach erst die von ihm hervorgebrachte Realitäten, zu denen auch religiöse Ideologien zu gehören scheinen: „Der atheistische Existentialismus, für den ich stehe, ist zusammenhängender. Er erklärt, dass, wenn Gott nicht existiert, es mindestens ein Wesen gibt, bei dem die Existenz der Essenz vorausgeht, ein Wesen, das existiert, bevor es durch irgendeinen Begriff definiert werden kann, und dass dieses Wesen der Mensch oder, wie Heidegger sagt, die menschliche Wirklichkeit ist. Was bedeutet hier, dass die Existenz der Essenz vorausgeht? Es bedeutet, dass der Mensch zuerst existiert, sich begegnet, in der Welt auftaucht und sich danach definiert."[48]

Von den zahlreichen Intellektuellen, Wissenschaftlern und Philosophen, die sich im 20. Jahrhundert kritisch gegenüber religiösen Anschauungen zeigten, soll hier instar omnium noch der britische Mathematiker und Philosoph Bertrand Russel (1872 - 1970) erwähnt werden. Russel fasste seine Ansichten über Religion in dem Essay „Warum ich kein Christ bin", den er bereits 1927 als Vortrag verfasst hatte, zusammen.[49] Um Christ zu sein, müsse man mindestens an Gott und die Unsterblichkeit glauben, und daran, „dass Christus der Beste und Weiseste der Menschen war." Daran, wie ebenso an eine Hölle, vermag Russel aber nicht zu glauben. Beispielsweise belegten biblische Textstellen, dass Christus noch vor dem Tode seiner Zeitgenossen in Wolken und in Glorie wiederkommen werde, was sich nicht bewahrheitet hat. Insofern kann man ihn weder als klug, weise oder allwissend bezeichnen. Auch wenn man aus logischen Gründen die Nichtexistenz irgendwelcher Dinge nicht beweisen kann, so sei es umgekehrt auch den Religionen nicht möglich, einen Beweis für Gott zu erbringen.

Gott als ersten Beweger oder Verursacher des Seins ist für Russel nicht zwingend, denn wenn es etwas geben kann, das keine Ursache hat, nämlich behaupteter Weise Gott, dann ist es möglich, dass ebenso auch die Welt keine Ursache hat. Das teleologische Argument für die Existenz Gottes hält Russel ebenfalls für wenig überzeugend, weil wir seit Darwin wissen, dass „nicht die Umwelt so geschaffen wurde, dass sie für die Lebewesen geeignet war, sondern die Lebewesen entwickelten sich so, dass sie für die Umwelt geeignet wurden. Das ist die Grundlage der Anpassung, und es ist keinerlei Absicht dabei erkennbar... Meinen Sie, wenn Ihnen Allmacht und Allwissenheit und dazu Jahrmillionen gegeben wären, um Ihre Welt zu vervollkommnen, dass Sie dann nichts Besseres als den Ku-Klux-Klan oder die Faschisten hervorbringen könnten?" Russel übernimmt damit die darwinistische Sichtweise, die gegen eine verklärende Sichtweise steht, welche in der Herrlichkeit der Natur mehr als nur eine subjektive Kategorie sieht, nämlich einen Hinweis auf die Existenz Gottes. Dagegen spricht das Grundmotiv der organischen Natur, nämlich das Fressen und Gefressenwerden sowie zahlreiche Fehlentwicklungen und Krankheiten. Dabei stellt das Leben - aus kosmischer Sicht gesehen - ohnehin nur ein „Übergansstadium im Verfall des Sonnensystems" dar. Russel hat aber noch ein weiteres, nämlich ethisch-moralisches Problem mit Jesus. Obwohl Russel durchaus positive Züge in der Ethik Jesu gesehen hat, ist er für ihn keineswegs der ethisch-moralisch unfehlbare Sohn Gottes, denn dieser glaubte an die Hölle und verdammte in rachsüchtiger Wut all diejenigen Menschen für alle Zeiten und unter „Heulen und Zähneknirschen," die nicht auf seine Predigten hören wollten. Männer wie Sokrates oder Buddha stellt er deshalb sowohl an Weisheit als auch an Tugend weit über Jesus. Wer das Leben Mohammeds und die Geschichte des Islam in seinen Anfängen kennt, wird zugeben müssen, dass diese aus heutiger humanistischer Sicht sogar noch schlechter abschneidet. Während Jesus immerhin zu Gewaltverzicht und Umkehr aufrief, war Mohammed als historische Person ein Mann des Krieges, der seinen Glauben blutig mit dem Schwert verbreitet hatte. Demgegenüber muss man dem

Neuen Testament zugute halten, dass zumindest schon mal die Aufrufe zur Vergewaltigung, Völkermord, Tötung der Ungläubigen, wie wir sie aus dem Alten Testament, aber eben auch aus dem Koran kennen, verschwunden sind. Laut der Bergpredigt, die Jesus aber nach heutigem theologischen Kenntnisstand selbst gar nicht gehalten hat, predigte er sogar die Feindesliebe. Allerdings, und dies relativiert sofort wieder die vermeintliche Ethik Jesu, können damit nicht die Anders- und Ungläubigen gemeint sein, denn diese werden - Jesum zufolge - bis in alle Ewigkeit der Verdammnis verfallen sein. Das wäre wahre Menschenliebe gewesen, die nicht auf einer Glaubensideologie mit Belohnung und Strafe basiert, sondern auf einer naturgegebenen Liebe des Menschen zum Menschen (vgl. L. Feuerbach). Es gibt also durchaus noch eine (humanistische) Steigerung zur Ethik Jesu, die nur das Wohl eines kleinen Teils der Menschheit im Auge hat.

Als erste und wichtigste Ursache der Religion erscheint Russel die Angst. Die Angst vor dem Geheimnisvollen, Angst vor Niederlagen oder die Angst vor dem Tod. Die Angst ist die Mutter der Grausamkeit, und es sei deshalb kein Wunder, dass Grausamkeit und Religion Hand in Hand gingen, weil beide aus der Angst entspringen. Mit Hilfe der Wissenschaft beginnen wir nun langsam, die Welt zu verstehen und sie zu meistern. Gewaltsam musste sich diese Schritt für Schritt ihren Weg gegen die christliche Religion, gegen die Kirchen und im Widerspruch zu den überlieferten Geboten erkämpfen. Die Wissenschaft - so glaubt Russell - kann uns helfen, die Furcht zu überwinden, in der die Menschheit seit so vielen Generationen lebt. Sie kann uns lehren, nicht mehr nach einer eingebildeten Hilfe zu suchen und Verbündete im Himmel zu ersinnen, sondern vielmehr hier im Diesseits unsere eigenen Anstrengungen darauf zu richten, die Welt zu einem Ort zu machen, der es wert ist, darin zu leben. Die theistische Vorstellung von Gott rührt noch von alten, orientalischen Gewaltherrschaften her, die es angesichts einer modernen aufgeklärten Weltsicht endlich gilt abzustreifen. „Es ist eine Vorstellung, die freier Menschen unwürdig ist." Es sei ein historisches Faktum und eine „seltsame Tatsache, dass die Grausamkeit um so größer und die allgemeine

Lage um so schlimmer waren, je stärker die Religion einer Zeit und je fester der dogmatische Glaube war. In den sogenannten Epochen des Glaubens, als die Menschen an die christliche Religion in ihrer vollen Ganzheit wirklich glaubten, gab es die Inquisition mit ihren Foltern, wurden Tausende unglückseliger Frauen als Hexen verbrannt und im Namen der Religion an unzähligen Menschen alle erdenklichen Grausamkeiten verübt. Wenn man sich auf der Welt umsieht, so muss man feststellen, dass jedes bisschen Fortschritt im humanen Empfinden, jede Verbesserung der Strafgesetze, jede Maßnahme zur Verminderung der Kriege, jeder Schritt zur besseren Behandlung der farbigen Rassen oder jede Milderung der Sklaverei und jeder moralische Fortschritt auf der Erde durchweg von den organisierten Kirchen der Welt bekämpft wurde. Ich sage mit vollster Überlegung, dass die in ihren Kirchen organisierte christliche Religion der Hauptfeind des moralischen Fortschrittes in der Welt war und ist."

1.4 Charles Darwin und Albert Einstein

So weit nun unser kurzer Überblick religionskritischer Philosophen und ihrer Einwände gegen den theistischen Gottesglauben. Auch wenn es sich hierbei nur um eine sehr unvollständige Zusammenstellung handeln kann, so dürfte dennoch deutlich geworden sein, dass es im Rahmen theologischer und philosophischer Erwägungen durchaus berechtigte und schwerwiegende Einwände gegen die Glaubensansprüche der Offenbarungsreligionen gibt. Im Folgenden soll die theologische und philosophische Kritik noch durch die Sicht zweier herausragender Naturwissenschaftler ergänzt werden: Charles Darwin und Albert Einstein. Natürlich darf nicht unerwähnt bleiben, dass es unter den Physikern, Evolutionsbiologen, Chemikern, Paläontologen usw. ebenfalls, wie unter den Philosophen auch, durchaus gottgläubige Menschen gibt, wenngleich deren Gottesglauben oftmals nicht mehr sehr viel mit den theistischen Vorstellungen des dogmatischen Kirchenglaubens zu tun hat. Für manche

Wissenschaftler, wie den Paläontologen Stephen Jay Gould, der sich selbst als Agnostiker bezeichnete, widersprechen sich Religion und Wissenschaft nicht, da beide unterschiedliche Bereiche abdecken. Andere dagegen wie Steven Weinberg, Richard Dawkins oder Norman Levitt halten Theismus und Wissenschaft für grundsätzlich unvereinbar, da sie völlig unterschiedliche Aussagen über das Universum machen würden. Der US-amerikanische Physiker Victor Stenger ist der Auffassung, dass religiöse Glaubensvorstellungen wie das ewige Leben, Reinkarnation, die Wirksamkeit von Gebeten, Körper-Seele-Dualismus, Wunder und Schöpfung nicht nur empirisch unbegründet sind, sondern durch die Wissenschaft widerlegt wurden. Doch auch wenn einige bedeutende Naturwissenschaftler zum Teil die grundsätzliche Möglichkeit eines übernatürlichen Schöpfers nicht in Abrede stellen oder sogar eine intelligente übernatürliche Macht für wahrscheinlich halten, an einen personalen Gott, wie er in den Offenbarungsreligionen in Erscheinung tritt, glauben die wenigsten von ihnen. James Leuba vom Bryn Mawr College hatte schon 1933 die religiöse Einstellung 400 bedeutender US-Wissenschaftler ermittelt. Sie waren weitaus seltener religiös als die Wissenschaftler insgesamt. Larson und Witham haben 1998 diese Studien an US-amerikanischen Spitzenwissenschaftler wiederholt. Als Kriterium für den Status „bedeutend" galt dabei deren Mitgliedschaft in der National Academy of Sciences. Ergebnis: Von ihnen bekannten sich lediglich 7 Prozent zum Theismus und knapp 8 Prozent glauben an ein Leben nach dem Tod. [50]

Als einer der ersten Naturwissenschaftler, der nach Koperni-kus und Galilei einen weiteren entscheidenden Einfluss auf ei-ne naturwissenschaftlich begründete Religionskritik hatte, soll zunächst Charles Darwin angeführt werden. Ob Darwin selbst nun Agnostiker oder nur ein aufgrund des öffentlichen Zwan-ges seiner Zeit sich nicht bekennender Atheist war, darüber gehen die Meinungen auseinander. Aber selbst der den Wis-senschaften und ihren Absolutheitsansprüchen kritisch einge-stellte Karl Popper, der anfangs noch starke Vorbehalte gegen die Evolutionstheorie als wissenschaftliche Theorie hatte, revidierte sich später und würdigte Darwins Werk: „Darwins Theorie der Anpassung war die erste nicht-theistische Theorie, die überzeugte; und der Theismus war schlimmer als das offene Eingeständnis des Unwissens, denn er ließ den Eindruck entstehen, man habe eine letzte Erklärung gefunden."[51]

An vielen Stellen seiner „Entstehung der Arten" (1859) hat Darwin wiederholt darauf hingewiesen, dass seine Deszendenztheorie dem christlichen Schöpfungsglauben widerspricht. Als anfangs noch bibelgläubiger Theologe erkannte er später, dass die Artenvielfalt und die Variationen der Arten nur durch die Evolutionstheorie stichhaltig erklärbar seien, die dann aber im Widerspruch zur Schöpfungslehre steht. Was den Menschen als bis dahin angenommene Krone der Schöpfung angeht, der unabhängig von den Tieren erschaffen wurde, damit Gott sich von diesem verehren und lobpreisen lassen kann, heißt es in seiner „Abstammung des Menschen" (1871): „Der Mensch ist, wie ich zu zeigen versucht habe, sicher von irgend einem affenähnlichen Wesen abgestammt."[52] Und weiter, als er versucht die Definition des Speziesbegriffs zu erläutern, schreibt er: "... und diese Definition [des Begriffs „Spezies", P.K.] darf kein unbestimmbares Element einschließen, wie eben einen Schöpfungsakt."[53] Versöhnlicher klang es dagegen noch am Ende seiner älteren Schrift „Entstehung der Arten...", wenn er wieder den Schöpfer mit ins Spiel bringt: „Es ist wahrlich eine großartige Ansicht, dass der Schöpfer den Keim alles Lebens, das uns umgibt, nur wenigen oder nur einer einzigen Form eingehaucht hat, und dass, während unser Planet den strengsten Gesetzen der Schwerkraft folgend sich im Kreise geschwungen, aus so einfachem Anfange sich eine endlose Reihe der schönsten und wundervollsten Formen entwickelt hat und noch immer entwickelt."[54]

Man kann jetzt freilich darüber spekulieren, warum Darwin einerseits seine Evolutionslehre im vollen Gegensatz zum Schöpfungsmythos sieht und andererseits aber wieder vom

„Schöpfer" spricht. Sicher ist, dass er sich der Brisanz seines Werkes bewusst war und als Konflikte scheuender Mensch mit dieser Formulierung vielleicht seinen Gegnern einfach nur entgegenkommen wollte. Religionskritik war im 19. Jahrhundert zwar nicht mehr lebensgefährlich, aber immer noch gesellschaftlich geächtet und - was zum Beispiel eine akademische Karriere angeht - mit beruflichen Nachteilen verbunden. Viele Philosophen und Wissenschaftler zogen es daher vor, ihre Kritik zu verklausulieren oder sie zu relativieren. Es stellte seit dem Mittelalter geradezu eine eigene Kunstform dar, Kritik an der Religion oder der Kirche so zu verklausulieren, dass sie zwar beim Leser ankommt, der Kritiker sich aber aufgrund rhetorischer Kunstgriffe immer noch eine Hintertürchen offen hält, um sich notfalls möglichst schadlos aus der Affäre zu ziehen, sollte es zu einer Anklage kommen. Der Evolutionsbiologe Ulrich Kutschera erwähnt in seinem Buch „Tatsache Evolution" Briefe von Darwin, aus denen hervorgeht, dass er „sein Zugeständnis an die ‚Schöpfungsakte des biblischen Gottes' nur als Kompromisslösung verstanden hat. So betont Darwin in einem Schreiben von 1863, dass er unter dem Begriff „Schöpfer" (Creator) einen „unbekannten Prozess" versteht; in der 6. Auflage seines Artenbuches (1859/1872) bedeutet für ihn „Schöpfung" nichts anderes als „wir wissen nicht, wie es geschah." Ob dabei Darwin nur die theistische Gottesvorstellung eines zu seiner Zeit sehr reaktionären Gottesbildes eines „Aufpasser- und Strafrichter-Gottes" oder als radikaler Atheist überhaupt jegliche Möglichkeit einer transzendenten, wie auch immer gearteten Macht ablehnte, bleibt offen. Jedoch ist gesichert, dass Darwin die Vorstellung eines intelligenten und allgütigen Schöpfers, so wie ihn die heutigen Vertreter des Intelligent Designs propagieren, negierte. Dies bezeugt folgendes Zitat: „Ich kann mich nicht dazu überreden, dass ein gütiger und allmächtiger Gott mit Absicht die Schlupfwespen erschaffen haben würde mit dem ausdrücklichen Auftrag, sich im Körper lebender Raupen zu ernähren, oder dass eine Katze mit Mäusen spielen soll. Da ich daran nicht glaube, sehe ich auch keine Notwendigkeit in dem Glauben, dass das Auge bewusst geplant worden ist. Andererseits kann ich mich keineswegs damit abfinden, dieses wunderbare Universum und insbesondere die Natur des Menschen zu betrachten und zu folgern, dass alles nur das Ergebnis roher Kräfte sei. Ich neige dazu, alles als das Resultat vorbestimmter Gesetze aufzufassen, wobei die Einzelheiten, ob gut oder schlecht, dem Wirken dessen überlassen bleiben, was wir Zufall nennen können."[55] Es ließen sich heute leicht viele weitere Beispiele anführen, die der Auffassung eines intelligenten oder perfekten Designs der Lebewesen klar widersprechen. Alleine schon das in der Natur herrschende Prinzip des Fressen und Gefressenwerdens verdeutlicht die Problematik, die mit der Vorstellung eines allliebenden und allmächtigen Schöpfers verbunden ist. Auch der ehemalige Jesuit und Generalsekretär der CDU, Heiner Geißler, wandelte sich am Ende seines Lebens öffentlich in einer Talkshow und unter Berufung auf das eben genannte Darwin-Zitat, von einem gläubigen Jesuiten zum Zweifler und Religionskritiker.[56]

Der scheinbare Ausweg aus dem Gegensatz Evolution vs. Kreationismus und die damit erhoffte Rettung des theistischen Weltbildes besteht nun in der allerdings mehr als fragwürdigen Adaption dessen, was vernünftigerweise nicht mehr geleugnet werden kann, nämlich die Einverleibung des evolutiven Weltbildes in das offenbarungstheologische Konstrukt. Da dieses fragwürdige Zugeständnis an den nicht mehr zu bestreitenden wissenschaftlichen Kenntnisstand gegen die Absicht und den Wissensstand der Religionsgründer und Autoren der heiligen Schriften geschieht, ist diese ad hoc-Konstruktion aus wissenschaftstheoretischer Sicht als fraglich, wenn nicht als intellektuell unredlich einzustufen. Wissenschaftliche Systeme müssen bereit sein sich hinterfragen und falsifizieren zu lassen, wenn grundlegende Voraussetzungen sich als zweifelhaft erweisen. Theologische und religiöse Behauptungen dagegen scheinbar nicht. Hier besteht eine beklagenswerte und argumentative Asymmetrie des Diskurses zwischen Wissenschaft und Philosophie einerseits und den Apologeten der religiösen

Glaubenssysteme. Dabei pfeifen es längst die Spatzen von den Dächern: das Universum, das Leben, die Menschen, all das ist nicht von Anfang an in der Art und Weise erschaffen worden, wie es uns heute erscheint, sondern die Welt und alles was in ihr enthalten ist, inklusive des menschlichen Geistes und dessen von ihm hervorgebrachten religiösen, philosophischen, musikalischen, architektonischen und naturwissenschaftlichen Leistungen, all dies sind Produkte eines Jahrmilliarden alten entwicklungsgeschichtlichen Prozesses, der dem kreationistischen und heilsgeschichtlichen Weltbild der Autoren von heiligen Büchern noch völlig unbekannt war. Dieser evolutive Prozess verläuft auch nicht nach einem übernatürlichen göttlichen Masterplan, sondern hängt stark von Zufällen ab, der gleichermaßen in der Evolutionstheorie wie in der Quantentheorie nicht nur auf einem mangelnden menschlichen Kognitionsvermögen beruht, sondern eine objektiv belegbare und somit ontische Rolle in der Entwicklungsgeschichte spielt. Jahrmilliarden bevor das menschliche Bewusstsein entstanden ist, hat sich völlig unabhängig von diesem unser Universum und alles was darin enthalten ist, zufällig, wenn auch durchaus im Rahmen vorgegebener physikalischer Gesetzmäßigkeiten entwickelt.

Wir müssen aber gar nicht so weit zurück gehen, um auch die zahlreichen Zufälligkeiten bei der Entstehung des Homo sapiens darlegen zu können. Alleine aus der Paläoanthropologie wissen wir, dass „der" Mensch nicht als Ebenbild Gottes von ihm in einem Schöpfungsakt erschaffen worden sein kann, da es während der Hominisation nicht nur "den" Menschen gab, wie es in den Schöpfungsberichten nachzulesen ist, sondern in der Entwicklungsgeschichte des rezenten Homo sapiens mehrere Vormenschen- und Menschenarten existierten. Diese gingen in diversen, paläoanthropologisch rekonstruierbaren Stammbäumen in Afrika auseinander hervor, lebten zum Teil aber auch in Koexistenz zeitgleich nebeneinander her. Am Ende dieser viele Jahrmillionen andauernden, entwicklungsgeschichtlich und somit rein natürlich erklärbaren Hominisation hat sich der Homo sapiens im Überlebenskampf gegen seine Konkurrenten sowie gegen diverse und zufällige Umwelteinflüsse in Jahrmillionen als einzig verbliebener Vertreter der Gattung „Homo" durchsetzen können.

In diesem Zusammenhang erscheint auch der Glaube an eine göttlich eingegebene und unsterbliche Menschenseele fragwürdig, da zu fragen wäre, welcher Hominidenart und welchem Hominiden wo und wann zum ersten Mal die menschliche Seele von Gott eingehaucht wurde? Aus evolutionsbiologischer Sicht macht diese Frage einfach keinen Sinn, weil alle mentalen Eigenschaften wie z.B. Empathie, Bewusstsein, Begabungen und Intelligenz an die Entwicklung bzw. Evolution des Gehirns gekoppelt sind. Dabei handelt es sich um Erkenntnisse aus der modernen Hirnforschung, die den Autoren heiliger Bücher und maßgeblicher christlicher Autoren wie Augustinus, Thomas von Aquin u.s.w., die alle von einer nur wenige Jahrtausende alten Schöpfungsgeschichte ausgingen, noch gar nicht vorliegen konnten. Ebenso wie die Entstehung des Geistes aufgrund der evolutiven Entwicklung des Gehirns lässt sich die der Hominisation weit vorausgehende Entstehung des Lebens aus abiotischer Materie vor über 3,5 Milliarden Jahren mit naturwissenschaftlichen Mitteln - trotz offener Fragen - sehr gut auf natürlichem Wege erklären. Eine übernatürliche Zusatzerklärung ist hierfür nicht (mehr) notwendig.

Als ein weiteres, sehr prominentes Beispiel für einen herausragenden, dabei auch erkenntnistheoretisch, philosophisch und religionskritisch denkenden Naturwissenschaftler, muss auch Albert Einstein Erwähnung finden. Einstein vertritt in seiner Autobiographie[57] die an Schopenhauer erinnernde und vielleicht auch von ihm übernommene Einschätzung, dass Religion jedem Kinde „durch eine traditionelle Erziehungs-Maschinerie" eingepflanzt werde. Er berichtet in der Retrospektive als 67-Jähriger davon, dass seine Religiosität mit 12 Jahren ein jähes Ende fand. Durch populärwissenschaftliche Literatur wurde ihm klar, „dass nicht alles, was in der Bibel steht, wahr sein konnte". Die Folge dieses Erwachens war, wie er schreibt, eine „fanatische Freigeisterei" und die Überzeugung, „dass die Jugend vom Staate mit Vorbedacht belogen wird", woher auch sein lebenslanges Misstrauen gegen jede Art von Autorität rühre. Dieses „verlorene religiöse Paradies der Jugend" – wie er es ausdrückt – war für ihn die Befreiung aus den Fesseln des „Nur-Persönlichen", wo nur „Wünsche, Hoffnungen und primitive Gefühle" herrschen. Von da an – so Einstein – zog er das „gedankliche Erfassen der außerpersönlichen Welt" dem religiösen Denken vor. Der Weg zu diesem „wissenschaftlichen Paradies war nicht so bequem und lockend wie der Weg zum religiösen Paradies, aber er hat sich als zuverlässig erwiesen und ich habe es nie bedauert, ihn gewählt zu haben." Auf dem Papier war Einstein zwar mosaischen Glaubens, aber er selbst schreibt in „Mein Weltbild", dass Thora und Talmud für ihn „nur die wichtigsten Zeugnisse für das Walten der jüdischen Lebensauffassung in früher Zeit" sind. An den Zentralverein Deutscher Staatsbürger Jüdischen Glaubens schrieb er 1921: „Ich bin weder deutscher Staatsbürger noch ist irgendetwas in mir, was man als ‚jüdischen Glauben' bezeichnen kann. Aber ich freue mich, dem jüdischen Volk anzugehören, wenn ich dasselbe auch nicht für das auserwählte halte." Einsteins religiöse Einstellung findet sich am ehesten im Pantheismus wieder. In „Über wissenschaftliche Wahrheit"[58] schreibt er: „Unter ‚religiöser Wahrheit' kann ich mir etwas Klares überhaupt nicht denken... Jene mit tiefem Gefühl verbundene Überzeugung von einer überlegenen Vernunft, die sich in der erfahrbaren Welt offenbart, bildet meinen Gottesbegriff; man kann ihn also in der üblichen Ausdrucksweise als ‚pantheistisch' (Spinoza) bezeichnen. Konfessionelle Tradition kann ich nur historisch und psychologisch betrachten; ich habe zu ihnen keine andere Beziehung." Ferner: „Nach dem Sinn oder Zweck des eigenen Daseins sowie des Daseins der Geschöpfe überhaupt zu fragen", so Einstein in „Wie ich die Welt sehe", „ist mir von einem objektiven Standpunkt aus stets sinnlos erschienen." Einsteins Biograph Wickert zitiert ihn: „Je mehr der Mensch von der gesetzmäßigen Ordnung der Ereignisse durchdrungen ist, umso fester wird seine Überzeugung, dass neben dieser gesetzmäßigen Ordnung für andere Ursachen kein Platz ist. Er erkennt weder einen menschlichen noch einen göttlichen Willen als unabhängige Ursache von Naturgesetzen an."[59] Wie schon Feuerbach, so meint auch Einstein, „dass an der Wiege des religiösen Denkens und Erlebens die verschiedensten Gefühle stehen."[60]

Einstein konstruiert in „Religion und Wissenschaft" eine Art Dreistadienentwicklung der Religionen. Besonders in der Heiligen Schrift des jüdischen Volkes lasse sich „die Entwicklung von der Furcht-Religion zur moralischen Religion schön beobachten." Über diese beiden Stufen der Religionen stellt Einstein eine „dritte Stufe religiösen Erlebens", die er als „kosmische Religiosität" bezeichnet. Eine Religiosität, „die keine Dogmen und keinen Gott kennt, der nach dem Bild der Menschen gedacht wäre." „Dies" – so Einstein – „lässt sich demjenigen, der nichts davon besitzt, nur schwer deutlich machen, zumal ihr kein menschenartiger Gottesbegriff entspricht." Für Einstein ist diese von allem vermenschlichenden Eigenschaften befreite „kosmische Religiosität", sogar „die stärkste und edelste Triebfeder wissenschaftlicher Forschung" von je her. Insbesondere im Buddhismus sieht sie Einstein ausgeprägt. Was den Zusammenhang von Religion und Moral anbelangt, so ist auch hier Einsteins Standpunkt säkularer Natur. Er schreibt: „Das ethische Verhalten des Menschen ist wirksam auf Mitgefühl, Erziehung und soziale Bindung zu gründen und bedarf keiner religiösen Grundlage (Vgl. Kant und Fichte). Es stünde traurig um die Menschen, wenn sie durch Furcht und Strafe und Hoffnung auf Belohnung nach dem Tode gebändigt werden müssten."[61] Eine Art zusammenfassendes „Glaubensbekenntnis" Einsteins finden wir in „Wie ich die Welt sehe." Dort ist zu lesen: „Das Wissen um die Existenz des für uns Undurchdringlichen, der Manifestationen tiefster Vernunft und leuchtender Schönheit, die unserer Vernunft nur in ihren primitivsten Formen zugänglich sind, dieses Wissen und Fühlen macht wahre Religiosität aus; in diesem Sinn und nur in diesem gehöre ich zu den tief religiösen Menschen. Einen Gott, der die Objekte seines Schaffens belohnt und bestraft, der überhaupt einen Willen hat nach Art desjenigen, den wir an uns selbst erleben, kann ich mir nicht einbilden. Auch ein Individuum, das seinen körperlichen Tod überdauert, mag und kann ich mir nicht denken; ... mögen schwache Seelen aus Angst oder lächerlichem Egoismus solche Gedanken nähren. Mir genügt das Mysterium der Ewigkeit des Lebens und das Bewusstsein und die Ahnung von dem wunderbaren Bau des Seienden sowie das ergebene Streben nach dem Begreifen eines noch so winzigen Teiles in der Natur sich manifestierenden Vernunft."[62] Wenn Einstein deshalb von „Gott" spricht, z. B. in dem berühmten Zitat „Gott würfelt nicht", das im Zusammenhang mit seiner realistischen Position gegen die Kopenhagener Deutung der Quantenmechanik gefallen ist, dann handelt es sich hierbei um Metaphern, mit denen er (quanten-)physikalische Sachverhalte lediglich bildhaft verdeutlichen wollte. Ist es nicht in der Tat aus kosmologischer Sicht verwunderlich, dass Gott die Erde und den Menschen in den Mittelpunkt seiner Schöpfung gestellt haben soll und dabei Billionen von Galaxien erschaffen hat mit jeweils vielen Hundertmilliarden von Sternen und Planeten? Hätte hierfür nicht ein Sonnensystem oder wenigstens eine Galaxie ausgereicht? Sicher, logisch auszuschließen ist das nicht, was aber hat solch ein Schöpfer noch mit der offenbarungstheologischen personalen Gottesvorstellung zu tun, nach dessen Ebenbild wir erschaffen sein sollen? Was hat dieser Gott mit Moses, Jesus oder Mohammed und den um diese sich rankenden Wundergeschichten zu tun? Welch unvorstellbarer Aufwand für einen unscheinbar kleinen Planeten und eine vergängliche Spezies, die nicht mehr als einen Wimpernschlag in der kosmischen Zeitskala darstellt, sich aber in ihren Religionen für den von Gott erschaffenen Mittelpunkt der Welt hält.

Es ist aufgrund der hier dargelegten und von Einstein selbst geäußerten zahlreichen und eindeutigen Statements über seinen Glauben völlig schleierhaft, wie man sich in theistischen Kreisen immer noch auf Albert Einstein als einen der ihrigen berufen kann. Einstein war erklärter Weise Spinozist und somit Pantheist. Auf eine Anfrage eines New Yorker Rabbi, ob er, Albert Einstein, an Gott glaube, antwortete er: „Ich glaube an Spinozas Gott, der sich in der gesetzlichen Harmonie des Seienden offenbart, nicht an einen Gott, der sich mit dem Schicksal und den Handlungen der Menschen abgibt."[63]

1.5 Der heutige naturwissenschaftliche Kenntnisstand und das theistische Welt- und Gottesbild

Kommen wir nun zum gegenwärtigen Stand des (natur-)wissenschaftlich geprägten Weltbildes. Betrachtet man die wissenschaftliche Entwicklung seit der Neuzeit, so haben sich doch einige schwerwiegende Kränkungen für das eitle menschliche Selbstverständnis als Mittelpunkt der Welt und Krone einer göttlichen Schöpfung ergeben. Hatte schon Nietzsche die Hybris des Menschen, er sei der Mittelpunkt der Schöpfung, durch die Erkenntnisse der Kosmologie seit Kopernikus als Hybris gebrandmarkt, so steht spätestens seit Darwin fest, dass der Mensch nicht aus göttlicher Hand erschaffen wurde, sondern paläoanthropologisch und genetisch nachweisbar aus der Tierreihe entstammt. Seine engsten rezenten Verwandten sind die Menschenaffen. Eine weitere Kränkung der menschlichen Eitelkeit bedeutet die tiefenpsychologische durch Freud. Aus ihr geht hervor, dass das Ich gar nicht Herr über sich selbst, über seine seelischen Vorgänge ist. Zu einem großen Teil werden wir durch unser Unterbewusstsein und durch genetisch begründbare Triebe gelenkt. Die menschliche „Seele" wird also auch von Freud nicht mehr als ein metaphysisches und fertiges Produkt Gottes, sondern als ein von phylogenetischen Abläufen in Abhängigkeit von anthropologischen, soziologischen Aspekten sowie von evolutiven Einflüssen entstandenes natürliches Resultat angesehen. Die ethologische Kränkung erfolgte durch Oskar Heinroth. Er wies nach, dass die Menschen nicht nur in Körperbau, Stoffwechsel und Neurophysiologie, sondern auch, was deren Verhaltensweisen angeht, aus dem Tierreich hervorgegangen und mit diesem stammesgeschichtlich verbunden sind. Eine weitere, epistemologische Kränkung geht auf Konrad Lorenz zurück. Sein evolutionsbiologisch begründeter hypothetischer und kritischer Realismus, der von einer in Jahrmillionen an unsere spezifische Umwelt angepassten und somit nur sehr bedingten Erkenntnisfähigkeit ausgeht, negiert alle absolutistischen Erkenntnisansprüche. Wenn dies für die nach strengen wissenschaftlichen Kriterien ablaufenden wissenschaftlichen Disziplinen gilt, dann noch viel mehr für religiöse Systeme, die sich mit ihren metaphysischen Fiktionen jeglicher empirischen Überprüfbarkeit entziehen. Die nächste, nämlich soziobiologische Kränkung verursachte dann Edward O. Wilson, nach der auch wir Menschen darauf programmiert sind, für die Erhaltung und Vermehrung unserer Erbanlagen zu sorgen. Selbst dort, wo wir anderen nützen, wo wir uns also sozial oder altruistisch und damit moralisch hochwertig zu verhalten glauben, soll nichts weiter als ein schnöder Gen-Egoismus am Werk sein. Während Religionen ihre Ethik und Moral von einer höheren Macht als deren Ursache ableiten, wird aus evolutionsbiologischer bzw. naturphilosophischer Sicht die Kausalkette genau andersherum gedeutet. Wilson herzu: „Das Individuum ist biologisch dazu veranlagt, bestimmte Entscheidungen zu treffen. Durch die kulturelle Evolution erhärten sich diese Entscheidungen zu Normen, dann zu Gesetzen und schließlich, wenn Veranlagung oder Zwang stark genug sind, zum Glauben an die Gewalt Gottes oder die natürliche Ordnung des Universums."[64] Auch die Ökologie führt uns deutlich vor Augen, dass wir nicht von irgendwelchen ominösen Mächten des Bösen und des Guten abhängig sind, sondern schlicht und ergreifend von unserer Umwelt, deren Schicksal eng mit dem unsrigen verknüpft ist. Keine göttlichen Wesen bestimmen über das Schicksal des Menschen, sondern der Mensch hat es selbst in der Hand, wie er mit Überbevölkerung, Klimawandel, Ozonloch, Trinkwassermangel, Umweltverschmutzung, Abholzung, Flächenfraß, Überdüngung usw. umgeht.

In diesen profanen und gleichzeitig das Numinose entzaubernden Erkenntnissen bestehen die bisherigen, von den Wissenschaften verursachten Kränkungen der Menschheit, insofern diese sich als übernatürliche und göttliche Schöpfung betrachtet hat. Und wie erschütternd und desillusionierend muss es für den heutigen Menschen sein, wenn ihm dann auch noch von der modernen Hirnforschung die Illusion einer für sein postmortales Weiterleben in einer paradiesischen Welt benötigten unsterblichen „Seele" geraubt wird? Weil sich diese lediglich als materieabhängiges, von der Struktur und neurobiologischen Zusammensetzung des Gehirns gar nicht zu trennendes und deshalb ebenso wie dieses sich als ein biologisches und folglich auch vergängliches Produkt der Evolution erweisen sollte? Die neurobiologische Kränkung, welche die metaphysisch gedachte immaterielle Seele negiert, zerstört diesen süßen Traum eines postmortalen, ewigen paradiesischen Daseins. Denn sie war das hierfür notwendige und einzige Vehikel, mit dem der Mensch ins Jenseits, in den Himmel gelangen konnte, nachdem sich seine Hoffnung auf eine leibliche Auferstehung durch die atomare Auflösung seines Leibes während seiner Verwesung endgültig als Illusion erwiesen hatte. Davon ist auch das Gehirn als Träger aller mentalen Eigenschaften betroffen. Die Vereinigung mit Gott bei den Christen oder die Freuden mit unzähligen Jungfrauen für die muslimischen Märtyrer, wie sollen diese Wunschvorstellungen ohne die Existenz einer immateriellen Seele aufrecht erhalten werden, wenn der Leib unwiederbringlich zu Staub zerfallen ist? Somit ist auch in unserer Aufzählung jener als „Kränkung" bezeichnete Desillusionierungen menschlicher Wunschträume ersichtlich, wie weit sich eine nüchterne, an den wissenschaftlichen Erkenntnissen abgeleitete Weltsicht von den religiösen Wunsch- und Traumbildern entfernt hat. Immerhin ist der Glaube an ein ewiges, postmortales Leben im Paradies eines der stärksten Motive, um an Gott zu glauben. Aber leider gibt es aus den Wissenschaften keinerlei überzeugende Indizien, weder für eine leibliche Wiederauferstehung noch für eine immaterielle und unsterbliche Seele.

Insgesamt muss man deshalb eine weitgehende Unvereinbarkeit zwischen dem archaischen, auf göttlichen Offenbarungen beruhenden, theistischen Weltbild und den hiermit kollidierenden wissenschaftlichen Einzeldisziplinen feststellen. Bestand man von theologischer Seite noch bis weit in die Neuzeit hinein darauf, dass die biblischen Berichte von göttlicher Provenienz und daher unfehlbar seien, so wurde die Theologie mittlerweile zu dem Zugeständnis gezwungen, dass Heilige Bücher keinerlei Aussagekraft in naturwissenschaftlich relevanten Fragen besitzen. Der Glaubwürdigkeit von heiligen Büchern als tatsächlich göttlich offenbarter Werke, war dies jedenfalls nicht gerade zuträglich. Sie werden heute in aufgeklärten Gesellschaften, in denen ein wissenschaftliches Weltbild vorherrscht, kaum mehr zur Kenntnis genommen. Sehen wir uns die Differenzen zwischen dem theistischen und dem wissenschaftlichen Weltbild noch etwas näher an. Wir werden dabei zu der Einsicht kommen, dass sich die Welt auch vollkommen natürlich, also ohne Zuhilfenahme übernatürlicher Zusatzhypothesen erklären lässt.

Für gläubige Kreationisten, wozu Anhänger sowohl des Christentums aber auch des Judentums und des Islam gehören, ist die Welt von Gott ca. 4000 Jahre vor Christi Geburt an sechs Tagen, so wie sie uns heute erscheint, also ohne Jahrmilliarden eines evolutionären Entwicklungsprozesses erschaffen worden. Dieser Glaube ist insofern konsequent, als sie aus den heiligen Büchern dieser Religionen so hervorgeht und so auch von dessen Autoren gemeint war. Mangels irgendeiner auch nur ansatzweise vorhandenen wissenschaftlichen Denkweise wussten es die antiken Autoren jener Bücher nicht besser. Ihre Bücher spiegeln insofern also nur den Wissensstand ihrer Kultur und ihrer Zeit wider. Völlig konträr hierzu ist die Methode der heutigen Naturwissenschaften, nämlich die des praktischen Atheismus. Als Arbeitshypothese gehen sie davon aus, dass die Welt, ihre Gesetzmäßigkeiten und alles in ihr Befindliche auf natürliche Weise entstanden ist und deshalb auch ohne Zuhilfenahme übernatürlicher Eingriffe erklärbar sein muss.

So wird unser Universum von den Kosmologen mittels empirischer Beobachtungen und komplizierter mathematischer Modelle ohne Einbeziehung übernatürlicher Mächte erforscht und erklärt. Wo es aber zugegebenermaßen noch einen "weißen Fleck" gibt, das ist der absolute Anfang, den sich die meisten Kosmologen als eine Art Urknall vorstellen. Denn was hat ihn ausgelöst? Was war vorher, wenn man überhaupt von einem "Vorher" sprechen kann? War es ein singulärer Akt oder entstehen unendlich viele Universen aufgrund von Quantenfluktuationen in einer Art "Hyperraum"? Wir befinden uns mit solchen Fragen im hochspekulativen Bereich der Quantenkosmologie, der aufgrund seiner offenen Fragen durchaus noch Raum für die Hypothese einer übernatürlichen Initialzündung lässt. Allerdings haben diese naturwissenschaftlich begründeten Fragen nach einem „ersten Beweger" kaum mehr etwas mit den archaischen Schöpfungsmythen und Gottesvorstellungen zu tun, wie sie in den Offenbarungsschriften zu finden sind. Sie sind auch aus theologischer Sicht längst überholt. Die eigentliche Unvereinbarkeit zwischen diesen Schöpfungsgeschichten und heutiger evidenzbasierter Wissenschaft besteht in dem Gegensatz von Kreationismus und Evolutionismus und natürlich in der naturwissenschaftlich-methodischen Grundannahme, das Uni- oder auch Multiversum sei mit empirischen, mathematischen und kausalen Vorgehensweise (approximativ) zu ergründen, ohne dabei auf übernatürliche Spekulationen als Platzhalter für offene Fragen zurückgreifen zu müssen. Wie sich in der Wissenschaftsgeschichte an unzähligen Beispielen aufzeigen lässt, funktioniert diese Platzhalterfunktion Gottes auch nur so lange, bis eines Tages wissenschaftliche Erklärungen für Phänomene vorliegen, welche die bis dahin übernatürlichen Erklärungen überflüssig machen.

Die heute vielleicht bekanntesten kosmologischen Modelle sind das kosmologische Standartmodell (relativistische Kosmologie + Inflation (während der unvorstellbar kurzen Phase von 10 hoch-35 bis 10 hoch-30 Sek. nach dem Urknall) von Alan Guth; zweitens die Stringtheorie, die die Möglichkeit eines Multiversum eröffnet, in dem unser Universum nur eines von vielen Paralleluniversen mit ganz unterschiedlichen Eigenschaften darstellt (Hugh Everett, John Archibald Wheeler, Murray Gell-Mann, Stephen W. Hawking, Steven Weinberg); und drittens die Theorie über die Schleifen-Quantengravitation (Abhay Ashtekar), die ebenfalls als möglicher Kandidat für ein Welterklärungsmodell gehandelt wird. All jenen wissenschaftsbasierten Modellen ist gemeinsam, dass sie die ebenfalls hoch spekulative Schöpferhypothese zwar nicht widerlegen, aber den darin enthaltenen Gott zu einer (verzichtbaren) Zusatzhypothese degradieren. Abgesehen von der spannenden Frage, wo und wann ein theistisch gedachter Gott „vor" dem Universum hätte existieren sollen, wenn Raum und Zeit erst mit diesem entstanden sind, wird von den Kreationisten gerne das auf den ersten Blick plausible Argument der Feinabstimmung ins Feld gebracht. Demnach bedarf es eines intelligenten Designers, um beispielsweise die Naturkonstanten (Expansionsrate des Universums, Elektronen-Protonenmasse, elektromagnetische Kraft, starke Kraft usw.) exakt so abzustimmen, dass sich daraus Materie und Leben entwickeln kann. Wir kennen dieses Argument auch aus der Biologie. 1802 argumentierte bereits William Paley in seiner Natural Theology, dass man bei einer auf dem Feld gefundenen Taschenuhr auf das Werk eines intelligenten Uhrmachers oder Schöpfers schließen müsse, weshalb analog hierzu auch im Bereich der Biologie alles Leben auf einen intelligenten Schöpfer zurückzuführen sei. Während aber Paley wusste, dass Uhren von menschlicher Intelligenz und handwerklichem Können geschaffen wurden, wusste er noch nichts von den Mechanismen eines evolutionären Prozesses, der über Jahrmilliarden hinweg mit gewissen Grundgesetzen wie Mutation, Selektion, Zufall, Genetik etc. eine Entwicklung von abiotischer Materie bis hin zu intelligenten Säugetieren möglich macht, ohne dass hierfür eine personale übergeordnete Intelligenz angenommen werden müsste. Diese Geschichte zeigt, wie die Hypothese Gott als alles erklärender Platzhalter für eine wissenschaftlich unerklärliche Frage immer nur so lange dienen konnte, bis er von bestätigten wissenschaftlichen Theorie wie z.B. der Evolutionstheorie abgelöst wurde. Diese benötigt keine übernatürlichen Zusatzannahmen mehr für die Entstehung des Universums, Lebens und des Geistes. So lässt sich im Rahmen des kosmologischen Standartmodells sagen, dass von einem hoch symmetrischen Anfangszustand in „Urknallnähe" ausgegangen werden kann. Dies aber würde bedeuten, dass die zahlreichen Feinabstimmungen am Anfang noch gar nicht existierten, sondern nur eine universelle, alle vier Grundkräfte vereinigende Kraft. Das Postulat eines hyperintelligenten Feinabstimmers besäße damit keine zwingende Notwendigkeit mehr. Auch nicht für das aus der

Stringtheorie abgeleitete Multiversum. Gemäß diesem Modell gibt es unendlich viele Universen, von denen alle naturgesetzlich möglichen Universen auch irgendwann einmal realisiert werden. Deshalb sei es auch nicht verwunderlich, dass wir in einem solchen lebensfreundlichen Universum leben und wir uns über dessen Existenz Gedanken machen können. Quantenkosmologisch und mathematisch besteht durchaus die Möglichkeit, dass das Universum eine Art selbst generierendes Fraktal darstellt, das aufgrund von Quantenfluktuationen unendlich viele Universen erzeugt. Ob unser Universum tatsächlich feinabgestimmt ist und nur aufgrund der für unser Universum spezifisch abgestimmten Parameter Leben entstehen konnte, ist in keinster Weise erwiesen. Aber wenn ja, dann ließe sich die Entstehung solcher Universen auch als statistische Wahrscheinlichkeit im Rahmen der Stringtheorie erklären.[65] Da wir keine Möglichkeiten haben unser Universum mit eventuellen anderen Universen statistisch zu vergleichen, können wir auch nicht sagen, ob Leben wirklich nur in unserem (vermeintlich) „feinabgestimmten" Universum möglich ist. Im Gegensatz zu den Kreationisten sehen Naturphilosophen in der Feinabstimmung - so es sie gibt - sogar eher ein Indiz für eine natürliche Entstehung. Denn ein allmächtiger Schöpfer bedarf dieser nicht. Er hätte ohne Feinabstimmung, Naturgesetze und Evolution auskommen können, da er die Welt aufgrund seiner Allmacht nur durch sein Wort hätte erschaffen können. Aufgrund seiner behaupteten Allmacht kann er jedes Wunder bewirken und bräuchte deshalb auch gar kein Finetuning. Die Verlegenheitsthese des „Finetunings" kann somit also durchaus auch als ein schwerwiegendes Argument gegen den Kreationismus verwendet werden. Jedenfalls liegen uns mit den modernen kosmologischen Modellen atemberaubende intellektuelle Leistungen vor im Vergleich zu den zwar dichterisch unterhaltsamen, aber wissenschaftlich unbrauchbaren Schöpfungsmythen. Mythologische Glaubensmodelle wollen meistens alles auf einmal und dabei möglichst einfach mit Göttern erklären. Konkret und faktisch gesehen erklären sie damit aber eben nichts, was vor einer kritischen wissenschaftlichen Überprüfung Bestand haben könnte. Der wissenschaftstheoretische Erkenntnisweg dagegen verläuft in sehr kleinen Schritten auf einem sehr steinigen Weg. Auch er ist gepflastert mit Spekulationen und Irrtümern. Allerdings sind hier nicht aufoktroyierte, allein selig machende Glaubenswahrheiten maßgeblich, sondern in einer Art evolutionärem Prozess wird die Spreu vom Weizen in kleinen und mühsamen Schritten, nach strengen wissenschaftlichen Kriterien getrennt. Auch wenn die Geheimnisse des Universums für uns Menschen damit vielleicht nie zu lüften sein werden, dennoch ist dies der Weg, der zu einem bescheidenen, dafür aber konkreten und in der Summe konsistenten und empirisch belegbaren Gesamtmodell der Wirklichkeit führt. Der methodische Vorteil dabei ist, dass der Weg der natürlichen Erklärungsebene nicht verlassen wird, um Zuflucht bei leicht zu tätigenden, aber wenig ergiebigen übernatürlichen Spekulationen zu suchen. Schon Immanuel Kant hatte angemerkt: "Vorschnell sich mit der Ausführung des unmittelbaren Willen Gottes zu begnügen", sei eine "betrübliche Entschließung". Was auch wäre mit der Hypothese eines intelligenten Designers letztlich gewonnen? Welche intelligente Macht wiederum hätte diesen Gott erschaffen? Die kreationistische Antwort: Keine, da Gott unendlich ist, sie befriedigt nicht, denn wieso sollte sich dies nicht auch über das Universum sagen lassen?

Die nach der kosmologischen nun zweite große Metaebene für naturwissenschaftliche, philosophische und theologische Fragen betrifft die Entstehung und Entwicklung des Lebens. Ähnlich wie auf dem Gebiet der Kosmologie mit der Frage nach dem Auslöser des Urknalls stellt auch in der Evolutionsbiologie der Anfang, d.h. der Übergang von toter zu belebter Materie den "weißen Fleck" dar, über den es nur wissenschaftliche Modelle gibt. In der Biologie ergibt sich somit ein ähnliches Bild wie in der Kosmologie, denn auch hier sind die Abläufe der Entwicklung empirisch belegbar und ohne Zuhilfenahme übernatürlicher Entitäten erklärbar, bis eben auf den absoluten Anfang, also der Entstehung des Lebens aus toter Materie. Auch wenn im Prinzip feststeht, dass die Entstehung erster primitiver Lebensformen (der Prokaryoten beziehungsweise der Archaebakterien) aus organischen Molekülen, diese wiederum durch Abiogenese aus anorganischen Molekülen entstanden sind, so wissen wir (noch) nicht, wie dieser Prozess en Detail abgelaufen ist. Vielleicht werden wir Menschen es auch nie erfahren, sollte beispielsweise die genaue Zusammensetzung der Uratmosphäre nicht mehr rekonstruierbar sein. Aber gesichert ist, dass die Erde vor 4,6 Jahren entstanden ist und dass dabei präbiotische Bedingungen herrschten wie z.b. eine Oberflächentemperatur von weit über 1000 Grad Celsius mit einer Primordialatmosphäre, die in ihrer chemischen Zusammensetzung den der Vulkangase entspricht. Als nächstes setzt vor 4,2 bis 3,8 Milliarden Jahren die sogenannte chemische Evolution ein. Mit der Abiogenese entstanden aus anorganischen Stoffen der Uratmosphäre wie Wasserstoff, Methan, Ammoniak, Kohlenmonoxid erste organische Moleküle als Bausteine für komplexere organische Moleküle (Aminosäuren, Lipide, Nucleotidbasen) und Zucker. Das Alter des darauf folgenden ersten zellulären Lebens, primitive marine Mikroorganismen, wird auf ca. 3,8 Milliarden Jahre veranschlagt. Selbstorganisationsprozesse führten von mit Hydrathüllen umschlossenen Biomolekülen (Proteine, Nucleinsäure) zu komplexeren Strukturen. Den Nachweis für diese Entwicklung liefern Kohlenstoffeinschlüsse in 3,8 Milliarden Jahren alten Kristallen aus Westgrönland, die aufgrund des Isotopenverhältnisses nur bei Lebewesen vorkommen. Zu dieser Zeit müssen somit die ersten photosynthetisch aktiven Mikroorganismen entstanden sein. Auch 3,5 Milliarden Jahre alte Sedimentgesteine, die sogenannten Stromatolithen, sind nachweislich durch Mikroben entstanden. Die ältesten erhaltenen Mikrofossilien aus Westaustralien, mehrzellige fadenförmige Urorganismen, konnten auf ein Alter von 3 bis 3,6 Milliarden Jahre datiert werden. Nach etwa einer Milliarde Jahre, also vor 2,5 Milliarden Jahren, ist ein allmählicher Anstieg des Sauerstoffgehaltes nachweisbar, der die Voraussetzung der weiteren und gut dokumentierten natürlichen Entwicklung des Lebens auf der Erde darstellte. Mit dem oft erwähnten Miller-Urey-Experiment von 1953 (das sogenannte Ursuppenexperiment) konnte zudem nachgewiesen werden, dass unter präbiotischen (anaeroben) Laborbedingungen aus anorganischen Verbindungen (Wasser-, Methan, Ammoniak... - Molekülen) tatsächlich Biomoleküle wie Zucker, Glycerin, Aminosäuren usw. hervorgehen. Da auch in Meteoriten einfache organische Verbindungen nachgewiesen werden konnten, wird die These der Biomoleküle, die aus dem Weltall auf die Erde gelangt sind, als weitere Entstehungsursache des Lebens diskutiert. Wenngleich es bei der Entstehung und Entwicklung des primitiven Lebens (noch) keine sicheren Antworten gibt, so basiert eine wissenschaftliche Erklärung der abiogenetischen Entstehung auf nachvollziehbaren empirischen und experimentellen Grundlagen, die einen tiefen Einblick in die natürliche Entwicklung des ersten primitiven Lebens geben. Es besteht deshalb keinerlei Veranlassung, methodisch den naturwissenschaftlich natürlichen Weg der Erkenntnisgewinnung zu verlassen und Zuflucht bei rein spekulativen übernatürlichen und mythischen Antworten zu suchen. Diese sind nur so lange verlockend, bis die Erkenntnislücken aufgrund neuer wissenschaftlicher Entdeckungen eines Tages geschlossen werden können. Da der weitere Verlauf der biologischen Evolution, der zu immer komplexeren Organismen geführt hat, unter Wissenschaftlern und den meisten Theologen nicht mehr strittig ist, soll sie an dieser Stelle in ihren Grundzügen als gesichert vorausgesetzt werden, weshalb es hierzu auch keine näherer Erläuterungen mehr bedarf.[66]

Auch die nächste philosophisch wie theologisch relevante Stufe in der Entwicklungsgeschichte, nämlich die Entstehung des Menschen, widerspricht allen Vorstellungen heiliger Bücher. Paläontologisch, paläoanthropologisch und genetisch ist nachgewiesen, dass auch der Mensch eine Entwicklungsgeschichte durchlaufen hat und von affenartigen Vorläufern abstammt. Die Vorstellung von der kreationistischen

Erschaffung "des" Menschen widerspricht dabei dem paläoanthropologischen Kenntnisstand in vielen Punkten. So gab es nicht nur, wie in den Schöpfungsmythen geglaubt wurde, die Erschaffung einer Menschenart vor wenigen Jahrtausenden, sondern es haben sich im Laufe der Hominisation mehrere Arten von Menschen entwickelt, die teilweise zeitgleich existierten. So z. B. Homo rudolfhensis vor 2,5 - 1,8 Millionen Jahren, Homo habilis vor 2,5 - 1,5 Millionen Jahren und Homo erectus vor 1,8 - 0,3 Millionen Jahren. Die Erschaffung „des" Menschen als Ebenbild Gottes, wie sie in heiligen Büchern und von Religionen verkündet wird, hat nicht stattgefunden. Sowohl in kosmologischer als auch in biologischer Hinsicht hat sich das evolutionäre gegen das kreationistische Modell durchgesetzt. Nicht aufgrund einer Glaubensideologie, sondern aufgrund zahlreicher unwiderlegbarer wissenschaftlicher Fakten, wie sie in der entsprechenden fach- und populärwissenschaftlichen Literatur dokumentiert ist.

Da mit der Evolution des Menschen auch eine Zunahme des Hirnvolumens verbunden ist, die in einem engen Zusammenhang mit der Sprachentwicklung und einer damit einhergehenden Steigerung seiner Intelligenz verbunden ist, wären wir bei einem weiteren philosophischen wie theologischem Kernthema angelangt, das heute ebenfalls von den Naturwissenschaften, z.B. der Hirnforschung, beeinflusst wird. Die Rede ist von Geist, Bewusstsein und Seele. Während die Theologie heute weitgehend die biologische Evolution des Menschen in seiner Körperlichkeit akzeptiert hat, leugnet sie die natürliche und evolutionäre Entstehung der „Seele." Für die Evolutionsbiologie hingegen besteht ein untrennbarer Zusammenhang zwischen der Evolution des Körpers, also auch der des Gehirns, und des Geistes. Die moderne Hirnforschung spricht zwar in Ermangelung an einen besseren und treffenderen Begriff immer noch von „Seele", klammert dabei aber alle metaphysischen, also göttlichen, immateriellen und unsterblichen Annahmen aus. Auch aus evolutionsbiologischer Sicht macht es keinen Sinn zu fragen, wann und wo welchem Hominiden zum ersten Mal die göttliche, immaterielle und unsterbliche Seele eingepflanzt wurde, denn auch Geist, Bewusstsein oder seelische Eigenschaften haben sich erst im Laufe von Jahrmillionen von niedrigen zu komplexen Strukturen entwickelt. Vor allem sind sie rückgebunden an Körper und Gehirne, die sich im Überlebenskampf unter ganz speziellen Voraussetzungen und Umwelteinflüssen in ganz artspezifische und unterschiedliche Richtungen entwickelt haben. Auch hier widerspricht die naturwissenschaftliche Kenntnislage, beispielsweise die Evolutionsbiologie, Anthropologie und Hirnforschung, vollkommen den Vorstellungen des allen drei großen abrahamidischen Offenbarungsreligionen zugrunde liegenden Kreationismus. Dieser geht davon aus, dass auch der Mensch ein von Anfang an von Gott als fix und fertig erschaffenes und unveränderliches Wesen darstellt, das bei seiner Geburt die Seele eingehaucht bekommt. Die körperlichen wie auch „seelischen" Eigenschaften (Vitalfunktionen, Intelligenz, Charakter, Empathie, spezielle Begabungen usw.) eines jeden Menschen lassen sich aber längst empirisch belegbar durch die Weitergabe von Genen, Erziehung, Kultur usw. begründen. Einer zusätzlichen Seelenmetaphysik, die jeglicher empirischer Grundlage entbehrt, bedarf es hierzu nicht.[67] Während die ersten Christen auch noch gar nichts von einer das Ich tragenden und über den Tod hinaus bewahrenden Seele wussten und diese als Vehikel ins Jenseits auch noch gar nicht benötigten, weil sie vom Hereinbrechen des Reiches Gottes auf der Erde noch zu ihren Lebzeiten überzeugt waren, hat sich nach dessen Ausbleiben auch im Christentum die Vorstellung einer Seele immer mehr durchgesetzt. Selbst die gläubigsten Urchristen hatten wohl ihre Zweifel daran, dass nach dem zu ihren Lebzeiten zwar erwarteten, aber nicht eingetretenen Reich Gottes die völlig verwesten, in ihre atomaren Bestandteile zerfallenen Leiber sich wieder zusammensetzen konnten, dass also die Toten auferstehen würden, wie es ihnen Paulus, (1 Kor 15) angekündigt hatte. Um aber den Glauben oder vielleicht auch nur die Illusion eines ewigen Lebens aufrecht zu erhalten, gibt es nur eine Möglichkeit: Es muss außer den sterblichen und zu Staub verfallenden Leibern noch eine immaterielle und unsterbliche Wesenseigenschaft des Menschen geben, die ihm die Hoffnung auf die Existenz nach dem physischen Tod ermöglicht. Diesen Ausweg eben sah man in der übernommenen Vorstellung einer immateriellen, unsterblichen und von Gott erschaffenen Seele. Eben weil die leibliche Auferstehung modernen Menschen völlig unglaubhaft erscheint, können die Kirchen mittlerweile zwar die Evolution des menschlichen Körpers aus äffischen Vorfahren akzeptieren, nicht aber die der „Seele." Sie wird, nachdem die leibliche Auferstehung als Option für ein postmortales Dasein wegfällt, als ein unverzichtbares Vehikel für ein solches benötigt. Aus Sicht der Evolutionsbiologie und der Hirnforschung gibt es aber keine Indizien für eine immaterielle, vom Gehirn unabhängige und somit übernatürliche Erklärung der „Seele", weswegen letztlich nur die Hoffnung auf eine mit naturwissenschaftlichen Mitteln nicht erfassbare unsterbliche Seele bleibt. Ohne diese sind alle religiösen Wunschvorstellungen eines ewigen und paradiesischen Lebens Makulatur. Mit der damit verbundenen Desillusionierung eines postmortalen, ewigen Lebens in paradiesischen Zuständen, wäre auch der Hauptgrund, an Gott und die damit verbundenen Religionen zu glauben, hinfällig. Ohne die Hoffnung auf ein ewiges transzendentes und möglichst in einem Paradies stattfindenden Fortbestehen nach dem Tode, verliert der Theismus seine auf psychologischen Grundlagen beruhende wichtigste Existenzgrundlage und - die Kirchen ihre Schäfchen, ihren Einfluss, ihr Auskommen, ihre Macht.

Noch ein weiteres philosophisches und theologisches Problem, das der Willensfreiheit, fällt in diesen Themenbereich. Wenn, wie heute der Großteil der Hirnforscher behauptet, der Mensch gar keinen freien Willen besitzt, dann kann er auch nicht für seine Taten von einem ihn in seinem So-sein erschaffenen Gott zur Verantwortung gezogen werden. Das ganze Konstrukt von Himmel und Hölle, von Erlösung und Verdammnis macht nur Sinn, wenn es diesen freien Willen gibt, ansonsten wäre Gott ein unmoralisch handelndes und verwerfliches Wesen. Inwiefern - so wäre zu fragen - liegt es in der Verantwortung jedes einzelnen Menschen, dass er so ist, wie er ist, wenn es für sein So-Sein entweder gottgegebene oder aber natürliche Ursachen, wie soziologische, genetische, kindheitstraumatische, biochemische oder hirnphysiologische Faktoren gibt, die gar nicht in seinem Einflussbereich stehen? Auch wenn wir hier nicht jegliche Eigenverantwortlichkeit des Menschen leugnen wollen, aber wie weit macht es Sinn, von „Willensfreiheit" zu sprechen, die dann auch noch über ein postmortales Dasein in Himmel und Hölle entscheidend sein soll, wenn sich das individuelle So-Sein zu einem großen Teil aus Faktoren zusammensetzt, die sich eben jener Eigenverantwortlichkeit entziehen? Auch hier klaffen religiöse und wissenschaftsbasierte philosophische Sichtweisen immer weiter auseinander, je weiter sich im Laufe der Zeit wissenschaftliche Erkenntnisse von alten religiösen Vorstellungen weg bewegen.

1.6 Resümee

Anhand der bis hierher angesprochenen philosophischen und theologischen Grundfragen nach der Erschaffung des Kosmos, des Lebens, des Menschen, der Seele und der Willensfreiheit zeigt sich, wie groß der Hiatus zwischen einer archaisch religiösen und einer wissenschaftsorientierten Weltsicht mittlerweile geworden ist. So ist also mit dem naturwissenschaftlichen Fortschritt und dem damit zusammenhängenden Kenntnisstand eine weitere, zur philosophischen und theologischen Kritik noch hinzukommende Infragestellung des religiösen Weltbildes hinzugekommen. Auch wenn es sich hierbei um zwei methodisch und inhaltlich vollkommen unterschiedliche Bereiche handelt, so gibt es doch Überschneidungen, die zu berechtigten Zweifel führen, die Welt religiös und mit einem Schöpfer erklären zu können. Dies haben wir bis hierher versucht deutlich zu machen. Wenn bis heute seitens der

Kirchen zahlreiche Kompromisse mit diesen auf kritisch-theologischen und naturwissenschaftlichen Erkenntnissen beruhenden Einwänden eingegangen werden mussten, so geschah dies nie freiwillig, sondern aufgrund einer theologisch oder empirisch schlicht nicht mehr zu leugnenden Kenntnislage. Im Gegensatz zu wissenschaftlichen Theorien, die fallen gelassen werden, wenn sie in wesentlichen Punkten falsifiziert sind, werden religiöse Glaubenssysteme entgegen allen Rückschlägen und rationalen Einwänden aufrecht erhalten - credo quia absurdum est! Das funktioniert, je fortschrittlicher und aufgeklärter eine Gesellschaft ist, zwar immer weniger gut, ist aber trotzdem noch sehr erfolgreich, weil mit den Religionen auch die Erfüllung existentieller Wünsche wie die nach einem postmortalen paradiesischen Leben verbunden sind. Jedenfalls sprechen aus der oben zusammengefassten sowohl geistes- als auch naturwissenschaftlichen Sicht schwerwiegende Indizien dafür, dass es sich bei den abrahamidischen Offenbarungsreligionen und ihrem jeweiligen Gottes- und Weltbild um entwicklungsgeschichtlich erklärbare kulturelle Artefakte des Menschen handelt, die seinem Naturell, seinen Bedürfnissen, aber auch den historischen, politischen und soziokulturellen Gegebenheiten entsprungen sind. Zumindest aus einer wissenschaftlichen Betrachtung heraus stehen Religionen nicht über oder außerhalb der Evolution, sondern unterliegen ebenfalls der allgemeinen wie auch einer eigenen kulturspezifischen Entwicklungsgeschichte. Selektion, Mutation, Zufall und Symbiosen sind Faktoren, die auch in der kulturellen Evolution ihre Wirkung entfalten und somit auch die Entwicklung der unterschiedlichsten Religionen als deren Produkt entscheidend geprägt haben. Würde sich diese wissenschaftsbasierte Kenntnislage der profanen und natürlich erklärbaren Herkunft aller Religionen weltweit allmählich durchsetzen, würde vielleicht ein großer Teil der Kriege und Grausamkeiten auf diesem Planeten schlagartig verschwunden sein, weil damit keine Berufung mehr auf Götter und absolutistisch-religiöse Wahrheitsansprüche mehr gegeben wäre. Die Aufteilung der Welt in Gläubige und

Ungläubige, in Erlöste und Verdammte gehörte damit der Vergangenheit an. Auch wenn dies zu schön ist, um wahr zu sein, vielleicht kann eine rational begründete Religionskritik ein Stück weit dazu führen, die Sprengkraft des Religiösen zu relativieren. Zumindest liegt hierin die humanistische Bedeutung einer auf der Grundlage wissenschaftlicher Erkenntnisse argumentierenden Religionskritik in ihrer entzaubernden Funktion. Als ein gewichtiger religiöser Befürworter dieses säkularen Standpunktes soll hier der Dalai Lama zitiert sein: „Ich denke an manchen Tage, dass es besser wäre, wenn wir gar keine Religion hätten. Alle Religionen und alle Heiligen Schriften bergen ein Gewaltpotential in sich. Deshalb brauchen wir eine säkulare Ethik jenseits aller Religionen. In den Schulen ist der Ethik-Unterricht wichtiger als Religionsunterricht. Warum? Weil zum Überleben der Menschheit das Bewusstsein des Gemeinsamen wichtiger ist als das ständige Hervorheben des Trennenden."[68]

Bei aller berechtigter Kritik gegenüber religiöser Glaubenssysteme wäre es jedoch zu einseitig, wenn nicht auch auf die positiven Seiten des Religiösen und Numinosen hingewiesen werden würde. Auch wenn das Substantielle, die Absolutsetzung heiliger Bücher und ihrer Wundererzählungen, die eben erwähnte Vergöttlichung der Religionsstifter, Vorstellungen über Himmel und Hölle, Erlösung und Verdammung usw., wenn sich all dies heute als fiktiv, widersprüchlich und in einem historisch erklärbaren profan-kausalen Kontext einfügen lässt, so sind Religionen doch auch Ausdruck von Hoffnung, Sehnsucht, Trost und dem Wunsch nach einem geregelten ethischen und moralischen Zusammenleben. Neben dem spaltenden und aggressiven Moment monotheistischer Religionen bestehen somit aus soziologischer und psychologischer Sicht gesehen durchaus auch positiv zu bewertende Aspekte des Religiösen. Hierzu wäre natürlich zuerst einmal die empathische und tröstende Wirkung zu nennen, die sie zumindest gegenüber den eigenen Glaubensangehörigen entfaltet. So kann zum Beispiel beim

Verlust geliebter Menschen die Hoffnung verknüpft werden, diese in einem postmortalen jenseitigen Leben wieder zu treffen und mit ihnen in einem paradiesischen Umfeld für alle Ewigkeit glücklich vereint zu sein. Der Glaube an die göttliche Macht und die in Aussicht gestellte Hoffnung auf ein ewiges Leben beruhigt und lässt das Leben erträglicher erscheinen. Gott wird es schon richten und gegen den Willen Gottes kann der Mensch ohnehin nichts ausrichten. Die geistlichen Institutionen, die religiösen Herrscher und Geistlichen als Vermittler zwischen Gott und den Menschen, die vorgeben, genaustens über dessen Willen informiert zu sein, die weltlichen Staatenlenker und Diktatoren, sie alle profitieren von diesem religiösen Bedürfnis einfacher Menschen nach einem ewig währenden besseren, nämlich paradiesischen Leben in einem behaupteten Jenseits. Denn alles Unrecht dieser Welt findet seinen gerechten Ausgleich im Jenseits, wozu aber die Vermittlung der Priester und die Befolgung deren von Gott gegebener Autorität notwendig ist. Natürlich findet man gerade in Krisenzeiten im Glauben an eine höhere allmächtige und allgütige Macht Halt und Kraft, um sie in der Hand Gottes auch gut zu überstehen. Diese Zuversicht soll denjenigen, die darauf nicht verzichten möchten und können, auch nicht genommen werden, auch wenn statistisch gesehen gläubige Menschen von Naturkatastrophen oder schweren Krankheiten genau so wenig verschont oder geheilt werden wie ungläubige. Im Sinne von einer psychologisch mit dem religiösen Glauben verbundenen besseren Lebensbewältigung ist überhaupt nichts gegen diesen einzuwenden. In der Erfüllung dieses Bedürfnisses erfüllen die Religionen ihren durchaus anerkennenswerten Zweck als Lebenshilfe. Das aus humanistischer Sicht zu Hinterfragende besteht aber darin, dass die Religionen (aber auch Regierungen) diese Hoffnungen und Bedürfnisse instrumentalisieren, indem sie die Sünde erfunden haben und damit ein Sündenbewusstsein und Abhängigkeitsverhältnis erzeugten, welches den Glauben an sie und ihren jeweiligen einzig wahren Gott als unabdingbare Voraussetzung für der Erfüllung dieser Sehnsüchte unentbehrlich macht. So stehen den positiven Eigenschaften der theistischen Religionen durchaus negative, wie die Bildung von stereotypen Feindbildern, Ansprüche auf monopolhafte Wahrheit und Machtstreben, Intoleranz gegenüber Andersglaubenden, hohe Aggressivität gegenüber Gottesfeinden, Motivation zum gerechten Krieg und starken Tendenzen zur Selbstzerstörung gegenüber. Aber zur „Entlastung" der Religionskritiker, die die über diese positiven psychologischen Aspekte hinausgehenden Hintergründe infrage stellen, muss auch bedacht werden, dass Religionen aufgrund ihrer sich gegenseitig ausschließenden Glaubenswahrheiten sich letztlich selbst negieren. Dazu bedarf es gar nicht der kritisch alles infrage stellenden Atheisten. Da es nur eine Wahrheit geben kann, die aber alle noch so unterschiedlichen religiösen Systeme jeweils für sich beanspruchen, kann dies nur bedeuten, dass lediglich eine einzige Religion - wenn überhaupt - im Besitz dieses einzig wahren Glaubens ist und alle anderen somit Ketzer, Ungläubige oder Atheisten sind. Damit schließen sich die religiösen Systeme selbst aus, ohne Beteiligung agnostischer oder atheistischer Schützenhilfe.

Die Rolle der Religionen innerhalb der menschlichen Kulturgeschichte ist also alles in allem äußerst ambivalent, da sich historisch, politisch und psychologisch sowohl nützliche als auch schädliche Eigenschaften aufzeigen lassen. Die Gefahren des Religiösen zu bannen und dabei die Stärken anzuerkennen, auch wenn sie auf fragwürdigen metaphysischen Behauptungen beruhen, auch darin liegt eine Aufgabe der Religionskritik. In diesem Sinne hat sie ja auch in der Tat in vielen christlichen Ländern zu einer Liberalisierung geführt, indem sie fundamentalistische Positionen relativiert und inhumane Moralregeln weitgehend entschärft hat. Mit ihr wurden auch erst die heutigen freiheitlichen säkularen Verfassungen ermöglicht. Die Theologie selbst, zumindest die von der Aufklärung geprägte „kritische Theologie" trug entscheidend zu diesem Prozess bei, indem sie die Wundergeschichten, Vergöttlichungsprozesse, Fälschungen, Widersprüche und Ungereimtheiten herausarbeitete und als solche auch aufdeckte. Als kritisch-historische Methode enthob sie die heiligen Büchern und die darauf gegründeten Dogmen ihres göttlichen Anspruches und stellte sie auf wissenschaftlicher Grundlage in einen natürlichen und historischen Kontext. Dies zeigt, dass es unter solchen reinigenden Voraussetzungen durchaus Argumente für eine Religiosität in modernen pluralen Gesellschaften geben kann, auch wenn damit deren göttlichen Ansprüche stark relativiert sind. Es zeigt aber auch, dass für die Möglichkeit der Entwicklung solcher offenen demokratischen Gesellschaften die Religionskritik notwendig war und für deren Erhalt auch weiterhin notwendig sein wird.

Verlorengegangen sind allerdings in dem Maße, wie Aufklärung und kritische Theologie fortgeschritten sind, die ehemals mit den Religionen verbundenen dogmatischen, jenseitig und metaphysisch geprägten Welt- und Gottesbilder, die zu glauben für das Seelenheil notwendig waren. Dieser Prozess der wissenschaftsorientierten Entzauberung führte in aufgeklärten Gesellschaften wie der Bundesrepublik Deutschland zur Bildung neuer religiöser Ersatzformen. Anton Grabner-Haider spricht in diesem Zusammenhang von einer in der westlichen Welt zu beobachtenden „Dispersion" religiöser Energien in ganz unterschiedliche, an und für sich profane Lebensbereiche wie Wirtschaft, Politik, Kunst, Wissenschaft oder Sport.[69] Deutlich zeigt sich dies beispielsweise im Bereich des Fußballs, wo Spieler wie Götter verehrt werden. Ebenso im Bereich der populären Musik, wo in der Jugendkultur ebenfalls eine Art religiöse Verehrung musikalischer Idole stattfindet. Diese Bereiche stellen die heutigen kompensatorischen Formen religiöser Verehrung in weiten Teilen der säkularen europäischen Gesellschaften dar. Die alten Lehren und Normen der Religionen werden immer weniger akzeptiert, was Umfragen belegen. Gleichzeitig aber werden die von den Religionen geschaffenen Kulturwerte wie Baukunst, Musik, Malerei durchaus geschätzt und erhalten. Der damit verbundene Bedeutungsverlust des christlichen Glaubens und dessen Werte wird dabei von konservativen Christen als Ursache für den vermeintlichen moralischen Verfall der Gesellschaft gesehen. Was dabei allerdings übersehen wird, ist die Tatsache, dass moralische Grundwerte für das gelingende Zusammenleben durch die kulturelle Evolution schon lange vor und auch außerhalb des Christentums entstanden sind, also keineswegs ein christliches oder göttliches Patent besitzen. Die kulturübergreifenden moralischen Grundkonstanten wie beispielsweise das Verbot nicht zu töten oder zu stehlen existieren in allen menschlichen Kulturen und sind in ihrer Entstehungsgeschichte weitaus älter als die heutigen rezenten Religionen. So etwas wie ein moralanaloges Verhalten gibt es nachweislich sogar schon bei intelligenten Tieren. Jedenfalls ist die kulturelle Evolution und die damit verbundene Herausbildung von moralischen Verhaltensweisen und ethischen Normen in engem Zusammenhang mit der biologischen Natur des Homo sapiens zu sehen, die weitaus älter ist als die heutigen Weltreligionen. Dabei wurden Handlungen und Verhaltensweisen, die dem Zusammenleben und dem Überleben dienen, im Laufe der Menschheitsgeschichte zu Verhaltensregeln und gesetzlichen Normen transformiert. Gesetze sind somit geronnene Moral, die dann göttlich legitimiert wurden, um deren Bedeutung und Akzeptanz zu stärken. Mit der Entstehung der Religionen wurden die soziobiologisch begründbaren archaischen Stammesregeln wie das auf die eigene Gruppe bezogene Tötungsverbot, das Inzestverbot oder das Verbot zu stehlen, zu unhinterfragbaren göttlichen Geboten des gesellschaftlichen Zusammenlebens erhoben, von deren Einhaltung bis heute auch das Wohl und Wehe der Menschen im Jenseits abhängen soll.

Von diesen alten stammesgeschichtlichen Verhaltensregeln über deren religiöse Adaption bis hin zu den heutigen Menschenrechten war es ein langer Weg. Die Frage, die sich uns nun an dieser Stelle stellt, ist die, ob die heutigen Auffassungen von der Würde des Menschen und der darauf sich gründenden Menschenrechte sich auf diese religiösen, insbesondere christlichen Werte zurückführen lassen, oder ob sie erst gegen sie durchgesetzt werden mussten. Wenn also, wie noch anhand von Zahlen und Statistiken darzulegen sein wird, zentrale Glaubensinhalte des Christentums durch die kritische Theologie massiv in Frage gestellt werden und selbst von vielen Christen nicht mehr geglaubt werden, bleibt dann am Ende von den Religionen wenigstens ein berechtigter gesellschaftlicher Nutzen übrig, der den von den Kirchen für sich proklamierten ethisch-moralischen Führungsanspruch rechtfertigt? Diese Frage ist deshalb von Bedeutung, weil mit dem Anspruch der Kirchen, noch immer die höchste und maßgebliche ethisch-moralische Instanz in der bundesdeutschen Gesellschaft zu sein, ihre im zweiten Teil des Buches im Mittelpunkt stehende Rechtfertigung der von der Politik gewährten Privilegien verbunden ist. Somit wenden wir uns nun von der kritischen Infragestellung der inhaltlichen Berechtigung religiöser Glaubensansprüche hin zu der Hinterfragung des ethisch-moralischen Führungsanspruchs religiöser Institutionen, insbesondere der beiden großen christlichen Volkskirchen in der BRD. Es wird zu klären sein, inwieweit auch hier Anspruch und Wirklichkeit auseinanderklaffen.

2. Woher stammen unsere heutigen „westlichen" Werte wie die Menschenrechte und die Würde des Menschen wirklich?

Die argumentative Grundlage für die noch aufzuzeigende Privilegierung der großen Volkskirchen durch den Staat besteht in der Hervorhebung des gesellschaftlichen Nutzens der Kirchen aufgrund ihrer ethisch-moralischen Vorbildfunktion. Ob dieses Argument zutreffend ist und somit auch die damit verbundenen zahlreichen und sehr weit gehenden Privilegierungen der Volkskirchen durch den Staat gerechtfertigt ist, das soll an dieser Stelle nun näher untersucht werden.
Schon Aufklärer wie Kant und Fichte meinten, dass die moralische und ethische Funktion die allein maßgebliche Bedeutung der Religion sei und alles andere darum herum,

also die Wundergeschichten, Dogmen und Vergöttlichungen ihrer Stifter, letztlich nur als unbedeutendes offenbarungstheologisches Beiwerk zu werten sei. Auch Jesus predigte eine revolutionäre Ethik der Nächstenliebe und Vergebung. Er rief zur Umkehr auf, weil er noch vom unmittelbar bevorstehenden Einbrechen des Reiches Gottes überzeugt war und er glaubte, damit möglichst viele Menschen erretten zu können. Wie wir heute wissen, ist das von ihm noch zu seinen Lebzeiten erwartete Reich Gottes nicht gekommen, dafür aber die Kirchen. Somit beruht die viel zitierte „christliche Ethik" auf einem bedeutungsvollen Irrtum ihres Gründers. Bestandteil dieser Ethik ist aber auch, dass Jesus keine Skrupel hatte, all denjenigen, die ihm und seiner Botschaft des unmittelbar bevorstehenden Reich Gottes keinen Glauben schenken wollten, die ewige Verdammnis unter Heulen und Zähneklappern anzudrohen. Man muss sich unter ethischen und psychologischen Aspekten vergegenwärtigen, was es heißt, Menschen ewige Höllenqualen anzutun, deren schlimmstes Verbrechen darin besteht, dass sie nicht an einen der in antiker Zeit zahlreich propagierten Göttersöhne und kurz bevorstehenden Gottesreiche glauben. Aufklärer wie Kant mögen durchaus Recht haben, wenn sie den Wert der Religionen alleine in ihrer ethischen Wirkung auf die Menschen beurteilen, aber ist die christliche Ethik wirklich so hoch stehend, wie sie immer propagiert wird, wenn sie wie beispielsweise bei Mk 16,16 oder 9,42-48 allen anders- und ungläubigen Menschen ewige Höllenqualen androht? Unter heutigen Maßstäben ist das vermeintliche Vergehen, also der Nicht-Glaube, und die damit verbundene ewige Strafe als völlig unverhältnismäßig zu werten und eben kein Zeugnis von absoluter Menschenliebe. Diese Androhung widerspricht auch dem Geist der heutigen Menschenrechte und dem Grundrecht auf Religionsfreiheit. So gesehen ist die Auffassung, dass, wenn schon nicht mehr zentrale Glaubenswahrheiten des Christentums geglaubt werden können, dann jedoch zumindest die jesuanische Ethik eine unverzichtbare ethische Maxime unseres gesellschaftlichen Zusammenhaltes darstellt, unter humanistischen Gesichtspunkten nicht nachvollziehbar. Davon abgesehen ist auch gar nicht so klar, was genau die spezifisch christlichen Werte sein sollen, die nur im Christentum und in keiner anderen Religion zum Ausdruck kommen. Im Gegensatz zu den heutigen Menschenrechten besaßen die auf die Bibel zurückzuführenden ethischen Maximen auch gar keine universelle Gültigkeit. So bezogen sich im Judentum, Christentum oder Islam Begriffe wie Nächstenliebe, Tötungsverbot, Eigentum, Erlösung und Paradies nur auf die Angehörigen der eigenen Glaubensgemeinschaft, während es gegenüber anderen feindlichen sozialen und religiösen Gemeinschaften sogar ein Tötungsgebot gab. Im Gegensatz dazu dienen die säkularen Menschenrechte keiner Unterwerfung unter Götter oder theokratische Strukturen, sondern verfolgen den humanistischen Zweck, für ein nicht göttlich, sondern rational begründetes Optimum an Freiheit und Gerechtigkeit zu sorgen. Als Beispiele für die wichtigsten Menschenrechte wären hier zu nennen: Menschenwürde; Recht auf Leben, Freiheit und Sicherheit; Verbot der Sklaverei; Verbot der Folter; Gleichheit vor dem Gesetz; Verbot der willkürlichen Verhaftung; rechtsstaatliche Garantien wie Unschuldsvermutung oder keine Strafe ohne Gesetz; Schutz der Privatsphäre; Freizügigkeit; Asylrecht; Staatsangehörigkeit; Eheschließung, Schutz der Familie; Eigentum; Religionsfreiheit; freie Meinungsäußerung; Versammlungs- und Vereinigungsfreiheit u.v.m. Diese freiheitlichen Werte lassen sich in den Heiligen Schriften mit dieser universellen, für alle Menschen (egal welchen Glaubens) gültigen Bedeutung noch nicht finden.

Selbst Werte wie „Toleranz" oder „Gleichheit" waren in der Geschichte der monotheistischen Religionen wenn, dann nur sehr bescheiden ausgeprägt. Zwar wird heute vielfach der Protestantismus als tolerant empfunden, was aber nur daran liegt, dass er selbst die Aufklärung durchlaufen musste und von dieser den Wert der Toleranz erst übernommen hat - mehr oder weniger. Vorher wurde Toleranz als Verrat an dem eigenen, freilich immer wahren Glauben gebrandmarkt und entsprechend sanktioniert. Auch das Gleichheitsprinzip ist kein Erbe des Christentums. Denn Jahrhunderte lang ging es darum, die bestehende gesellschaftliche Ordnung und deren ungleiche Besitzverhältnisse als göttliche Fügung zu rechtfertigen. Jeder sollte in dem Stande bleiben, in den ihn Gott versetzt hatte, wie schon Paulus lehrte. Die Meinungsfreiheit musste ebenfalls gegen den Willen der Kirchen durchgesetzt werden, denn Meinungsfreiheit bedeutet auch Religionsfreiheit und Religionskritik. In den meisten islamischen Ländern existiert sie, wie auch die anderen hier aufgeführten freiheitlichen Werte, heute noch immer nicht. Der Freiheitsbegriff ist somit also kein spezifisch jüdischer, christlicher oder islamischer Wert, denn er beinhaltet die Möglichkeit, sich gegen Gott und die Geistlichkeit zu stellen. Auch Luthers Vorstellung von Freiheit war nur eine religiös gedachte und sehr eingeschränkte, da sie nur die Freiheit seiner Sicht des Glaubens beinhaltet, während er kein Problem damit hatte, Andersgläubige als Antichristen zu verdammen. Dennoch muss aus historischen Gründen anerkannt werden, dass dessen dualistische Zwei-Reiche-Lehre, welche als theologische Gesellschaftstheorie die Trennung von geistlichem und weltlichem Bereich propagiert, ein wesentlicher Beitrag für die von da an beginnende Säkularisation darstellt.

Im Folgenden soll dargelegt werden, dass die von christlichen Theologen gerne behauptete These, die zehn Gebote und die darauf sich gründende christliche Ethik seien die Grundlage der heutigen Menschenrechte, nicht berechtigt ist. Grundsätzlich handelt es sich beim alttestamentarischen Dekalog im Gegensatz zu den Menschenrechten um Weisungen Gottes oder besser der Priesterschaft, zur Errichtung einer hierarchischen Ordnung, welche keine individuellen Freiheiten schaffen, sondern sie einschränken. Völlig im Gegensatz dazu stehen die Freiheitsrechte der Bürger, die sie gegen die Willkür der Herrschenden, egal ob weltlicher oder religiöser Natur, schützen. Wenn sich die

Menschenwürde oder die Menschenrechte von den zehn Geboten als deren Wurzel ableiten ließen, dann müsste auch die Frage gestellt werden, warum sie dann in einem langen und erbittert geführten Kulturkampf während der Aufklärung den Kirchen erst abgetrotzt werden mussten. Bis zum 2. Vatikanischen Konzil 1965 hat die katholische Kirche sich gegen die Menschenrechte gesträubt und die Europäische Menschenrechtskonvention bis heute nicht ratifiziert. Natürlich galten die zehn Gebote ursprünglich auch nur für die Juden und nicht universal für andere Völker. Sie durften bzw. mussten sogar, wenn Gott es befohlen hatte, vertrieben, ausgerottet, versklavt, bestohlen oder getötet werden. Das lässt sich anhand vieler Bibelstellen belegen. (3 Mos 25:44; Hosea 13:16; 2 Mose Ex:34:12). Auch dies ein klarer Hinweis darauf, dass die Menschenrechte sich nicht aus der Bibel ableiten lassen.

Schon das erste Gebot, „Du sollst keine anderen Götter neben mir haben", widerspricht dem Menschenrecht der Religions- und Weltanschauungsfreiheit. Diesem entsprechend darf jeder an so viele Götter glauben wie er will, oder eben auch an gar keine. Nebenbei ist das erste Gebot auch ein klarer Hinweis darauf, dass man in babylonischer Zeit noch ganz selbstverständlich an die Existenz weiterer Götter glaubte, die von anderen Völkern verehrt wurden. Sie durften von den Juden nur nicht verehrt werden, weil Jahwe als eifersüchtiger Gott sein Volk ansonsten dafür hart bestraft hätte. Wer sich dennoch dazu verleiten ließ fremde Götter anzubeten, wurde mit Sippenstrafen bedroht, was ebenfalls nicht mit den Menschenrechten vereinbar ist. (Denn ich, der Herr, dein Gott, bin ein eifriger Gott, der da heimsucht der Väter Missetat an den Kindern bis in das dritte und vierte Glied, die mich hassen." 2. Mose 20,5) Etwas Ähnliches gilt auch für das Bilderverbot („Du sollst dir kein Bildnis machen).[70] Auch dieses Gebot würde heute der Gedanken- und Kunstfreiheit widersprechen und ist somit freiheitseinschränkend und nicht freiheitsförderlich wie die Menschenrechte.

In welcher Weise das zweite Gebot, das Namensmissbrauchsverbot, eine Wurzel für die

Menschenrechte sein könnte, erschließt sich ebenfalls nicht. Schon gar nicht wenn darauf die Todesstrafe durch Steinigung angesetzt wird (3. Mose 24, 16) Auch dieses Gebot ist freiheitseinschränkend, denn es widerspricht dem Grundrecht der Meinungsfreiheit.

Das dritte Gebot, das Sabbatgebot mit seinen sehr strengen Reglementierungen, kann aus heutiger Sicht in seiner ursprünglichen Form ebenfalls nur als Einschränkung von Freiheiten gedeutet werden. Wer gegen diese Verbot verstieß, wurde ebenfalls mit der Steinigung bedroht. Die Sabbatregelung wurde nach dem Vorbild der Schöpfung eingerichtet, weil Gott dabei am siebten Tage geruht haben soll. Inzwischen hat sich glücklicherweise herumgesprochen, dass die Entstehung der Welt etwas länger als nur sieben Tage gedauert hat.

Das vierte Gebot, Vater und Mutter zu ehren, ist sicherlich gut gemeint, aber lässt sich dies gebieten? Heute dürfte man mehrheitlich der Auffassung sein, dass das Verhältnis zwischen Eltern und Kindern eher durch Fürsorge und Zuneigung geprägt wird als durch ein Gebot.

Das fünfte Gebot, „Du sollst nicht töten", ist natürlich die ethische Grundlage jeder funktionierenden Gesellschaft und somit keineswegs nur im jüdisch-christlichen Kulturkreis anzutreffen. Spezifisch jüdisch ist allerdings, dass Jahwe geboten hat, es schon wegen relativ geringer Vergehen auszuhebeln. So beispielsweise für Leute, die fluchen, für Ehebruch, für Menschen, die am Sabbat Holz einsammeln, für ungehorsame Söhne, für homosexuelle Betätigungen oder für die Eroberungskriege. Ob das biblische Tötungsverbot im Gesamtkontext gesehen somit ein Vorbild für die Menschenrechte sein konnte, bleibt also ebenfalls zweifelhaft.

Auch das sechste Gebot, die Ehe nicht zu brechen, mag durchaus einen gewissen biologischen, psychologischen oder soziologischen Sinn haben. Aber es mit dem Tod bzw. der Steinigung zu bestrafen, ist durch kein Menschenrecht gedeckt. Auch gibt es kein Menschenrecht, das mit dem Anspruch verknüpft ist, dass der Ehepartner bis zum Lebensende monogam die Treue zu halten hat. Dies ist eine

Übereinkunft, die die Intimsphäre von Menschen betrifft und außerhalb jeglicher religiösen oder staatlichen Wertung stehen sollte.

Mit dem siebten Gebot, „Du sollst nicht stehlen", verhält es sich ähnlich wie mit dem Tötungsverbot. Auch dieses Verbot ist in fast allen Kulturkreisen anzufinden und dient dem sozialen Zusammenhalt. Wie das Tötungsverbot hat auch dieses Gebot außerhalb der eigenen Gruppe wenig bis keine Bedeutung mehr, denn selbstverständlich sind damit nicht Raubzüge gegen andere Stämme und Völker gemeint. Raub und Diebstahl zum Nutzen des Staates oder der Priesterschaft bzw. der Kirchen wurde von je her göttlich legitimiert. "Alle Menschen und das ganze Vieh, das sie erbeutet und geraubt hatten, nahmen sie mit. Sie brachten die Gefangenen und die geraubte Beute zu Mose, zum Priester Eleasar und zur Gemeinde der Israeliten in das Lager in den Steppen von Moab am Jordan bei Jericho." (4 Mose 31).

Das achte Gebot, kein falsches Zeugnis wider deinen Nächsten zu reden, ist durchaus als hohes ethisches Gebot zu akzeptieren. Aber auch hier gilt, wie beim Verbot zu töten, zu stehlen oder die Ehe zu brechen, dass es sich um überkulturelle ethische Grundkonstanten handelt, die es in fast allen archaischen Kulturen gegeben hat und es somit ebenfalls keine spezifisch biblische Exklusivität besitzt.

Das Gleiche gilt auch für das neunte und zehnte Gebot, die man vom übergeordneten Sinn als ein Gebot betrachten kann. Es ist das Begehrensverbot „Lass dich nicht gelüsten deines Nächsten Hauses" (neuntes Gebot) und „Lass dich nicht gelüsten deines Nächsten Weibes, noch seines Knechtes noch seiner Magd, noch seines Ochsen noch seines Esels, noch alles, was dein Nächster hat" (zehntes Gebot).

Natürlich handelt es sich bei den Zehn Geboten nicht wirklich um göttliche Gebote, sondern um eine von Priestern in Jahrhunderten konstruierte und immer wieder modifizierte Zusammenfassung von in den Schriften bereits existierenden zahllosen Verhaltensregeln. Voraussetzung für die Einhaltung der Gebote ist dabei die Vorstellung eines strafenden Gottes.

Mit dieser wurde die Struktur Gott-Priesterschaft-Herrscher-Volk geschaffen und göttlich legitimiert. Anders als bei den Menschenrechten ging es also nicht darum, den Menschen größtmögliche Freiheiten zu gewähren, sondern sie mit den entsprechenden Strafandrohungen in Abhängigkeiten zu halten und die Privilegien der Herrschenden aufrecht zu erhalten. Damit wird deutlich, dass den Zehn Geboten im Vergleich zu den heutigen Menschenrechten, ein völlig anders geartetes Menschenbild zugrunde liegt, da hier nicht der Mensch das Maß aller Dinge ist, sondern er sich völlig dem einen wahren Gott bzw. der diesen proklamierenden Priesterschaft unterzuordnen hat. Nach dem ursprünglichen jüdischen, aber auch christlichen und islamischen Selbstverständnis hat ihr jeweiliger Gott sein Volk auserwählt und es somit über alle anderen Völker erhoben. Auch dieser exklusive Erwähltheitsgedanke ist den Menschenrechten völlig fremd, da diese die Gleichwertigkeit aller Menschen betonen. Nicht die Unterordnung und das Dienen eines Gottes, sondern das Streben nach irdischem Glück und Selbstbestimmung, ob mit oder ohne Gott, ist das Recht moderner und freier Menschen.

Ein weiteres theologisches Argument, mit dem die ethische Bedeutung heiliger Bücher hervorgehoben werden soll, betrifft die Ebenbildlichkeit Gottes zum Menschen. Diese haben wir schon aus paläoanthropologischer Sicht mit der Feststellung in Frage gestellt, dass sich im Laufe der Hominisation mehrere Menschenarten herausgebildet haben. Hier ist also schon die biblische Grundannahme falsch, dass es eine Ebenbildlichkeit mit Gott und „dem" Menschen gibt. Eine Ebenbildlichkeit Gottes mit mehreren Menschenarten ist aber weder so gemeint noch ist sie möglich. Die einzige Schlussfolgerung aus dieser wissenschaftlichen Erkenntnis kann nur sein, dass die These der Ebenbildlichkeit Gottes mit „dem" Menschen eine religiöse Fiktion ist, die der evolutionären Entstehung des Menschen über Jahrmillionen hinweg widerspricht. Da Gott in der Bibel sehr viele und sehr unterschiedliche Gesichter zeigt, wäre auch in diesem Zusammenhang die Frage zu stellen, welche Ebenbildlichkeit denn hier gemeint ist. Die des Gottes des Alten oder die des Gottes des Neuen Testaments? Wir erinnern uns an die grausamen Geschichten des Alten Testamentes, in denen Gott nicht davor zurückschreckte ganze Völker auszurotten und unschuldige Kinder zu töten. Wie sich davon irgend ein Menschenrecht ableiten lassen sollte, ist für den gesunden Menschenverstand ebenfalls unergründlich. Und wie sind die unterschiedlichen Geschlechter von Mann und Frau mit der Ebenbildlichkeit Gottes vereinbar? War Gott Mann oder Frau? Im Zusammenhang mit der Behauptung, die Menschenrechte hätten ihre Wurzel bereits in den Heiligen Schriften, muss auch die Frage erlaubt sein, weshalb die Frau in den abrahamitischen Religionen als minderwertigeres oder zumindest nicht gleichberechtigtes Wesen betrachtet wurde. Warum musste die Gleichwertigkeit von Mann und Frau erst gegen die Auffassung der Kirchen durchgesetzt werden? Warum dürfen Frauen in vielen Religionen noch immer keine priesterlichen Funktionen ausüben? In vielen monotheistischen und gleichzeitig patriarchischen Religionen ist das heute noch immer der Fall. Was hat es mit der Ebenbildlichkeit Gottes auf sich, wenn die Kirchen im Gegensatz zu dieser Lehre schon immer sehr folgenreich zwischen Christen, Häretikern, Nichtchristen, Männern und Frauen unterschieden haben? Die Kirchen förderten oder akzeptierten zumindest politische Ordnungen wie den Ständestaat, die absolutistische Monarchien und die Aristokratie ebenso wie die Sklaverei, den ausbeuterischen Kolonialismus und den Menschenhandel. Alle diese Formen widersprechen dem humanistischen Gedanken der Menschenwürde und dem Gleichheitsgedanken, für den es unerheblich ist, ob der Mensch nun gottgleich ist oder nicht.

Somit muss auch die Behauptung, die Menschenwürde sei schon in der biblischen Lehre von der Ebenbildlichkeit des Menschen zu Gott begründet, als höchst zweifelhaft gewertet werden. Ebenso der Anspruch des Christentums, diese in seiner zweitausendjährigen Geschichte hervorgebracht oder gefördert zu haben. Nicht das Christentum, sondern Cicero scheint erstmalig mit der „dignitas hominis" über die in der Antike verbreitete Vorstellung hinausgegangen zu sein, die Würde des Menschen sei ein Status, der auf Rang und Verdienst beruhe. Cicero spricht sie jedem Menschen gleichermaßen zu aus dem einfachen Grunde, weil er Mensch ist. Diesem stoischen Begriff der „Menschenwürde" schloss sich das Christentum erst im 7./8. Jahrhundert an. Zwar ging es schon von seinen Anfängen von der Gottebenbildlichkeit des Menschen aus, aber diese vermeintliche Sonderstellung des Menschen innerhalb des Kosmos und unter allen Geschöpfen der Erde beinhaltete - wie eben dargelegt - noch nicht die gleiche Würde aller Menschen untereinander. Noch im Neuen Testament werden die Sklaven[71] zum Gehorsam gegenüber ihren Herren aufgefordert (Eph 6,5ff) und in der Theologie herrschen noch viele Jahrhunderte Vorstellungen von Würdehierarchien, die im Zusammenhang von Verdienst und Würde stehen.

Papst Pius VI. (1717 bis 1799) bezeichnete die französische Menschenrechtserklärung von 1789 als „Teufelswerk" und als fundamentalen Irrtum, der nicht nur der Heiligen Schrift, sondern auch der Vernunft widerspricht. Pius IX. (1792 bis 1878) nannte noch 1864 die Gewissens- und Religionsfreiheit für alle Menschen einen Wahnsinn und die Rede- und Pressefreiheit galten ihm als Freiheiten des Verderbens. In seiner Enzyklika „Libertas praestantissimum donum" von 1888 sprach sich Papst Leo XIII. explizit gegen die Gedanken-, Rede,- Lehr- und Religionsfreiheit aus. Nachweislich herrschte somit bis ins 20. Jahrhundert hinein in der katholischen wie auch in den protestantischen Kirchen eine tiefe Ablehnung gegenüber der modernen Menschenrechtsidee und dem damit verbundenen liberalen Freiheitsverständnis. Man erachtete sie als nicht kompatibel mit der Sündhaftigkeit des Menschen und der gottgegebenen Schöpfungsordnung. Der in Würzburg lehrende Rechtsphilosoph und Strafrechtler Eric Hilgendorf verweist darauf, dass die für offene Gesellschaft zentralen Menschenrechte (insbesondere die Meinungs- und Religionsfreiheit) bis Mitte der 60er Jahre (bis zum zweiten Vatikanum) von den Kirchen aufs schärfste abgelehnt und erbittert bekämpft" wurden: "Zentrale humanitäre Werte der Moderne, wie Menschenwürde und Menschenrechte, mussten... gegen den erbitterten Widerstand der christlichen Religion(en) und vor allem ihrer offiziellen Repräsentanten durchgesetzt werden."[72]

2.1 Gibt es eine ethisch-moralische Notwendigkeit für eine staatliche Privilegierung der Religionen und Kirchen?

Eben weil die konkrete Durchsetzung von Menschenrechten und Menschenwürde im staatlich-politischen wie auch im gesellschaftlichen Bereich gegen den Widerstand der großen christlichen Kirchen erfolgte, handelt es sich im Gegensatz zur Auffassung Jürgen Habermas' eben nicht um eine „rettende Übersetzung" der christlichen Gottebenbildlichkeit in säkulare Gehalte. In Wirklichkeit verhielt es sich gerade umgekehrt, denn nicht das säkulare Recht hat von der christlichen Lehre profitiert, sondern die christliche Kirche und ihre Theologen haben aufgrund der Erfolgsgeschichte des Grundgesetzes den Gedanken der Menschenwürde verinnerlicht. Wir haben es dem Humanismus und der Aufklärung zu verdanken, dass dem Gottesrecht im Laufe der Jahrhunderte das Menschenrecht entgegengesetzt wurde. „Der christliche Glaube kann ungeachtet des wichtigen Beitrages und der Autorität der großen Kirchen... kein Träger- oder Deutungsmonopol für sich reklamieren. Geltung, Begründung und Wirksamkeit des Satzes von der Menschenwürde hängen nicht existentiell von ihm ab."[73] Wäre dieser Befund des Würzburger Rechtsphilosophen und Staatsrechtler Horst Dreier falsch, dann wäre schwerlich zu erklären, weshalb die Bedeutung der Menschenwürde in den letzten Jahrzehnten sich gesellschaftlich zunehmender Akzeptanz erfreut, während dagegen die Mitgliederzahl der christlichen Kirchen hierzulande massiv am Schwinden ist und die Kirchenbindung insgesamt stark nachlässt. Vielmehr müsste dann eine Parallelität zwischen dem Bedeutungsverlust der (christlichen)

Religion und dem Niedergang der Menschenwürde festzustellen sein, das Gegenteil ist jedoch der Fall. Natürlich sollen und dürfen religiöse Menschen ihre Glaubensauffassung im Rahmen der Meinungsfreiheit öffentlich äußern und vertreten, sie aber nicht im Rahmen der Glaubensfreiheit durchsetzen. So verstanden würden wir Habermas durchaus zustimmen. Allerdings setzt dies eine hinreichende aufklärerische Homogenität der Bürger und die politische Irrelevanz der Religionen voraus. Das Nichtvorhandensein bzw. die fehlende Akzeptanz dieser wesentlichen Voraussetzungen bei vielen Muslimen übersieht dabei Habermas leider.

Um es also noch einmal deutlich entgegen den Behauptungen zahlreicher Sonntags- und Politikerreden zusammenzufassen: Die freiheitlichen Werte, auf denen die offenen demokratischen westlichen Gesellschaften basieren, sind in erster Linie der Aufklärung und somit der Überwindung vieler Jahrhunderte andauernder mehr oder weniger religiös dominierter Herrschaftsformen und deren Welt- und Gottesbild zu verdanken. Die Menschenrechte ebenso wie die Idee einer freiheitlichen Demokratie sind kritischen Geistern wie Samuel Pufendorf, John Locke, Charles de Montesquieu, David Hume, Thomas Jefferson, Voltaire, Rousseau, Kant u.v.a. zu verdanken. Mit ihnen wurden die Würde des Menschen, die Gewaltenteilung, die Religionskritik, die Frauenrechte, die Religions- Wissenschafts- und Meinungsfreiheit ermöglicht sowie die Abschaffung der Sklaverei, der Folter und der Todesstrafe (bis auf wenige Ausnahmen) vollzogen. Aus diesem Grunde gibt es aus Sicht der kritischen Philosophie keinen Grund, die christliche Religion politisch mit besonderen staatlichen Privilegien zu versehen. Weder hat sie historische Verdienste für diese freiheitlichen Werte vorzuweisen noch bedarf es ihrer für ein sittlich moralisches Zusammenleben. Im Gegenteil, es zeigt sich, dass sie selbst gegen ihren eigenen moralischen Codex immer und immer wieder auf das Schändlichste verstoßen hat. Für die Mehrheit der bundesdeutschen Bevölkerung besitzen die beiden großen

Volkskirchen längst keine Vorbildfunktion mehr. Laut einer Forsa-Studie aus dem Jahre 2020 gaben nur 36% der befragten Bundesbürger an der evangelischen Kirche zu vertrauen und nur mehr erschreckende 14% vertrauen noch der Katholischen Kirche.[74]

Noch einmal Horst Dreier: „Die Werteordnung des Grundgesetzes, Freiheit, Menschenwürde und universale Menschenrechte, beruht nicht auf religiösem Glauben, auch nicht auf spezifisch christlichen Werten, sondern auf der europäischen Aufklärung, welche sich wiederum aus der Tradition des Humanismus speist."[75] Insofern muss aus sowohl historischer Sicht als auch, was das gegenwärtige, von Skandalen geprägten Erscheinungsbild der Kirchen angeht, die in der Überschrift gestellte Frage, ob es wenigstens gerechtfertigt sei, religiösen Institutionen besondere und im Falle der Bundesrepublik zahlreiche und sehr weitreichende Privilegien zuzugestehen, um damit eine in ethisch-moralischer Hinsicht besseres Zusammenleben zu erreichen, eindeutig mit Nein beantwortet werden. Hierzu bedürfte es einer hohen ethisch-moralischen Akzeptanz und Vorbildfunktion, die die Religionsgemeinschaften aufgrund des Scheiterns an den eigenen Ansprüchen verspielt haben und somit in der Gesamtbevölkerung längst nicht mehr besitzen, auch wenn sie meinen, diese in einer gewissen Realitätsblindheit noch für sich in Anspruch nehmen zu können.

2.2 Zusammenfassung und Vorausschau

Bis hierher sollte deutlich gemacht werden sein, wie existentiell und wichtig Religionskritik und die Kritik an den religiösen Institutionen für freiheitliche und offene Gesellschaften letztlich sind. Dies lässt sich aus der Geschichte seit etwa dem Spätmittelalter klar ersehen. Die Entwicklung reicht von mittelalterlichen theokratischen Herrschaftsformen, die sowohl das individuelle als auch das gesellschaftliche Leben im Diesseits und im behaupteten Jenseits stark dominierten, bis hin zur Epoche der Aufklärung, in der diese Strukturen immer mehr in Frage und schließlich völlig aufgeweicht wurden. Die Freiheit und somit die Lebensqualität der Menschen haben dadurch bis heute immer mehr gewonnen. Heute sollte deshalb eine sachlich begründete Religionskritik kein Unterfangen mehr sein, für das man sich zu schämen bräuchte, sondern sie ist die praktische Anwendung der aufgeklärten, sich auf Verstand, Logik und Wissenschaften beziehenden kritischen Vernunft, mit der die empirisch nicht belegbaren, oft aller Vernunft widersprechenden metaphysischen Weltanschauungssysteme hinterfragt werden sollen. Aber es geht dabei nicht nur um die Hinterfragung der Inhalte jener Glaubenslehren, mehr noch geht es um die praktischen Auswirkungen, die sie für jeden Einzelnen als auch für die Gesellschaft mit sich bringen. Denn mit den Lehren über Sünde und der Erlösung nur für die Rechtgläubigen wurden die Menschen in einer bewussten Abhängigkeit gehalten, während die kirchlichen Institutionen davon mit immensen, auch finanziellen und machtpolitischen Vorteilen profitierten. Die Aufdeckung der mit den religiösen Systemen verbundenen Widersprüche und Fiktionen stärken dagegen die säkularen und humanistischen Strömungen, welchen wir unsere freiheitlichen demokratischen Staaten und Verfassungen zu verdanken haben und die für die Aufrechterhaltung jener freiheitlichen Errungenschaften existentiell notwendig sind. Unsere Kritik an den Religionen zum Zwecke der Begrenzung ihres gesellschaftlichen Einflusses basiert dabei auf drei unterschiedlichen Ebenen.

Erstens auf der inhaltlichen Ebene, womit der offenbarungstheologische und oftmals monopolistische Anspruch, etwas Verbindliches und Wahres über die Existenz und das Sosein Gottes auszusagen, hinterfragt wurde. Wir haben dargelegt, dass die in Heiligen Schriften erzählten Geschichten nicht auf göttlichen, sondern auf einen menschlichen Ursprung beruhen, also ein kulturgeschichtlich hinlänglich zu erklärendes Menschenwerk darstellen, das selbst der Evolution, und zwar der kulturellen Evolution, unterliegt. Es lassen sich hier die Einflüsse älterer Glaubensvorstellungen benachbarter Kulturen auch für die Entstehungsgeschichte des jüdischen Volkes und dessen Götterglaubens von einem ursprünglichen Polytheismus (Monolatrie) hin zum Eingottglauben nachweisen, die dann nach Jahrhunderte langer mündlicher Tradierung auch Eingang in das Alte Testament gefunden haben. Ein Prozess, der sich völlig profan und wissenschaftlich, ohne auf die Zusatzhypothese einer übernatürlichen Macht zurückgreifen zu müssen, plausibel begründen lässt. Etwas Ähnliches lässt sich auch über das Neue Testament sagen. Die darin enthaltenen Schriften lassen sich heute anhand der historisch-kritischen Methode ebenfalls nicht als historisch zuverlässige Erzählungen belegen, sondern sind als Glaubensschriften zu werten mit ebenfalls stark fiktivem Charakter, was an den zahlreichen, hier auch paradigmatisch dargelegten Widersprüchen und Ungereimtheiten seinen Ausdruck findet. Die sich daran anschließende theologische Ausdeutung der Heiligen Schriften und ihre Dogmengeschichte unterliegt ebenfalls starken menschlichen, nämlich politischen und zufälligen Einflüssen, welche aus dem ehemaligen rein monotheistischen Jahwe den trinitarischen Gott der Christen entstehen ließ.

Wenn nun aber die mit dem kritisch-wissenschaftlichen Blick auf die monotheistischen Religionen verbundene Plausibilität ihrer identitätsstiftenden Glaubenswahrheiten ein weites Stück entzaubert wurde, dann drängt sich die Frage auf, ob die religiösen Institutionen nicht wenigstens in ethisch-moralischer Hinsicht noch eine wichtige gesellschaftliche Funktion wahrnehmen können? Beispielsweise was das friedfertige und tolerante Zusammenleben für offene Gesellschaften angeht. Vielleicht liegt ja in der ethisch herausragenden Rolle der Religionen bzw. Kirchen eine Rechtfertigung dafür, sie von staatlicher Seite zu privilegieren und zu fördern? Dies wäre die zweite Ebene, auf der der ethisch-moralische Führungsanspruch der monotheistischen Religionen hinterfragt werden soll. Aber auch auf dieser ethisch-moralischen Ebene haben wir dargelegt, dass aufgrund der blutig verlaufenen Geschichte des Christentums wie auch des Judentums und des Islam, hierfür aus einer historisch-ganzheitlichen Sicht heraus gesehen keine Rechtfertigung besteht. Die monotheistischen Religionen sind, gemessen an ihren eigenen ethischen Ansprüchen, auch darin gescheitert. Um so mehr die Religionen und ihre Repräsentanten historisch gesehen das Sagen hatten, um so intoleranter, unfreier und unterdrückter waren meist auch die gesellschaftlichen Verhältnisse. Ganz abgesehen von den zahlreichen Verfolgungen und Kriegen, die von ihnen initiiert wurden. Heute dagegen, wo in modernen demokratischen Staaten mit ihren säkularen Verfassungen die Macht und der Einfluss der Religionen auf die Gesellschaft im historischen Vergleich gering sind, leben die Menschen weitgehend in Frieden, Freiheit und Wohlstand. Aufgrund dieser Sachverhalte können wir den Führungsanspruch in ethischen und moralischen Fragen, den religiöse Institutionen trotzdem immer noch für sich proklamieren, nicht als gerechtfertigt anerkennen. Doch noch verfehlt der Einfluss der Kirchen auf die Gesellschaft via Medien, Politik und Schule seine Wirkung nicht. Zwar glaubt ein Großteil der bundesdeutschen Bürger nicht mehr an essentielle religiöse Glaubensinhalte des Christentums, viele meinen aber immer noch, dass dieses als moralisches Regulativ für unsere Gesellschaft unverzichtbar sei. Die angebliche moralische Verrohung unserer Gesellschaft wird dann auch gerne von kirchennahen Kreisen mit dem Bedeutungsverlust des Christentums in unserer heutigen Gesellschaft begründet, obwohl uns die Geschichte etwas ganz anderes lehrt. Die These von der mit dem schwindenden Einfluss des Christentums korrelierenden moralischen Verfall, erscheint aber noch aus einem anderen Grund abwegig. Vor der Machtergreifung der Nationalsozialisten lebten in Deutschland fast ausschließlich nur Katholiken und Protestanten, die aufgrund ihrer im Vergleich zu heute deutlich stärker ausgeprägten Religiosität auch noch weitaus mehr unter dem Einfluss ihrer Kirche standen. Würde eine hohe christliche Religiosität tatsächlich vor moralischem Verfall schützen, dann hätte es auch nicht zur Machtergreifung Adolf Hitlers und zum Holocaust kommen dürfen. Im Gegenteil, die Judenfeindlichkeit des Neuen Testaments (die Juden als die Mörder Christi, wofür sie letztlich gar nichts konnten, da sie laut Neuem Testament von Gott dafür vorherbestimmt wurden) oder auch Martin Luthers Schriften, sie haben einen nicht unerheblichen Anteil an diesem unsäglichen Supergau der deutschen Geschichte. Folglich sollte es für liberale Gesellschaften und Staaten keine Veranlassung geben, Religionen in irgend einer Weise, sei es steuerrechtlich oder durch den Religionsunterricht an staatlichen Schulen, zu privilegieren, weil man sich damit in ethischer oder moralischer Hinsicht Vorteile für das gesellschaftliche Zusammenleben verspricht. Weitaus zeitgemäßer und sinnvoller wäre - auch aus religionssoziologischen bzw. demographischen Gründen - die Erziehung zum Verfassungspatriotismus, bei der die Grundprinzipien und die Akzeptanz des Grundgesetzes vermittelt werden. Es ist auch nicht zu erkennen, dass die anderen europäischen Ländern, in denen die christlichen Kirchen nicht diese immensen Privilegien genießen, wie sie diese vom bundesdeutschen Staat zugesprochen bekommen, in irgend einer Weise ethisch und moralisch als minderwertiger einzustufen seien. Insofern ist das Argument, die christlichen Kirchen bedürfen dieser staatlichen Privilegien aus gesellschaftlichen Gründen, um die ethisch-moralischen Werte aufrecht zu erhalten, wenig stichhaltig.

Die dritte Ebene unserer Religionskritik betrifft die religionssoziologische und demographische Situation in der BRD, mit der sich der folgende zweite Teil des Buches näher befassen wird. Im Gegensatz zur inhaltlichen und ethisch-moralischen Kritik an Religion und Kirche stellt die Darlegung der religionssoziologischen Veränderungen in der BRD seit der Entstehung des Grundgesetzes bis heute keine weltanschauliche Kritik dar, sondern beruht auf demographischen Zahlen und Fakten. Aus dieser Perspektive heraus gesehen erweist sich die besondere Förderung und Privilegierung der christlichen Kirchen in der BRD durch die

Politik und leider auch teilweise durch die Rechtsprechung als völlig überholt und unzeitgemäß. Anhand der vorliegenden Zahlen ist ersichtlich, dass sich unsere Gesellschaft - aufgrund von Zuwanderung, zunehmender Kirchenferne und einem unaufhaltsam voranschreitenden Säkularisierungsprozess - von einer zur Zeit der Entstehung des Grundgesetzes ehemals überwiegend christlichen zu einer heute multireligiösen und säkularen Gesellschaft gewandelt hat. Auf diese massive Veränderung hätte die Politik und die Gesetzgebung bei der Anwendung des Religionsverfassungsrechts zu reagieren. Die schon seit vielen Jahrzehnten bestehende staatliche Privilegierung der christlichen Kirchen ist somit nicht nur verfassungsrechtlich problematisch, sondern auch aufgrund der sich mittlerweile massiv geänderten gesellschaftlichen Verhältnisse nicht mehr hinnehmbar. Der damit in Zusammenhang stehende ohnehin fragwürdige Status der Kirchen als Körperschaften des öffentlichen Rechts erhält mit den religionssoziologischen Entwicklungen in der BRD, wozu auch der massive und anhaltende Mitgliederschwund der Volkskirchen gehört, noch weniger seine Berechtigung. Aber gerade christlich gesinnte Politiker und kirchenfreundliche (Verfassungs-)Richter tun sich sehr schwer mit der Anerkennung der im Laufe des gesellschaftlichen Wandlungsprozesses entstehenden neuen Realitäten.

Bis hierher also haben wir somit versucht, die Berechtigung und Notwendigkeit der Religionskritik für offene und demokratische Gesellschaften plausibel zu machen. Dies geschah auf drei Ebenen, nämlich erstens der inhaltlichen Hinterfragung der Plausibilität heiliger Schriften und der darauf sich gründenden religiösen Systeme auf Grundlage des modernen Erkenntnisstandes; zweitens der Hinterfragung des von Religionen und deren Institutionen beanspruchte ethisch-moralische Führungsanspruch mit seinen gesellschaftlichen Folgen und Einflussnahmen; sowie drittens die Hinterfragung der noch immer von staatlicher Seite den beiden großen christlichen Volkskirchen zugestandenen Privilegien, die es angesichts der ersten beiden Punkte, insbesondere aber aufgrund der demographischen bzw. religionssoziologischen Entwicklung in der BRD so nicht mehr geben dürfte. Im folgenden zweiten Teil wird deshalb die Unverhältnismäßigkeit und Berechtigung der Kirchenprivilegien in der BRD im einzelnen aufzuzeigen und zu hinterfragen sein. Insbesondere wird dabei die religionssoziologische und demographische Situation in der BRD als Grundlage zu berücksichtigen sein. Ebenso wird der Frage nachzugehen sein, ob und gegebenenfalls wieweit diese im Laufe der Geschichte der Bundesrepublik immer mehr zugestandene Sonderbehandlung der genannten Volkskirchen überhaupt verfassungskonform ist. Dabei werden wir zu dem Befund kommen, dass Verfassungsnorm und Rechtspraxis bezüglich des Religionsverfassungsrechts immer weit auseinanderfallen und dies einer dringenden, der Verfassung und den gesellschaftlichen Verhältnissen gerecht werdenden Korrektur bedarf.

TEIL 2

Staat, Religion und Gesellschaft.
Norm und Wirklichkeit des Religionsverfassungsrechts im Wandel der Zeit

3. Einleitung

Nachdem sich im ersten Teil des Buches die inhaltlichen und moralischen Ansprüche der Offenbarungsreligionen aus Sicht der wissenschaftsbasierten, nämlich theologisch, philosophisch und naturwissenschaftlich begründeten Religionskritik als problematisch erwiesen haben, geht es im nun folgenden zweiten Teil um eine kritische Evaluation des Verhältnisses von Staat, Gesellschaft und Religion in der BRD und zwar hinsichtlich des Religionsverfassungsrechts. Sowohl aus normativ-verfassungsrechtlicher Sicht als auch unter demographischen und religionssoziologischen Aspekten werden sich die damit verbundenen und historisch gewachsenen Konstellationen bei näherem Hinsehen auch als nicht mehr zeitgemäßen erweisen. Insofern verlagert sich jetzt die Kritik von den im ersten Teil dargelegten Argumenten gegen die transzendent begründeten Glaubens- und Wahrheitsansprüche der Religionen hin zu einer Kritik an den gegenwärtigen realpolitischen Gegebenheiten, die sowohl die von staatlicher Seite gewährten Kirchenprivilegien als auch den damit verbundenen Einfluss der Kirchen auf Staat, Politik, Gesellschaft und Medien betreffen. Die im zweiten Teil zentralen Fragen betreffen somit die verfassungsrechtlich festgeschriebene weltanschauliche Neutralität des Staates und ihre faktische Umsetzung durch die Politik und Rechtsprechung sowie die insbesondere den beiden christlichen Volkskirchen vom Staat zugestandenen Privilegien mit ihren weitreichenden Auswirkungen. Aufgrund der sich verändernden religionssoziologischen Gegebenheiten in einer zunehmend multireligiösen und dabei gleichzeitig auch säkularer werdenden Gesellschaft tritt noch ein weiterer sehr triftiger Grund hinzu, die alt eingefahrenen Strukturen zwischen Staat, Kirche und Gesellschaft zu hinterfragen und sie an die gesellschaftlichen Gegebenheiten anzupassen. Denn der große Einfluss, den die Kirchen auf Politik, Medien und Gesellschaft nach wie vor für sich beanspruchen, entspricht längst nicht mehr ihrer tatsächlichen gesellschaftlichen Bedeutung, was sich religionssoziologisch und demographisch belegen lässt. Mehr denn je scheint es deshalb erforderlich, die von der säkularen Verfassung vorgegebenen Gleichberechtigung aller Religions- und Glaubensgemeinschaften in der Rechts- und Lebenswirklichkeit, also in der praktischen Umsetzung durch Justiz und Politik, durchzusetzen und die Privilegierung christlicher Religionsgemeinschaften gegenüber anderen Religionsgemeinschaften, aber auch gegenüber humanistischen, agnostischen oder atheistischen Weltanschauungsgemeinschaften zu revidieren.

Während im Laizismus eine distanzierende Neutralität vorherrscht, bei der religiös-weltanschauliche Fragen ausgeklammert werden, stellt das Grundgesetz ein kooperatives Modell dar, indem beispielsweise Religionsunterricht an staatlichen Schulen erlaubt und gefördert wird. Allerdings gilt dabei immer, dass sich der Staat mit dieser „hinkenden Trennung" neutral verhalten muss und keine Religions- und Weltanschauungsgemeinschaften bevorzugen oder benachteiligen darf.[76] Mit diesem kooperativen Modell sind alle weltanschauliche Gemeinschaften den Geboten der Verfassungen gleichberechtigt unterworfen. Der zur Unparteilichkeit verpflichtete Staat darf sich also nicht mit einer bestimmten Religion oder Weltanschauung identifizieren und hat sich ebenso einer materiellen Wertung von religiösen Ansichten und Lehren zu enthalten. Damit verbunden ist das Verbot jeder institutionellen Verbindung zwischen „den Organen der öffentlichen Hand und den Religions- und Weltanschauungsgemeinschaften."[77] Die weltanschauliche

Neutralität (im Sinne von Nichteinmischung, Unparteilichkeit, Nichtidentifizierung) verbietet jede Diskriminierung und Privilegierung von religiösen oder weltanschaulichen Gemeinschaften und fordert die Nichteinmischung des Staates in Fragen des religiösen oder weltanschaulichen Bekenntnisses. Sie ergibt sich aus dem Grundgesetz, das dem Staat als Heimstatt aller Bürger weltanschauliche Neutralität auferlegt, und ist „in dem Verbot der Benachteiligung oder Bevorzugung wegen des Glaubens, der religiösen oder der politischen Anschauung (Art. 3 Abs. 3 GG), in der Glaubens-, Gewissens- und Bekenntnisfreiheit (Art. 4 Abs. 1 und 2 GG), der Sicherung des bekenntnisunabhängigen Zugangs zu öffentlichen Ämtern (Art. 33 Abs. 3 GG) und durch die staatskirchenrechtlichen Gewährleistungen des Art. 140 GG in Verbindung mit Art. 136 und 137 Weimarer Reichsverfassung [WRV] gewährleistet."[78] Da aber weder das Prinzip der Säkularität noch das Prinzip der religiösen und weltanschaulichen Neutralität explizit im Grundgesetz benannt ist, kommt es immer wieder zu Unklarheiten bezüglich seiner genauen Bedeutung und Herleitung. Allerdings liegt hierin auch eine für die Rechtsprechung relevante Interpretationsmöglichkeit und Chance, auf die gesellschaftlichen Entwicklungen reagieren zu können. Was also durch die Verfassungsinterpretation gegeben werden kann, kann durch diese auch bei sich ändernden gesellschaftlichen Verhältnissen wieder zurückgenommen werden.[79] Dies ist aufgrund der noch näher auszuführenden religionssoziologischen Entwicklung in der BRD auch dringend erforderlich.

Als ein an das moderne wissenschaftlich geprägte Weltbild angelehnter Freigeist mag man diese im Grundgesetz vorgesehene enge Kooperation zwischen Staat und Religions- und Weltanschauungsgemeinschaften zwar kritisieren, aber dennoch herrscht nun mal das säkulare Konkordanzsystem vor, das - im Gegensatz zu laizistischen Verfassungen - ein verfassungsrechtlich festgeschriebenes kirchenfreundliches Trennungsmodell darstellt und als solches hinzunehmen ist.

Allerdings gilt es auch, deren verfassungsgemäße neutrale Umsetzung in der Rechtspraxis einzufordern und womögliche Schieflagen und einseitige Bevorzugungen zu verhindern. Leider stimmen die Verfassungsgebote oft nicht mit der Rechtswirklichkeit überein, was auch Verfassungsrechtler beklagen und im Folgenden noch näher zu erörtern sein wird. De facto existiert nämlich trotz des religiös- weltanschaulichen Neutralitäts- Trennungs- und Gleichbehandlungsgebotes eine aus verfassungsrechtlicher Sicht problematische Bevorzugung religiöser, insbesondere christlicher Glaubensgemeinschaften vor humanistischen oder atheistischen Weltanschauungsgemeinschaften. Die staatliche Privilegierung gerade der beiden christlichen (noch) Volkskirchen ist nach unserer Auffassung weder inhaltlich (von ihren durch die wissenschaftliche Religionskritik negierten göttlichen Ansprüchen her gesehen) noch historisch (als Gegenpol zu den freiheitlichen demokratischen und säkularen Bestrebungen seit der Aufklärung) noch ethisch (aufgrund der historischen Faktenlage, was das Versagen der christlichen und anderen monotheistischen Religionen für Individuen, Gesellschaften und ganze Völker über viele Jahrhunderte hinweg angeht) noch demographisch (aufgrund einer multireligiöser und säkularer werdenden Gesellschaft) noch juristisch (durch das Neutralitäts- und Gleichbehandlungsgebot der Verfassung) gerechtfertigt.

Bevor wir auf die kritischen Punkte zum Verhältnis Staat und Religionsgemeinschaften näher eingehen, soll aber noch die religionssoziologische Faktenlage zur religiös- weltanschaulichen Situation in der BRD als realitätsbezogene Grundlage hierfür vorangestellt werden. Dies ist deshalb von Bedeutung, da hierbei deutlich wird, wie dramatisch sich die religiöse Struktur in unserem Lande in Richtung religiöse Pluralität und Säkularismus seit der Entstehung des Grundgesetzes verschoben hat.

3.1 Fakten zur religionssoziologischen Entwicklung in der BRD

Der gesellschaftliche und politische Einfluss der christlichen Kirchen in der Nachkriegszeit war in der BRD so ausgeprägt, dass er auch die moralischen Leitplanken für die Gesellschaft, Politik und Justiz setzte. Auch das Grundgesetz ist trotz des in ihm enthaltenen religiös- und weltanschaulichen Neutralitätsgebotes im Geiste dieser religionsfreundlichen Grundstimmung verfasst worden und am 24. Mai 1949 in Kraft getreten. Die Väter und Mütter des Grundgesetzes verknüpften damit die Hoffnung, dass im Geiste des Christentums sich die noch ganz frisch in der kollektiven Erinnerung befindlichen Grausamkeiten des Nationalsozialismus nie mehr wiederholen würden. Neben der massiven Einflussnahme der Kirchen war dies ein wesentlicher Grund für die Ablehnung eines laizistischen zugunsten eines zwar säkularen, aber dennoch sehr religionsfreundlichen und mit den Religionsgemeinschaften kooperativen Verfassungsmodells. In der Adenauerzeit herrschte bis weit danach in die 1970er Jahre hinein ein ausgesprochen konservativer Geist, der eng mit der Glaubenswelt und den Moralvorstellungen der christlichen Kirchen verknüpft war. Eine der größten moralischen Verfehlungen war nicht etwa (priesterlicher) Kindesmissbrauch, Gewalt in der Familie oder Vergewaltigung in der Ehe, sondern die Infragestellung der christlichen Kirchen in ihrer moralischen Integrität und in ihren Glaubensansprüchen. Religions- oder Kirchenkritik galt als etwas Verwerfliches und Anstößiges. Formal gehörten von 1950 bis 1970 in der BRD rund 95 Prozent der bundesdeutschen Bevölkerung den beiden großen Kirchen an. Entsprechend groß war natürlich auch ihr Einfluss auf die Gesellschaft, Politik, Justiz und Medien. Nun hat sich aber diese Dominanz und gesellschaftliche Prägung durch das Christentum bis heute dramatisch gewandelt und sie wandelt sich unaufhaltsam weiter. So hat sich zwischen 1956 und 2020 der Anteil der evangelischen Bevölkerung in Deutschland von

50,1 auf 24,9 Prozent halbiert. Der Anteil der katholischen Bevölkerung fiel von 45,9 auf 27,2 Prozent. Der Anteil der Muslime an der Gesamtbevölkerung beträgt mittlerweile ca. 5,5 Prozent und der der Konfessionslosen, die mittlerweile die größte Gruppe darstellen, 37,8 Prozent.[80]

Wenn sich die Zugehörigkeit zu einer religiösen Gemeinschaft nicht nur durch die Mitgliedszahlen, sondern durch den Glauben an deren zentrale und spezifische Glaubensüberzeugungen definiert, dann ist der Anteil der Christen in der bundesdeutschen Gesamtbevölkerung sogar noch weitaus geringer. Essentielle Glaubenswahrheiten wie Jesus ist der eingeborene Sohne Gottes, der als Erlöser der Menschen für deren Sünden gestorben und von den Toten auferstanden ist, werden - wie weiter unten dargelegt - heute selbst von vielen Kirchenmitgliedern nicht mehr geteilt. Auch an die Existenz eines persönlichen Gottes glauben einer Studie von Allbus von 2002 zur Folge nur noch 23,3 Prozent der Protestanten und 35,5 Prozent der Katholiken.[81] Was die grundsätzliche Bedeutung von Religion in der BRD anbelangt, also abgesehen von spezifischen Glaubensinhalten, so geht aus einer von der ARD 2017 veröffentlichten EMNID-Umfrage hervor, dass für 63 Prozent der Deutschen die Religion nur noch eine geringe bis gar keine Bedeutung mehr besitzt. Besonders wichtig für die existentielle und finanzielle Zukunft der Kirchen sind auch die Taufzahlen. Auch hier ist ein exorbitanter Rückgang zu verzeichnen. Im Jahr 2017 wurden weniger als 45 Prozent der Geborenen evangelisch oder katholisch getauft.[82] Korrelativ hierzu hat sich der Bevölkerungsanteil der konfessionsfreien Menschen bis heute fast verzehnfacht, von 3,9 Prozent im Jahr 1970 auf knapp 38 Prozent im Jahre 2019.[83] Laut der Freiburger Studie "Kirche im Umbruch – Projektion 2060" von Prof. Bernd Raffelhüschen (Mai 2019) wird sich der nun schon seit fünfzig Jahren anhaltende Trend des massiven Mitgliederschwundes bis zum Jahre 2060 fortsetzten und dazu führen, dass sich die Mitgliederzahl der Evangelischen wie der Katholischen Kirche in der BRD im Vergleich zu heute (2021) nochmals halbieren wird.[84] Die Zahl würde sich demnach von 21,5 Millionen Mitgliedern im Jahr 2017 auf 10,5 Millionen im Jahr 2060 reduzieren.[85]

Diese Zahlen sind nicht nur ein wichtiger Indikator für die Zukunft der Kirchen, sondern auch für deren sich auf demographischen Gegebenheiten stützenden gesellschaftlichen Bedeutung. Leider wird das Ausmaß dieser Entwicklung religionspolitisch, was das Religionsverfassungsrecht und die damit verbundene kirchliche Privilegierung angeht, von der Politik bewusst nicht zur Kenntnis genommen. Der damit dokumentierte dramatische religionssoziologische Wandel der BRD von einer in der Nachkriegszeit christlich dominierten hin zu einer heute überwiegend säkularisierten Gesellschaft wird von den christlich geprägten politischen Entscheidungsträgern schlichtweg verdrängt. Die kirchlichen Austrittszahlen wie auch die von verschiedenen Meinungsforschungsinstituten erhobenen Befragungen belegen eine weit verbreitete und zunehmende Kirchenferne und einen Vertrauensverlust, der dem nach wie vor erhobenen kirchlichen Anspruch, die maßgebliche und führende ethisch-moralische Rolle in der Gesellschaft zu spielen, deutlich widerspricht. Um so unbegreiflicher ist es, dass dennoch die (noch näher zu hinterfragende) staatliche Privilegierung der christlichen Volkskirchen nach wie vor aufrecht erhalten wird. Aber der immer noch vorhandene große Einfluss von Kirche und Religion auf Staat, Gesellschaft, Gesetzgebung, Schulen, Kindergärten, Medien usw. – und nur darum geht es hier, nicht um den privaten Bereich der Glaubensausübung – er gründet schon lange nicht mehr auf deren tatsächlicher gesellschaftlicher Bedeutung und wird es in Zukunft immer weniger tun. Dennoch schaffen es die Kirchen und ihre Lobbyisten genügend Einfluss auf die Politik auszuüben, um sich den Fortbestand ihrer zahlreichen Privilegien zu sichern. Noch funktionieren die hinter den Kulissen der Öffentlichkeit verlaufenden Netzwerke gegen alle demographischen Entwicklungen und verfassungsrechtlichen Bedenken. Die folgenden Zahlen sollen belegen, dass es auch aus demographischen Gründen keine Legitimität mehr gibt, die Privilegien, die christliche Religionsgemeinschaften gegenüber anderen Religions- und Weltanschauungsgemeinschaften bevorteilen, aufrecht zu erhalten.

3.2 Entwicklung der Religionszugehörigkeit seit 1950

Lag der Anteil der katholischen und evangelischen Christen zwischen 1950 und 1970 fast konstant bei rund 95 Prozent und der Anteil der Konfessionslosen bei vier Prozent, so begann diese christliche Dominanz spätestens seit Ende der 1980er sich aufzulösen. Der Wert verringerte sich zunächst um 10 Prozent auf nun 84,5 Prozent katholischer und evangelischer Christen, bei 11,4 Prozent Konfessionslosen und 2,7 Prozent Muslimen. Im Jahr 2004 waren es nur noch jeweils 31 Prozent evangelische und katholische Christen, 3,9 Prozent Muslime und 32,7 Prozent Konfessionslose als die nunmehr stärkste Gruppe.[86] Bis 2019 verstärkte sich diese Tendenz laut „fowid - Forschungsgruppe Weltanschauungen in Deutschland" noch mal bei nun 27 Prozent katholischen und 25 Prozent evangelischen Christen, also zusammen 52 Prozent. Die Zahl der Muslime stieg auf knapp über 5 Prozent und die der Konfessionslosen auf nun 38 Prozent. Die Mitgliederzahlen von 2019 betragen in absoluten Zahlen, bei einer Gesamtbevökerungszahl der BRD von 83.200.000: röm. kath. Kirche: 22.600.300; evang. Kirche: 20.713.200; konfessionsgebundene Muslime: 4.325.000; sonstige Religionszugehörige: 3.290.000; Konfessionsfreie/ohne Religion: 32.271.500. Hinzu kommen noch zahlreiche kleinere Religionsgemeinschaften, deren Anteil aber zusammen unter vier Prozent liegt: Sonstige Christen (Freikirchen, Neuapostolische Kirche, Zeugen Jehovas, Mennoniten) 1 Prozent; Orthodoxe Christen 2 Prozent; Sonstige Religiöse (Judentum 0,1 Prozent, Buddhisten 0,2 Prozent, Hinduisten 0,1 Prozent u.a.) 1 Prozent.[87]

Die Zahlen von 1950 bis heute belegen, dass sich in der BRD aus der ehemals religiös homogenen christlichen (evangelischen und katholischen) Bevölkerung eine kontinuierlich und zunehmend säkulare, aber auch in religiöse Splittergruppen aufgeteilte Gesellschaft entwickelt hat. Nach fowid (Forschung Weltanschauungen in Deutschland) setzte sich die bundesdeutsche Bevölkerung 1950 noch aus 50,6% evangelischen und 45,8% katholischen Christen zusammen. Insgesamt waren zu dieser Zeit also über 96% der Bevölkerung Christen. Diese Zahl nahm aber über die Jahrzehnte bis heute kontinuierlich ab. Waren es 1987 immerhin noch 41,6% Protestanten und 42,9% Katholiken, bei einem Anteil der Konfessionsfreien von 11,4%, so stellte 2004 die Gruppe der Konfessionsfreien mit 32,7% bereits die Majorität vor den Protestanten mit 31,0 und Katholiken mit 31,1 % dar.[88] Diese Tendenz entwickelte sich bis heute (2023) in die selbe Richtung weiter. So betrug 2018 der prozentuale Anteil an der Gesamtbevölkerung der BRD bei den Protestanten nur mehr 25,5%, bei den Katholiken 27,7%, bei den konfessionsgebundenen Muslimen 5,1% und bei den Konfessionsfreien 37,8%.[89]

3.3 Was glauben Katholiken und Protestanten?

Zwar scheint es gerade noch eine knappe formal-christliche Mehrheit (wenn man Protestanten und Katholiken zusammen zählt) in der BRD zu geben, aber dieser Schein trügt, da ein Großteil der Christen nur als sogenannte „Taufscheinchristen" betrachtet werden kann. Diese besitzen keine oder eine nur noch sehr schwache Glaubens- oder Kirchenbindung, zählen aber dennoch aufgrund der kurz nach ihrer Geburt ohne die Zustimmung ihres freien Willens vollzogenen Taufe formal als Christen. Das *IfD Allensbach* hat das *Apostolische Glaubensbekenntnis* in seine Komponenten unterteilt und dabei die zentralen christlichen Glaubensinhalte bei Katholiken und Protestanten abgefragt. Da die Befragung bereits 1989, also vor mehr als 30 Jahren vorgenommen wurde, ist aufgrund des allgemeinen Trends zur Kirchenferne davon auszugehen, dass sich die Zahlen bis heute noch einmal stark zu Ungunsten des Kirchenglaubens entwickelt haben.[90] Diese Zahlen belegen aber, dass der Anteil der tatsächlichen Glaubenschristen nochmals weiter unter dem der formalen Kirchenmitglieder, mit einem hohen Anteil an Taufscheinchristen liegt.

Laut dem apostolischen Glaubensbekenntnis glaubten 1989 von den Protestanten (und den Katholiken) 71,5% (83,7%) an Gott, an seine Allmacht nur 50,9% (62,6%). Dass er Himmel und Erde erschaffen hat glaubten 47,7% (58,7%), an Jesus als Gottes Sohn 52% (64,8%), an die Empfängnis durch den Hl. Geist 24% (35,4%), an die Jungfrauengeburt Marias 40,7% (51,4%). Dass Jesus von den Toten auferstanden ist glauben 35% (50,2%), dass er in den Himmel aufgefahren ist 37,1% (46,3%), dass er kommen wird, um zu richten 26,2% (43,3%), an die Auferstehung der Toten 28,1% (46,2%) und an ein ewiges Leben 28,9% 50,1%).[91]

Zudem ist noch einmal zu betonen, dass es sich bei diesen Zahlen nicht um die Gesamtbevölkerung handelt, sondern nur Katholiken und Protestanten hinsichtlich ihrer Zustimmung zum Glaubensbekenntnis befragt wurden. Die zentrale und dabei auch existentielle Aussage des Christentums, nämlich dass Jesus der Sohn Gottes ist, wird von 65 Prozent der Katholiken und 52 Prozent der evangelischen Christen geglaubt. Hierzu zählt auch die Kernaussage des Christentums, dass Jesus von den Toten auferstanden und in den Himmel aufgefahren ist. Hier liegt die Zustimmung bei den Katholiken noch bei 50,2 bzw. 46,3 Prozent und bei den Protestanten bei 35 bzw. 37,1 Prozent. Wer von den befragten Christen diesen fundamentalen christlichen Glaubensaussagen nicht zustimmen kann, mag zwar durchaus irgend einen Gottesglauben haben und auch formal noch der Kirche angehören, aber er ist eben kein Glaubenschrist mehr, da er an das, was das wesenhaft Christliche ausmacht, nicht glaubt. Schon für Paulus war der Auferstehungsglaube das Herzstück des christlichen Glaubens: „Ist aber Christus nicht auferstanden, so ist unsre Predigt vergeblich, so ist auch euer Glaube vergeblich" (1. Korinther 15).

Auch die Attribute, die Gottvater zugeschrieben werden und am Anfang des Glaubensbekenntnisses stehen, zeigen, dass diese ebenfalls lange nicht mehr von allen Christen geteilt werden. Diese Tendenz wird in einer Umfrage des „Spiegel" aus dem Jahre 2019 bestätigt. Selbst unter den Katholiken (77 Prozent) und den Protestanten (72 Prozent) glaubt demnach ein großer Teil nicht mehr an den biblischen, dreifaltigen Gott. Ähnliches gilt auch von Jesus, sofern er „in einer Person Gott und Mensch war." Auch dieser zentralen christlichen Glaubensessenz haben in dieser Spiegel-Umfrage nur 63 Prozent der Katholiken und 57 Prozent der Protestanten zustimmen können.[92] Aus den angeführten Erhebungen ist ersichtlich, dass Katholiken und Protestanten, die an Gott glauben, nicht unbedingt an den christlichen Gott glauben, ohne dass dies vielen von ihnen bewusst sein mag. Denn selbst zentrale und für den christlichen Glauben essentielle Glaubensgrundlagen werden von einem nicht unerheblichen Teil von ihnen nicht (mehr) geglaubt. Wenn man somit in der bundesdeutschen Gesellschaft die Bedeutung der Kirchen ermessen will, dann genügt es nicht nur deren schwindenden Mitgliederzahlen zu berücksichtigen, sondern auch die mehr oder weniger lose Bindung bzw. Identifizierung der noch formalen Mitglieder mit ihrer Kirche und deren inhaltlichen wie moralischen Ansprüchen.

3.4 Woran glaubt die Gesamtbevölkerung?

Nachdem wir bis hierher die Situation unter den Christen betrachtet haben, soll nun die Relation zwischen (christlicher) Religion bzw. Kirche und der gesamtdeutschen Bevölkerung, also auch unter Berücksichtigung der Nicht-Christen, ins Blickfeld gerückt werden. Hierzu eine Befragung der westdeutschen Gesamtbevölkerung aus dem Jahr 2012 vom

Institut für Demoskopie Allensbach.[93] Auch hier ist aufgrund der vermehrten Kirchenaustritte zu vermuten, dass sich diese Zahlen bis heute (2023) stark zu Ungunsten des Kirchenglaubens entwickelt haben.

Demnach glaubten 2012 von der Gesamtbevölkerung ab 16 Jahren 46% dass Jesus Gottes Sohn ist, 53% dass es eine überirdische Macht gibt, 54% dass es Schutzengel gibt, 32% glaubten nur noch an die Dreifaltigkeit Gottes, dass im Leben alles vorherbestimmt ist meinen 33%, dass es Wunder gibt 51% und 18% sind immerhin davon überzeugt, dass es die Wiedergeburt gibt. An das Jüngste Gericht glaubten nur noch 21%. Dagegen wird die Frage „Glauben Sie an einen Gott?", wenn sie nicht zwingend mit dem biblischen Schöpfergott konnotiert wird, traditionell mehrheitlich immer noch mit „Ja" beantwortet. Aber auch diese Zustimmung hat sich laut „fowid" von 2005 (66 Prozent „Ja") bis 2019 auf 55 Prozent verringert.[94]

Nach einer Emnid-Umfrage für das evangelische Magazin „chrismon" wurde im März 2004 repräsentativ gefragt, welcher Ansicht über die Auferstehung Jesus zugestimmt wird. Fast ein Drittel der Befragten (32 Prozent) stimmten mit der Ansicht überein, Jesus „sei im Herzen auferstanden," ungefähr ein Fünftel der Befragten (21 Prozent) stimmten der „leibhaftigen Auferstehung" zu, während weitere 16 % zustimmten, „nur seine Seele ist auferstanden". Für 11 % der Befragten ist Jesus tot, also ein Mensch, und für 10 % hat „Jesus nie gelebt". Aufgrund dieser für alle Christen zentralen Glaubensfrage zieht die Forschungsgruppe Weltanschauungen in Deutschland (fowid) das Fazit: „Es zeigt sich in verschiedenen Umfragen verschiedener Institute, dass der Anteil derjenigen, die nach dem Verständnis der Kirchen in Deutschland als Christen zu bezeichnen sind (Persönlicher Gott, leibhaftige Auferstehung, etc.), bei rund 20 % liegt."[95]

Eine noch allgemeinere Frage, nämlich die nach der Bedeutung von Religion, unabhängig von deren Inhalten und Konfessionen, stellte das Meinungsforschungsinstitut EMNID für eine Umfrage des ARD-Morgenmagazins im Juni 2017.

Gefragt wurde: „Welche Bedeutung haben Religion und Glauben für Sie?" Ergebnis: Eine sehr große Bedeutung 8%, eine große Bedeutung 29%, eine geringe Bedeutung 36%, gar keine Bedeutung 27%. Damit kann man das Ergebnis so zusammenfassen, dass für fast Zweidrittel der bundesdeutschen Bevölkerung im Jahre 2017 Glaube und Religion nur mehr eine geringe bis gar keine Bedeutung mehr besitzen.[96] Auch diese EMNID-Umfrage bestätigt somit den von uns dargelegten Trend zur Säkularisierung unserer Gesellschaft. Der Grund für die nun schon viele Jahrzehnte anhaltende und laut allen Prognosen auch in Zukunft noch andauernde Tendenz zur zunehmenden Kirchenferne liegt sicher auch, aber nicht nur, in den Kirchenskandalen, den Kindesmissbrauchsfällen, in dem mit dem Religionsgründer Jesus unvereinbare immense Reichtum der Kirchen an Immobilien und Geldern oder in der vom Staat eingezogenen Kirchensteuer. Ebenso muss davon ausgegangen werden, dass auch die im ersten Teil erwähnten Beispiele einer seit der Aufklärung praktizierten inhaltlichen und wissenschaftlich begründeten Kritik an den dadurch massiv in Zweifel gezogenen Glaubensgrundlagen wesentlich zu dem intellektuell begründeten Glaubwürdigkeitsverlust des christlichen Gottes- und Weltbildes beigetragen haben. Das heute weit verbreitete naturwissenschaftlich geprägte Weltbild besitzt eine sehr hohe Akzeptanz und Plausibilität, welches im Gegensatz zu den vorwissenschaftlichen religiösen Antworten auf Fragen bezüglich Welt, Natur, Leben und Menschsein ohne übernatürliche Erklärungen auskommt. Für den Mitgliederschwund sind laut dem Wissenschaftlichen Dienst des Deutschen Bundestages zudem höherer Wohlstand, Ausweitung des Freizeit- und Unterhaltungsangebots, Ausbau der sozialstaatlichen Sicherungssysteme, Urbanisierung, kulturelle Pluralisierung, aber eben auch höhere Bildung und die damit verbundene kritische Reflexionsfähigkeit verantwortlich.[97]

3.5 Zwischenfazit

Sollten sich diese Prognosen bestätigen und die demographische Grundlage der Kirchen in der BRD in den kommenden Jahren noch mehr einbrechen, dann kann erst recht nicht mehr deren Anspruch auf eine einflussreiche Rolle in Bezug auf Schulen, Bildung, Medien und Politik gerechtfertigt werden, ebenso wenig wie deren staatlichen Privilegien in ideeller und finanzieller Form. Über eine gerechte Verteilung des Einflusses der Weltanschauungs- und Religionsgemeinschaften auf diese Institutionen muss aufgrund der langanhaltenden Entwicklung dringend neu nachgedacht werden. „Das traditionell orientierte Staatskirchenrecht, das ganz überwiegend in enger Anlehnung an die katholische bzw. evangelische Kirche verharrt, ohne die Vielfalt der Religionen ernst zu nehmen," muss, so die Forderung des Würzburger Ordinarius für Strafrecht und Rechtstheorie, Eric Hilgendorf, geändert werden und der Schritt von einem Staatskirchenrecht hin zu einem "wissenschaftlich überzeugenden Religions- und Weltanschauungsrecht" vollzogen werden.[98] "Gesetze", so Hilgendorf, „werden in der Demokratie grundsätzlich durch Mehrheiten legitimiert, nicht durch ihre Übereinstimmung mit religiösen Lehren, und das staatliche Handeln ist an demokratisch erlassene Gesetze gebunden."[99] Der zentrale Punkt dabei ist der, dass das Grundgesetz "dem Staat als Heimstatt aller Staatsbürger... weltanschaulich-religiöse Neutralität auferlegt. Es verwehrt die Einführung staatskirchlicher Rechtsformen und untersagt... die Privilegierung bestimmter Bekenntnisse." (BverfGE 19, 206, 216) Die Rechtswirklichkeit allerdings – so Hilgendorf – sieht anders aus. Und genau darauf wollen wir hier aufmerksam machen, um ein Umdenken und auf einen sich aus den demographisch und religionssoziologisch erfassten Realitäten ergebenden Handlungsbedarf hinweisen.

4. Neutralität, Trennung und Gleichberechtigung. Defizite in der praktischen Umsetzung des Religionsverfassungsrechtes.

Auch wenn das Religionsverfassungsrecht durchaus ein religionsfreundliches kooperatives Trennungssystem von Religion und Staat darstellt, verpflichtet es den Staat und dessen Institutionen zur Neutralität gegenüber allen Religions- und Weltanschauungsgemeinschaften (RWG). Der Staat als „Heimstatt aller Bürger" muss in der Lage sein, sein Handeln, ohne Parteinahme für oder gegen irgend eine RWG rational zu rechtfertigen. Außerhalb seiner Basisregeln darf er keine spezielle (religiöse oder weltanschauliche) Ideologie fördern oder vertreten. Da verfassungsrechtlich nach Art. 137 I Weimarer Reichsverfassung (WRV) in Verbindung mit Art. 140 GG „keine Staatskirche besteht", sondern eine Trennung zwischen Staat und Religion, ist damit gleichzeitig auch eine neutrale Äquidistanz und prinzipielle Gleichbehandlung des Staates gegenüber allen RWG verbunden. Wenn es auch paradox klingen mag, aber mit der für die Freiheit notwendigen Säkularisierung des Staates, ist durchaus eine Wirkung verbunden, die letztlich allen Religionen begünstigend entgegenkommt. Ihnen wird nicht nur ein breiter Raum zur Entfaltung und sogar zur Einmischung in öffentliche Angelegenheiten gewährt, sondern zudem ist die religiöse Selbstbestimmung der Religionsgemeinschaften durch den Staat geschützt. Da dies aber in neutraler Weise für alle RWG zu gelten hat, ist die nach langen und schweren Kämpfen erreichte „politische Neutralisierung religiöser Wahrheitsansprüche"[100] eine wichtige Voraussetzung für deren friedliche Koexistenz. So weit, so gut. Wie aber sieht es nun in der politischen und juristischen Praxis aus, mit der der von der Verfassung gebotenen Neutralität, Gleichberechtigung und Trennung von Staat und Kirche?
Ein ausgewiesener Experte für das Religionsverfassungsrecht bzw. Religions- und Weltanschauungsrecht ist der ehemalige Verwaltungsrichter Gerhard Czermak. Dieser beklagt einen „fundamentalen Widerspruch" der Verfassungswirklichkeit zum

Grundgesetz, was die verfassungsrechtlich gebotene weltanschauliche Neutralität des Staates angeht.[101] Praktisch bedeutsam sind in diesem Zusammenhang die Themen Schulwesen, Kirchenfinanzierung, Sozialwesen und Arbeitsrecht in kirchlichen Einrichtungen, auf die wir weiter unten auch noch näher eingehen werden. Was die Auslegung des Grundgesetzes durch die Verfassungsrichter angeht, so verweist Czermak darauf, dass auch diese einer der gesellschaftlichen Entwicklung geschuldeten Dynamik unterliegt. Aufgrund der seit Bestehen der Verfassung stark veränderten demographischen und weltanschaulichen Situation müsste diesem Umstand also auch in der Rechtsprechung bezüglich des Religions- und Verfassungsrechts Rechnung getragen werden. Leider zeigt sich aber gerade hier insgesamt eine große Kirchenfreundlichkeit, was durchaus an der Kirchennähe vieler Juristen und einer damit mehr oder weniger latenten Befangenheit liegen könnte. Zumindest wäre dies eine mögliche Erklärung für den in der Gesellschaft und bei kritischen Geistern als immer größer und inakzeptabler empfundenen Hiatus zwischen Verfassungsrecht und Rechtspraxis. Denn wenn auch letztlich das Bundesverfassungsgericht über die richtige Auslegung des Grundgesetzes entscheidet, so dürfen massive gesellschaftliche und religionssoziologische Veränderungen keineswegs außer Acht gelassen werden. Zudem sind in einer Demokratie grundsätzlich nicht nur Juristen, sondern alle mündigen Bürger zu einer rechtlichen und kritischen Beurteilung gesellschaftsrelevanter Vorgänge berufen. „Fehlende gesellschaftliche Akzeptanz, bessere Gründe, oder geänderte Verhältnisse können das Bundesverfassungsgericht veranlassen, bei Gelegenheit seine Verfassungsauslegung zu ändern oder zu ergänzen, was laufend geschieht."[102] Und natürlich betrifft dies auch das Religionsverfassungsrecht und seine Umsetzung.

Dass das Bundesverfassungsgericht als richterlich höchste Instanz weder sakrosankt noch unfehlbar noch unwandelbar ist, sondern sehr wohl auch dem Zeitgeist unterliegt und sich dabei nicht immer vom Einfluss der Kirchen frei machen konnte, zeigt ein Beispiel aus dem Jahre 1957. Das oberste deutsche Gericht rechtfertigte damals noch die staatliche Schwulenverfolgung mit dem Argument, dass sie die „sittlichen Anschauungen des Volkes" schütze. Diese wurden dabei als zu schützendes Rechtsgut angeführt, die sich aus den Lehren der „beiden großen christlichen Konfessionen" ergäben.[103] Mit der selben Begründung hätte auch die Glaubenskongregation der katholischen Kirche darüber entscheiden können. Also ein klarer Verstoß gegen den Geist des religiös-weltanschaulichen Neutralitäts- und Trennungsgebotes des Grundgesetzes. Heute (2021) schützt das Verfassungsgericht die Homo-Ehe.

Dieses Beispiel soll deutlich machen, dass bei gleichlautender Verfassung sich die Sichtweise und Interpretation der Rechtsprechung bis ins Gegenteil hinein ändern kann. Gerade auch die Auslegung des Religions- und Weltanschauungsrecht ist von starken Emotionen, aber auch von mächtigen Interessenverbänden beeinflusst, was eine Erklärung dafür ist, warum die durch das Grundgesetz gebotene weltanschauliche Neutralität und Gleichbehandlung des Staates von der Rechtspraxis und den religionssoziologischen und säkularen gesellschaftlichen Verhältnissen abweicht. Dies darf aber natürlich nicht als Entschuldigung hierfür akzeptiert und hingenommen werden. Trotz der mit religiösen Fragen verbundenen hohen Emotionalität sind verfassungsrechtliche Vorgaben und essentielle gesellschaftliche Entwicklungen die Grundlage für eine zeitgemäße und adäquate Rechtsprechung.

Natürlich ist hierbei auch zu berücksichtigen, dass das säkulare Grundgesetz, das eine Trennung zwischen Staat und Kirche vorschreibt, im Gegensatz zu laizistischen Verfassungen (z.B. Frankreich) auch religionsfreundliche Bestimmungen enthält. Zu nennen wären hier der Religionsunterricht, die religiösen Privatschulen, das Steuererhebungsrecht, die Anstalts- und Militärseelsorge oder auch der Schutz von Sonn- und Feiertagen. Allerdings gelten diese nach dem Gleichheitsgrundsatz auch entsprechend für andere Weltanschauungsgemeinschften. „Jede Abweichung von der Rechtsgleichheit, auch bei der besonders problematischen kulturellen Förderung, bedürfte einer konkreten verfassungsrechtlichen Legitimierung."[104] Trotz der gegensätzlich anmutenden gleichzeitigen Trennung und Kooperation zwischen Staat und Religionsgemeinschaften, die dem Verfassungskompromiss von Weimar (SPD vs. Zentrumspartei) geschuldet ist, überwiegen aber die Elemente der Trennung gegenüber denen der Kooperation bei weitem. „Eingeschränkt ist das Trennungsgebot nur im Bildungswesen sowie bei der Steuererhebung hinsichtlich der Vollstreckung... Auch ist zu berücksichtigen, dass eine Kooperation allenfalls ausnahmsweise zugelassen, niemals aber geboten wird."[105] Das ist eine sehr wichtige Feststellung hinsichtlich der mit dem Körperschaftsstatus verbundenen, sehr umfänglichen und weitreichenden Privilegien, wie sie vor allem den beiden christlichen Volkskirchen zugestanden werden. Hierauf wird noch näher einzugehen sein.

4.1 Der christliche Gottesbezug in diversen Landesverfassungen

Viele Christen glauben, dass aufgrund der Nominatio Dei, also der Erwähnung Gottes in diversen Landesverfassungen und in der Präambel des Grundgesetzes, eine staatliche Privilegierung des Christentums gerechtfertigt wäre. Das GG ist jedoch pluralistisch und enthält sich jeglicher Beeinflussung, was politische, ideologische oder religiös-weltanschauliche Richtungen angeht. Es kennt nur seine eigenen tragenden Grundsätze wie Menschenwürde, Freiheits- und Gleichheitsrechte, Pluralismus oder Völkerfriede und beruht auf dem Verbot der Staatskirche, Art. 140 GG. Daran ändert auch der einzige Gottesbezug des Grundgesetzes in seiner Präambel nichts, wonach dieses im Bewusstsein der „Verantwortung vor Gott und Mensch" erlassen wurde. Das BVerfG hat auch noch nie aus der Nominatio Dei eine rechtliche Konsequenz gezogen, was auch widersprüchlich zu Art. 20 II 1 GG wäre, demnach nicht Gott, sondern das Volk der „Verfassungssouverän" ist. Vielmehr stellt der christliche Gottesbezug in manchen Länderverfassungen einen eindeutigen Widerspruch zu der vorgegebenen weltanschaulichen Neutralität dar, wie sie in der Bundesverfassung geboten ist. Da die Staatsverfassung aber ohnehin über den Länderverfassungen steht (Bundesrecht bricht Landesrecht), sollen die angeführten Beispiele als Beleg für diese Diskrepanz genügen. So ist nach Art.1 I BaWüVerf der Mensch dazu berufen, „seine Gaben... in der Erfüllung des christlichen Sittengesetzes... zu entfalten." Weder ist aber klar, was das „christliche Sittengesetz" genau sein soll, noch dürfen religiös motivierte ethische Überzeugungen den Gesetzesrahmen einer säkularen Gesetzgebung und Gesellschaft bestimmen. Die aus kritischer Perspektive durchaus fragwürdige und vielseitig auslegbare sogenannte „christliche Ethik" bleibt jedenfalls aus Sicht einer modernen humanistischen Ethik weit hinter den modernen, auf Aufklärung und Humanismus zurückgehenden Menschenrechten zurück. Abgesehen davon finden sich ihre zentralen Aussagen wie Tötungsverbot oder Nächstenliebe ebenso in vielen anderen Religionen.

In der BayVerf wird die „Ehrfurcht vor Gott" (gemäß Art. 131 II) sogar als oberstes Bildungsziel angeführt. Also nicht ein Leben nach humanistisch begründbaren ethischen Werten oder auf der Grundlage wissenschaftsbasierter Erkenntnisse ist das bayerische Bildungsziel, sondern die Ehrfurcht vor einer in seiner Existenz fraglichen Gottheit. Was aber, wenn die ebenfalls durch Bildung erworbenen wissenschaftlichen oder philosophischen Erkenntnisse sich mit diesem ersten bayerische Bildungsziel immer weniger in Einklang bringen lassen und die Voraussetzung dieses Bildungszieles, nämlich die Existenz des hier nicht explizit so benannten, aber natürlich christlich gedachten Gottes vor dem Hintergrund geistes- und naturwissenschaftlicher Erkenntnisse als immer unplausibler erscheinen? Was, wenn der christliche Glaube künftig noch mehr an Bedeutung verliert und sich nur noch eine Minderheit mit diesem Bildungsziel solidarisch erklärt? Und dies nicht aufgrund irgendeiner Böswilligkeit oder Unvernunft der immer mehr anwachsenden säkularen und nicht-christlichen Bevölkerungsteile, sondern - ganz im Gegenteil - aufgrund eines auf Vernunft und Aufklärung zurückzuführenden Schwundes des Plausibilitätsgrades heiliger Schriften und deren Welt- und Gottesbildes? Bei abnehmender Kirchenbindung, einer immer pluralistischer und im Sinne des Christentums immer ungläubiger werdenden Bevölkerung wird die in Verfassungen christlich konnotierte Nominatio Dei irgendwann zu einem unzeitgemäßen Rudiment abgewertet sein. Jedenfalls erscheinen die dezidiert christlichen Bezüge in den unterschiedlichen Länderverfassungen wie „Erfüllung des christlichen Sittengesetzes", „Ehrfurcht vor Gott im Geiste der christlichen Nächstenliebe", „Ehrfurcht vor Gott als oberstes Bildungsziel", „Gottesfurcht", oder die zum Teil dezidierte Benennung nur der christlichen Kirchen als „anerkannte Einrichtungen für die Wahrung und Festigung der religiösen und sittlichen Grundlagen des menschlichen Lebens" (RhPfVerf), in der heutigen multireligiösen und gleichzeitig immer säkularer werdenden Gesellschaft als nicht mehr nachvollziehbarer Anachronismus. Davon abgesehen darf der Staat - wie bereits mehrfach erwähnt - gar nicht politische oder religiös-weltanschauliche Ideologien bevorzugen oder gar verbreiten. Die Verweigerung der Anpassung landesrechtlicher Bestimmungen an das GG, wie es gerade bei konservativ gesinnten Landesregierungen zu beobachten ist, zeugt daher von einer „partiell verfassungsbrüchigen Einstellung,"[106] da der christliche Gottesbezug in den Präambeln einiger Länderverfassungen der grundgesetzlich gebotenen Neutralität und Äquidistsanz des Staates zu den zahlreichen Religions- und Weltanschauungsgemeinschaften widerspricht. Kein Wunder also, dass die weltanschaulich-religiöse Neutralität insbesondere von christlich gesinnten Juristen immer wieder aufs Neue infrage gestellt wird, indem beispielsweise auch auf (ehemalige) honorige Verfassungsrichter wie Ernst-Wolfgang Böckenförde verwiesen wird. Böckenförde schrieb 1967: Der freiheitliche, säkulare Staat lebt von Voraussetzungen, die er selbst nicht garantieren kann."[107] Dieser Satz allerdings wird gerne bewusst oder unbewusst falsch interpretiert, weil man der Religion im Allgemeinen und den christlichen Kirchen im Speziellen gerne eine tragende Rolle bei der Integrierung der Gesellschaft zuerkennen möchte. Denn erst mit den damit verbundenen und zugrunde liegenden christlichen Glaubensinhalten und Werten soll ein Funktionieren des freiheitlichen demokratischen Staates auf der Grundlage der Akzeptanz seiner Bürger möglich sein. Böckenfördes Satz wird daher als eine Art Totschlagargument gegen alle Art von Religions- oder Kirchenkritik im Zusammenhang mit dem Religionsverfassungsrecht angeführt. Wer sich aber den Kontext ansieht, in welchem dieses Böckenförde-Zitat steht, wird schnell erkennen, dass in Wirklichkeit eine völlig andere Sinnrichtung intendiert ist. Böckenfördes Satz stammt aus dem Jahre 1967, also aus einer Zeit, als noch die Meinung vorherrschte, der Staat müsse ein christlicher Staat sein, in dem die Religion eine feste Grundlage besitzt. Dementsprechend verhielten sich viele Christen ablehnend gegenüber der Tatsache, dass sich der Staat aufgrund der Vorgaben durch das GG religiös-weltanschaulich neutral zu verhalten hat. Man sollte dabei auch im Blick haben, dass die Anerkennung der allgemeinen Religionsfreiheit durch die katholische Kirche auf dem 2. Vatikanischen Konzil erst zwei Jahre zuvor erfolgte und diese deshalb unter vielen Christen noch sehr umstritten war. Vor diesem Hintergrund, so Böckenförde, habe er an die Christen appelliert, „den säkularen Staat nicht länger als etwas Fremdes, ihrem Glauben Feindliches zu erkennen, sondern als die Chance der Freiheit, deren Verwirklichung auch ihre Aufgabe sei."[108] Damit erhält das gegen Religionskritiker gewandte Böckenförde-Zitat einen völlig anderen, von Böckenförde später selbst autorisierten Sinnzusammenhang.[109] Das Zitat des katholischen Juraprofessors und Verfassungsrichters Böckenförde ist im richtigen Kontext gesehen also ein Appell an die Christen, ihren Widerstand gegen den säkularen Staat aufzugeben.[110]

Die Kritik, die man gegenüber Böckenfördes Auffassung dennoch anbringen kann, besteht aus heutiger Sicht eher darin, dass er die (christliche) Religion als staatstragendes gesellschaftliches Moment gesehen hat. Böckenförde hat zu wenig berücksichtigt, was heutige Historiker und Philosophen durchaus tun, dass nämlich unsere säkulare Verfassung und Gesellschaft weitaus mehr durch nichtreligiöse Aspekte geprägt sind, beispielsweise durch Philosophie, Aufklärung, Wissenschaft, Rechtssystem, aber auch durch Sport, Musik und diverse Freizeitaktivitäten. Zu glauben, dass man mit Religion heute noch eine gesamtgesellschaftliche Integration bewirken kann, geht komplett an der sozialen Realität einer pluralistischen Migrationsgesellschaft vorbei. Es verhält sich vielmehr genau anders herum, denn heute müssen die diversen Religionen in ein säkulares Verfassungs- und Gesellschaftssystem integriert werden. Wenn der Staat wirklich „Heimstatt aller Bürger" sein will, wie das Bundesverfassungsgericht es einmal formulierte, dann kann die Basis hierfür und für die heutigen pluralen Gesellschaft nicht mehr die (christliche) Religion, sondern eine säkulare und vor allen Dingen eine den verfassungsrechtlichen Normen entsprechende neutral umgesetzte Verfassungswirklichkeit sein. Während die theologisch fundierte Totalbestimmung der menschlichen Existenz als Endzweck auf eine angenommene jenseitige Daseinsform gerichtet ist, garantiert der freiheitliche Verfassungsstaat eine individuelle, freiheitliche (politisch wie privat) und autonome Lebensführung mit freier Sinnsuche im diesseitigen Hier und Jetzt. Dabei hat er zwar seinen religiösen Bürgern sämtliche religiösen oder weltanschaulichen Möglichkeiten zu garantieren, muss sich aber selbst jeglicher Identifikation mit den RWG enthalten und die Religions- und Weltanschauungsfreiheit, das Diskriminierungsverbot sowie die Nichtidentifikation (mit einer bestimmten Religion, Konfession oder Weltanschauung) beachten. Darin unterscheidet sich der freiheitliche Verfassungsstaat von sakralen Herrschaftsformen, wie sie über viele Jahrhunderte auch in Europa der Normalfall waren. Für den freiheitlichen Rechtsstaat, so der Staatsrechtler und Rechtsphilosoph Horst Dreier, ist „Sakralität Objekt privaten Glaubens, nicht Basis staatlicher Legitimation."[111] So gesehen und unter Berücksichtigung der multireligiösen demographischen Entwicklung ist nicht nur die Infragestellung kirchlicher Privilegien geboten, sondern ist auch die Aufwertung der staatsbürgerlichen Erziehung zu den gesellschaftlichen und staatsrechtlichen Grundwerten gegenüber dem Religionsunterricht ein sinnvolles, berechtigtes, dem gesellschaftlichen Wandel angemessenes und daher auch zeitgemäßes Anliegen.

Sehr gerechtfertigt wiederum ist Böckenfördes Warnung von 2006, demnach der Staat „keiner religiösen Überzeugung... die Chance einräumen [dürfe], unter Inanspruchnahme der Religionsfreiheit und Ausnutzung demokratischer Möglichkeiten seine auf Offenheit angelegte Ordnung von innen her aufzurollen und schließlich abzubauen."[112] Die Frage ist, ob nicht genau dies mit dem massiven kirchlichen Lobbyismus geschieht, der von hierfür offenen christlich gesinnten Politiker zugelassen, wenn nicht sogar gefördert wird. Ebenso betrifft Böckenfördes Aussage auch die Grundsatzfrage des in der BRD immer einflussreicher werdenden Islams. Inwieweit ist der Islam von seinem grundsätzlichen Selbstverständnis her - als die direkt von Allah im Koran wortwörtlich übermittelte absolute Wahrheit - überhaupt mit unserer freiheitlichen Verfassung kompatibel? Beziehungsweise inwieweit sind die islamischen Verbände und die Muslime mehrheitlich überhaupt bereit, eine nicht-göttliche Autorität, nämlich das Grundgesetz und die darin festgeschriebene Souveränität des Volkes sowie die damit verbundenen demokratischen und liberalen Werte als prioritär anzuerkennen? Was geschieht mit den im Laufe der Aufklärung und der Säkularisierung errungenen Freiheiten, wenn rückwärtsgewandte religiöse Mächte wieder erstarken sollten? Hier besteht tatsächlich die von Böckenförde angedeutete und durchaus auch begründete Gefahr, den Staat und seine „auf Offenheit angelegte Ordnung von innen her aufzurollen und schließlich abzubauen." Tatsächlich gibt es kein islamisches Land, indem es auch nur annähernd vergleichbare Freiheiten für die Bürger, den Journalismus oder die Wissenschaft gibt, wie es in säkularisierten Gesellschaften der Fall ist. Insofern verweist Böckenfördes Warnung der Ausnutzung der liberalen und toleranten Grundhaltung unserer Verfassung durchaus auf eine latente, aber permanent vorhandene reale Gefahr. Je nach dem, wie sich der Islam in Europa bezüglich der Zahl seiner Anhänger und seiner demokratischen Kompatibilität weiter entwickeln wird.

Eine gänzlich andere Auffassung über die Zukunft der Religionen vertritt der Bestsellerautor Yuval N. Harari in seinem Buch „Homo Deus."[113] Er ist der Auffassung, dass die rückwärtsgewandten, auf Offenbarungen beruhenden Religionen aufgrund der rasanten technologischen Fortschrittlichkeit in Bälde ihre Bedeutung und somit auch ihre potentielle Gefährlichkeit für freiheitliche und säkulare Gesellschaften verlieren werden. Damit wären auch die hier geäußerten Bedenken einer Revitalisierung bzw. Resurgenz des Religiösen trotz der anhaltenden kriegerischen und terroristischen Aktivitäten (siehe als jüngstes Beispiel die Vorkommnisse in Afghanistan Ende August 2021) im Zusammenhang mit dem Islam unbegründet. Bevor wir mit konkreten Beispielen fortfahren wollen, welche die Schieflage zwischen Verfassungsnormen und der Verfassungswirklichkeit hierzulande belegen werden, soll in einem kurzen Exkurs auf Hararis gegenläufige These des zukünftigen Bedeutungsverlustes der Religionen in den technologisch hoch entwickelten Nationen eingegangen werden.

4.2 Exkurs. Yuval N. Hararis Gegethese: Der Homo Deus

Während die vom Verfasser beabsichtigte Intention darin besteht aufzuzeigen, dass eine permanente, rational und wissenschaftsbasierte Religionskritik nicht nur inhaltlich und sachlich gerechtfertigt, sondern auch in Bezug auf die Entstehung und den Erhalt von offenen Gesellschaften notwendig und essentiell ist, geht der israelische Historiker Yuval Noah Harari in seinem Buch „Homo Deus"[114] davon aus, dass die traditionellen Religionen wie Judentum, Christentum und Islam aufgrund des immer schneller voranschreitenden technologischen Fortschritts und gesellschaftlichen Wandels auch ohne eine explizite Kritik immer mehr an Bedeutung für moderne und hochtechnologisierte Gesellschaften verlieren werden. Wie für die meisten an dem heutigen wissenschaftlichen Kenntnisstand sich orientierenden Denker wurden und werden auch für Harari Religionen von Menschen und nicht von Göttern geschaffen. Das gilt für die Offenbarungsreligionen ebenso wie für profane Religionen wie den Kommunismus oder den Nationalismus mit ihren ebenfalls autoritären Strukturen. Auch die heraufziehenden Religionen des 21. Jahrhunderts werden von Menschen erzeugte Konstrukte sein, allerdings keine, die sich noch auf übernatürliche Wesen beziehen. Der Mensch erhebt sich nämlich selbst zu Gott (deshalb sein Buchtitel „Homo Deus") und optimiert sich immer mehr, was Lebensdauer, Glücksempfinden und Leistungsfähigkeit angeht. Mittels Bioengineerung optimiert der Mensch der Zukunft seinen Gencode, lässt organische Körper mit nicht-organischen Apparaten oder Mikrochips verschmelzen und lässt neuronale Netzwerke durch intelligente Software ersetzen. Die gesellschaftlichen Verhältnisse werden sich dadurch so massiv verändern, dass die traditionellen, völlig veralteten Religionen auf diese neuen Lebens- und Daseinsformen keine adäquaten Antworten mehr liefern können und - zumindest in den technologisch führenden Nationen - irgendwann so gut wie keine gesellschaftsrelevante Rolle mehr spielen werden. Sie degenerieren von einer ehemals mächtig agierenden, also Fakten und Realitäten schaffenden Macht, zu einem nur mehr reagierenden Faktor ohne nennenswerten Einfluss. Eine kleine elitäre Gesellschaftsschicht wird sich mit der Beherrschung von Algorithmen und umfassenden Informationen immer mehr von dem Großteil der Weltbevölkerung absetzen und aufgrund ihres technologischen Fortschritts die Welt beherrschen. So wie einst aus der landwirtschaftlichen Revolution der Theismus und aus der wissenschaftlichen Revolution der Humanismus hervorgegangen ist, so wird es in naher Zukunft in den technologisch führenden Gesellschaften Schichten geben, in denen Menschen keine Götter mehr anbeten werden, sondern versuchen werden, sich selbst zu gottgleichen Wesen zu optimieren. Dazu werden sie auf die Möglichkeiten der Nanotechnologie, regenerativen Medizin, Biotechnologie, Künstlichen Intelligenz etc. zurückgreifen und diese immer weiter fördern. Islam, Christentum, Judentum haben weitgehend ausgedient und werden an Bedeutung verlieren, denn die Antworten auf die Fragen des 21. Jahrhunderts stehen weder im Koran noch in der Bibel. Sie sind nur eine schriftlich festgehaltene Momentaufnahme der menschlichen Kulturgeschichte auf archaischem Niveau, mit zwar hohem göttlichem Absolutheitsanspruch, aber mit schwindender Glaubwürdigkeit, Akzeptanz und Bedeutung. Jedenfalls werden Fragen über Technologien in solchen künftigen hochtechnologischen Gesellschaften wichtiger sein als die über Sündhaftigkeit, Trinität, Auferstehung, unbefleckte Empfängnis oder Himmel und Hölle. Zwangsläufig wird die Kluft zwischen denen, die mit diesen neuen Technologien umgehen können und denen, die keine Ahnung davon haben, immer größer werden. Die fundamentalistischen Anhänger heutiger Religionsgemeinschaften und deren Nationen werden, Harari zufolge, zu den Abgehängten gehören. Zwar werden die traditionellen Religionen rein zahlenmäßig noch eine Rolle spielen, aber ihre ehemals kreative Rolle, die sie einst spielten, wird zu einer nurmehr reaktiven degenerieren. Allerdings werden auch die neuen Technologien ideologische und quasireligiöse Züge annehmen, indem ganz neue Ideale und Werte geschaffen und angebetet werden. Dabei werden nicht mehr Götter und Religionen die Grundpfeiler menschlicher Gesellschaften bilden, denn die Zeit, in der Götter, Priester und Traditionenkulte Realitäten erschufen (wie beispielsweise den Bau großer Kathedralen oder die Beeinflussung von Gesetzen) und den Lauf der Geschichte bestimmten (z.B. Politik und Kriege), diese Zeit wird endgültig der Vergangenheit angehören.

Im Gegensatz zu der von uns geäußerten Sorge von der Wiedererstarkung und Radikalisierung des Religiösen mit all ihren gesellschaftlichen und weltpolitischen Konsequenzen, die die heutigen freiheitlichen Gesellschaften wieder bis ins tiefste Mittelalter zurückkatapultieren könnte, glaubt Harari fest daran, dass Gott tot ist. Es würde nur etwas dauern, den Leichnam wegzuschaffen. Harari sieht im Tod Gottes bzw. im Bedeutungsverlust der Religionen keinen großen Verlust für den künftigen Homo Deus. Bereits auf das 20. Jahrhundert bezogen fragt er, was Priester, Rabbiner und Muftis im 20. Jh. entdeckt hätten, das sich in einem Atemzug mit Antibiotika, Computern oder dem Feminismus, Gentechnologie oder Künstlicher Intelligenz nennen ließe. Man mag Hararis auf exponentiellen Fortschritt und technologische Entwicklung beruhenden Zukunftsvisionen nicht teilen, aber er hat Recht, wenn er schreibt, dass im Gegensatz zu religiösen Fiktionen von Götter- und Wundergeschichten, der Glaube an Realitäten, wie z.B Antibiotika, Penizillin oder Kernkraft auch denen hilft, die nicht daran glauben. So sind auch islamische Staaten und Extremisten, die den gottlosen Westen rigoros ablehnen, gerne bereit, sich dessen medizinische, technologische, oder auch militärische Entwicklungen anzueignen.

Harari weist aber ebenso darauf hin, dass wenn Gentechnik und Künstliche Intelligenz ihr volles Potential entfalten, dies ebenso auch den Liberalismus, die Demokratie und die freien Märkte beeinflussen und obsolet werden lassen könnte. Auch diese freiheitlichen Errungenschaften könnten einmal ebenso der Vergangenheit angehören wie Feuersteinklingen, Musikkassetten, der Kommunismus oder - seiner Meinung nach - in Bälde auch der rückwärtsgewandte Islam. Mit einem Seitenblick auf China gehört zu Hararis düsteren Prognosen über die Zukunft auch, dass die Menschen vom System nurmehr als Kollektiv, nicht mehr als Individuen wertgeschätzt werden. Damit würde ein ganz wesentliches humanistisches Ideal verloren gehen und statt dessen sich eine neue elitäre

Kaste an optimierten „Übermenschen" herausbilden. Deren Intelligenz wird optimiert werden, indem ihre Gehirne mit nicht-organischen Computern verbunden werden. Nicht optimierte Menschen würden dabei von dieser elitären Kaste beherrscht oder schlicht nutzlos und abhängig werden. Algorithmen übernehmen in diesem Zukunftsszenario die Macht und ersetzen die bisherigen Berufe vom Arbeiter und LKW-Fahrer angefangen über Polizisten und Lehrer bis hin zu Börsenhändlern, Anwälten, Richtern, Ärzten und Künstlern. Denn auch Organismen - so könnte sich eines Tages bewahrheiten - sind nichts anderes als Algorithmen. Reichtum und Macht könnten sich damit in den Händen einer kleinen Elite (den „Übermenschen") konzentrieren und die „nutzlose Klasse" wird gar nicht mehr beschäftigbar sein. Der vom Menschen erschaffene künstliche und überindividuelle Algorithmus wird dabei eine unermessliche Effizienz erlangen und Homo Deus gleichermaßen dienen wie ihn auch beherrschen. Damit würden die traditionellen Religionen, aber auch der Humanismus durch neue Techno- und Daten-Religionen ersetzt werden, die alten traditionellen Glaubenssysteme wären endgültig obsolet geworden. Die neue Religion, der „Dataismus", verehrt keine transzendenten Götter mehr, sondern sie huldigt nur noch den Daten, die dem nun selbst mit göttlichen Attributen wie (potentieller) Unsterblichkeit, Allwissenheit, Macht und Glück ausgestatteten Homo Deus dienen. Der Dataismus bringt die biochemischen und die elektronischen Algorithmen zusammen, also Computerwissenschaft und Biologie. Die Grenze von Mensch und Maschine wird eingerissen, Politik und Wirtschaft immer mehr als Datenverarbeitungssysteme begriffen. Der unablässige Datenstrom führt dabei zu neuen Erfindungen und Verwerfungen, die vielleicht niemand mehr beherrscht, weil sie nicht mehr planbar, steuerbar und begreifbar sind. Wenn ihr wissen wollt, wer ihr seid, dann schaut euch eure DNA-Sequenzierung an. Tragt biometrische Geräte, Blutdruck- und Pulsmesser. Gebt eure Daten in eure Smartphones, lasst euch auf Google vernetzen und lasst eure Daten auswerten. Um die erstrebte Unsterblichkeit, höchstmögliches Glück und göttliche

Schöpfungskraft zu erhalten, müssen wir ungeheure Datenmengen verarbeiten, welche die Kapazitäten des menschlichen Gehirns auf rein natürlicher Grundlage weit überschreiten würden. Mit diesem heute schon teilweise realisierten Szenario hätte sich dann eine weitere kulturelle Revolution vollzogen, nämlich die von der deozentrischen über die homozentrische (humanistische) zur datazentrischen Weltsicht, für die alleine Algorithmen ausschlaggebend sind. Was sich hier prima facie als Zukunftsvision sehr verstörend anhört, kann aber durchaus mit enormen Annehmlichkeiten und Chancen verbunden sein. Wieso sonst geht die Menschheit von Anbeginn an mit einem heute rasend schnellen Wachstum an Wissen und technologischen Fortschritten in immer kürzeren Zeitabschnitten sehenden Auges, also bewusst und gewollt, in diese technologisch bestimmte Zukunft? Eben weil sie, abgesehen von ihrem neugierigen Naturell und ihrem Forscherdrang, neben den Gefahren auch deren Vorteile und Annehmlichkeiten sieht, womit die Zukunft und die Existenz der Menschheit und seines Planeten spannend und völlig offen bleiben.

Vielleicht ist das Zukunftsszenario, das Harari schildert, die zunehmende Bedeutungslosigkeit der traditionellen Religionen, das wahrscheinlichere und wir machen uns hier ganz falsche Sorgen über freiheitseinschränkende religiöse Einflüsse oder gar Rückfälle in archaische theokratische Herrschaftsstrukturen. Für das humanistische Menschenbild aber sind die von Harari beschriebenen, auf künstlicher Intelligenz und biotechnologischem Fortschritt basierenden Zukunftsvisionen, mit Homo Deus als Ziel und gleichzeitig treibender Kraft keinesfalls weniger besorgniserregend. Da dies die Menschheit aber wenn, dann erst für die mittlere Zukunft betreffen wird und keineswegs gesagt ist, dass der von Harari visionär geschilderte technologische Siegeszug mit diesen (religionssoziologischen) Auswirkungen auch tatsächlich eintreten wird, halten wir es für durchaus angebracht, sich über die Gegenwart und nahe Zukunft bezüglich der Entwicklung und Einflussnahme der Religionen auf freie und offene Gesellschaften Gedanken zu machen. Insbesondere wenn man davon ausgeht, dass der Migrationsdruck aus den südlichen und islamischen Ländern auch aufgrund der Klimaerwärmung und den damit verbundenen Folgen noch zunehmen wird. Die dabei zugrunde liegende Intention ist es, die in Jahrhunderten mühsam errungenen humanistischen und freiheitlichen Werte gegenüber allen autokratischen Machtgelüsten, seien sie klerikaler oder profaner Natur, zu verteidigen und auszubauen. Hierzu halten wir, wie schon des öfteren betont wurde, auch die permanente und sachlich fundierte Kritik an diesen potentiell gefährlichen, weil freiheitseinschränkenden Systemen für erforderlich. Was in einigen Jahrzehnten dann tatsächlich eintreten wird, Hararis Homo Deus und der Dataismus oder die Resurgenz und Revitalisierung der totgesagten Götter und Religionen, die wirtschaftliche und militärische Dominanz des atheistischen Nahen Ostens, demokratiefeindliche Autokratien oder vielleicht doch die gelungene Verteidigung oder gar der weltweiten Ausbau humanistischer und demokratischer Ideale, das lässt sich nur schwer vorhersagen. Für Letztere jedenfalls lohnt es sich aufgrund der damit verbundenen Freiheiten einzutreten. Widmen wir uns also nach diesem visionären und spekulativen Ausblick über die zukünftige Bedeutung und Rolle der Religionen im Zusammenhang mit dem technologischen und gesellschaftlichen Fortschritt wieder der Gegenwart.

5. Die Schieflage zwischen Verfassungsnorm und Verfassungswirklichkeit

Bevor wir uns auf den Exkurs über Hararis visionären Zukunftsausblick begeben haben, hatten wir einige grundsätzliche Aspekte zum Religions- und Weltanschauungsverfassungsrecht, so wie es sich aus dem Grundgesetz herleitet, einleitend vorangestellt. Daran soll jetzt wieder angeknüpft werden, indem wir im Folgenden darlegen, dass die darin enthaltenen idealtypischen Rechtsnormen

(Neutralität, Trennung und Gleichbehandlung) in der Realität, nämlich in der politischen und rechtlichen Praxis der BRD, davon erheblich abweichen. Die nachfolgende Auflistung der hierzu problematischen Punkte orientieren sich weitgehend an „Religions- und Weltanschauungsrecht" von Gerhard Czermak und Eric Hilgendorf.[115] Danach soll im Einzelnen erläuternd darauf eingegangen werden.

Die in diesem Zusammenhang zu kritisierenden Punkte bei der Umsetzung des Religionsverfassungsrechts in der Rechtspraxis wären somit:

1. Der Status einer Körperschaft des öffentlichen Rechtes. Dieser Status ist an erster Stelle zu erwähnen, da er die rechtliche Voraussetzung darstellt für die im Laufe der Zeit zahlreich gewährten Privilegien der christlichen Religionsgemeinschaften. Dieser sollte nach unserer Auffassung den Religions- und Weltanschauungsgemeinschaften nicht zuerkannt beziehungsweise wieder aberkannt werden, da sie keine staatlichen Aufgaben zu erfüllen haben.

2. Der Einzug der Kirchensteuer durch staatliche Finanzämter ist mit dem Körperschaftsstatus verbunden und verstößt gegen das Trennungs- und Neutralitätsgebot. Die Kosten für den Einzug werden außerdem vom Staat und somit von den Steuerzahlern übernommen, auch wenn diese keine Mitglieder der betreffenden Kirchen sind.

3. Die ebenfalls mit dem Körperschaftsstatus verknüpfte arbeitsrechtliche Bedeutung des kirchlichen Selbstbestimmungsrechts bei sozialen und karitativen Einrichtungen stellen nicht nur eine erhebliche Privilegierung kirchlicher Institutionen dar, sie sind zudem auch unter religionssoziologischen und demographischen Aspekten längst überholt und deshalb ebenfalls aufzuheben. Den Arbeitnehmer/innen in kirchlichen Einrichtungen müssen die in Deutschland üblichen Arbeitnehmerrechte eingeräumt werden. Der Betrieb von Einrichtungen der Krankenpflege, Kindergärten und anderen sozialen Einrichtungen ist eigentlich eine staatliche Aufgabe. Obwohl staatlich finanziert, stehen

diese Einrichtungen zu einem überwiegenden Teil unter kirchlicher Leitung. Hier wäre mehr auf religiös-weltanschauliche Neutralität zu achten, da säkulare Alternativen für kirchenferne Menschen vom Staat oder den Kommunen oft nicht angeboten werden.

4. Steuer- und gebührenrechtliche Sondervorteile der Kirchen sind aufgrund der damit verbundenen Ungleichbehandlung anderer RWG, des Reichtums der Kirchen und weiterer, später noch näher auszuführender Punkte nicht zu rechtfertigen und sollten deshalb abgeschafft werden.

5. Eine Offenlegung und kritische Überprüfung der verdeckten Finanzierung kirchlicher Einrichtungen durch Steuergelder, Steuervergünstigungen und Gebührenbefreiungen wäre in einer Demokratie aus Transparenzgründen dringend erforderlich.

6. Die Staat-Kirche-Verträge manifestieren die Privilegierung der christlichen Kirchen trotz eines stark zunehmenden religiösen Pluralismus bei gleichzeitig zunehmender Kirchen- und Glaubensferne.

7. Staatsleistungen an die Kirchen, die auf historischen Titeln beruhen wie etwa der Wiedergutmachung für die Säkularisierung des Kirchenvermögens Anfang des 19. Jahrhunderts sollten offen gelegt werden und auslaufen, da die Voraussetzungen für die Zahlungen längst nicht mehr gegeben sind.

8. Schulfragen betreffende Praktiken wie Schulgebete, Religionsunterricht, Anbringen von Kreuzen, müssen hinsichtlich ihrer Berechtigung hinterfragt werden. Wie neutral ist ein Staat, in dessen öffentlichen Räumen christliche Symbole angebracht werden, unter denen dessen Beamte Gebete initiieren? Wäre es nicht sinnvoller, bei der anhaltenden multireligiösen und säkularen Entwicklung unserer Gesellschaft, den konfessionellen Religionsunterricht durch einen zeitgemäßen, die religionssoziologische Situation in der BRD berücksichtigenden religiös neutralen Werteunterricht zu ersetzen, an dem alle Kinder unterschiedlicher Konfessionen teilnehmen. Das würde die Integration, Toleranz und das gegenseitiges Verständnis sowie

zudem die Gleichbehandlung und Neutralität fördern. Ein überkonfessioneller Religions- und Weltanschauungsunterricht vermittelt auch eine neutrale und wissenschaftliche Sicht auf die Geschichte und Inhalte der diversen Religions- und Weltanschauungsgemeinschaften. Zudem könnte er die Kinder und Jugendlichen an die Werteordnung des Grundgesetzes mit ihren Leitwerten Menschenwürde, Freiheit und Toleranz heranführen.

9. Religiöse Symbole in öffentlichen Räumen, also in staatlichen Gebäuden, Behörden und Gerichtssälen verstoßen gegen das Neutralitäts,- Trennungs- und Gleichbehandlungsgebot. Auch auf die Verwendung anderer sakraler Praktiken und Formen sollte an staatlichen Institutionen wie Schulen, Universitäten, Verwaltungsbehörden verzichtet werden, wenn sie von Amtspersonen, z.B. Lehrern, vollzogen werden.

10. Was die Fragen der Religionsförderung betrifft, so ist hier eine Benachteiligung kleinerer Religions- und Weltanschauungsgemeinschaften und somit eine Ungleichbehandlung zu beklagen. Im Gegensatz zu den Vergünstigungen der beiden großen Volkskirchen wird es religiösen Minderheiten und weltanschaulichen Vereinigungen oft schwer gemacht, ihr verfassungsmäßiges Recht auf Gleichbehandlung durchzusetzen. Diese nicht verfassungsgemäße Rechtspraxis ist der Rechtsnorm, also Gleichheit, Neutralität und Trennung, anzupassen. Da sich - bei anhaltender Tendenz - beispielsweise über 50% der bundesdeutschen Bevölkerung nicht mehr als „religiös" bezeichnen[116], wäre eine diesen Umständen Rechnung tragende adäquate staatliche Gleichbehandlung und Förderung des säkularen (nicht-religiösen) Humanismus in Schulen und Universitäten dringend erforderlich.

11. Da an staatlichen Universitäten die Forschungsfreiheit oberste Priorität besitzt, sind die theologischen Fakultäten aus ihrer Abhängigkeit von kirchlichen Instanzen zu lösen. Das Trennungsgebot (Staat und Religion) sowie die Wissenschafts- und Lehrfreiheit muss auch für Theologische Fakultäten an staatlichen Hochschulen gelten. Den Professoren muss

uneingeschränkte Wissenschaftsfreiheit, Meinungsfreiheit und Glaubensfreiheit eingeräumt werden. Es ist nicht Aufgabe des weltanschaulich neutralen Staates akademische konfessionelle Religionslehre (verbeamtete Professoren) und die Ausbildung der Priester mit Steuermitteln zu finanzieren (Gebot der staatlichen Nichtidentifikation).

12. Die Überrepräsentierung bei der personellen Besetzung von öffentlichen Gremien im Bereich der Medien und der Politik (Ethikrat) durch kirchlicher Vertreter ist unter dem Aspekt der zunehmenden religiös- weltanschaulichen Diversität der bundesdeutschen Bevölkerung nicht mehr zu rechtfertigen. Erinnert sei an dieser Stelle noch mal daran, dass mittlerweile die größte weltanschauliche Gruppe mit über 38% die der Konfessionslosen darstellt.

13. Aufgrund der erwähnten religionssoziologischen Entwicklung ist die religiöse, im Speziellen die kirchliche, aber auch jüdische und muslimische Einflussnahme auf die (Rechts-)Politik mit der entsprechenden Abwägung und Distanz zu behandeln. Dieser Art von Lobbyismus müssen die Interessen der überwiegenden und weiterhin zunehmenden säkularen und multireligiösen Bevölkerungteile entgegengehalten werden. Als Problembereiche wären hier beispielsweise religiöse Praktiken zu benennen, die mit dem Grundgesetz kollidieren, wie Schächten und Beschneidung. Insbesondere aber auch die Humanbiotechnik (Schwangerschaftsabbruch, Gentechnik, Embryonenschutz), die Sterbehilfe und der Bereich Ehe und Familie. Für staatliches und judikatives Handeln ist auch hier eine neutrale Grundhaltung mit einer rational begründeten Herleitung ethisch-moralischer Normen einzufordern. Die künstliche Aufrechterhaltung traditioneller religiöser Moralvorstellungen kann nicht die Aufgabe staatlichen Handelns sein. Erst recht nicht, wenn es für diese kaum noch eine breite gesellschaftliche Akzeptanz gibt.

5.1 Kirchen als Körperschaften des öffentlichen Rechts

Auf einige der im vorangegangenen Kapitel angeführten Punkte soll nun etwas näher und erläuternd eingegangen werden. Eine fragwürdige, mit folgenreichen Auswirkungen verbundene Tatsache ist der vom Staat für die Religions- und Weltanschauungsgemeinschaften (RWG) zuerkannte besondere Status der Körperschaft des öffentlichen Rechts (Art. 137 V WRV/140 GG). Mit ihm soll die Entfaltung der Religionsfreiheit und die Unabhängigkeit der Religionsgemeinschaften unterstützt werden. Der Körperschaftsstatus für RWG ist auch die Voraussetzung für das kirchliche Selbstbestimmungsrecht und für die Erhebung der Kirchensteuer. Das Selbstbestimmungsrecht umfasst beispielsweise Lehre, Kultus, Ordnungsstrukturen, Ämter, Mitgliedschaft, Vermögensverwaltung, Ausbildung der Funktionsträger, Arbeits- und Kündigungsschutzrecht innerhalb kirchlich-sozialer Einrichtungen, auch wenn sie fast ausschließlich staatlich finanziert werden. Das eigene Arbeitsrecht beinhaltet die Freistellung von Betriebsverfassungs- und Tarifrecht, die Dienstherrenfähigkeit ermöglicht die Gründung von öffentlich-rechtlichen Dienstverhältnissen, ohne an staatliches Arbeitsrecht und Sozialversicherungsrecht gebunden zu sein. Die Rechtssetzungsbefugnis regelt das eigene Binnenrecht, beispielsweise Regelungen zur innerkirchlichen Organisation und zum Mitgliedschaftsverhältnis. Weiterhin verfügen die Kirchen über das Recht, kirchliche öffentliche Sachen durch Widmung zu schaffen, über das Bestattungs- und Friedhofsrecht, Datenschutzrecht, Denkmalschutzrecht, Konkursrecht, Kosten- und Gebührenrecht, Melderecht, Rundfunkrecht (privilegierte Päsenz- und Sendezeiten der beiden Volkskirchen, Rundfunkrat) sowie den Schutz vor Zwangsvollstreckung. Selbst das Strafrecht enthält „Sonderregelungen, die nur für öffentlich-rechtliche Religionsgemeinschaften gelten, dasselbe gilt auch für öffentliche Zuschüsse."[117]

Dabei stammt der Rechtsstatus der beiden großen christlichen Kirchen als Körperschaften des öffentlichen Rechtes noch aus der Weimarer Reichsverfassung (Art. 137 Abs. 5 Satz 1 WRV). Er ist sozusagen ein Relikt aus einer Zeit, als die beiden christlichen Kirchen aufgrund ihrer Mitgliederzahlen auch tatsächlich noch von großer Bedeutung waren. Diese Voraussetzung ist aber längst nicht mehr gegeben. Im Gegenteil, die Kirchenferne und die Kirchenaustritte halten an, die gesellschaftliche Bedeutung der Kirchen schwindet seit den 1970er Jahren zusehends, ohne Aussicht auf eine Kehrtwende. Damit driften die vom Grundgesetz vorgegebenen Rahmenbedingungen und die dynamische Entwicklung der gesellschaftlichen Realität immer weiter auseinander. Wenn in der Rechtsprechung weiterhin an einer eher konservativen Auslegung des Staatskirchenrecht und somit an überkommenen Privilegien der christlichen Religionsgemeinschaften festgehalten wird, dann droht bei zunehmender gesellschaftlicher Säkularisierung ein immenser Vertrauensverlust in die tatsächliche religions- und weltanschauliche Neutralität des Staates. Dabei ist diese weltweit so gut wie einmalige Privilegierung der christlichen Kirchen ein deutscher Sonderfall, der dem Steuerzahler auch noch sehr viel Geld kostet, abgesehen von der Problematik der durch die Verfassung gebotenen Trennung von Staat und Religion. Daran ändert auch das verfassungsmäßig gewollte kooperative Verhältnis zwischen Staat und Religionsgemeinschaften nichts. Im Gegensatz zu den „normalen" Körperschaften, wie beispielsweise Gemeinden, Industrie- und Handelskammern, Ärztekammern, beruhen die Körperschaften i.S. des Art. 137 V WRV auf keiner gesetzlichen Grundlage, sind aber dennoch gemäß Art. 137 V 2 WRV, „vom Staat unabhängig und keiner Aufsicht unterworfen."[118] Wie also kann man die Auffassung vertreten, dass in der BRD Staat und Kirche tatsächlich getrennt sind, wenn es derartige enge Verknüpfungen und großzügige Privilegien gibt? Man denke hier nur an die gegen das Trennungsgebot verstoßende Kirchensteuereinziehung durch den Staat, deren steuerliche Absetzbarkeit nichts anderes als einen Zuschuss der Allgemeinheit für die Kirchenmitglieder darstellt oder an die immensen steuerlichen Privilegien, welche die Religionsgemeinschaften des öffentlichen Rechts in Form von Steuervergünstigungen und Gebührenbefreiungen genießen. Andere europäische Staaten kennen den Körperschftsstatus für Religionsgemeinschaften gar nicht. „Die Herausarbeitung von verfassungskräftig garantierten Körperschaftsprivilegien war eine Erfindung der Nachkriegszeit, die weder im Verfassungstext, noch in der Entstehungsgeschichte und der Staatspraxis einen Anhaltspunkt hatte.... Die Bevorzugungen im Verhältnis zu privatrechtlichen Religionsgemeinschaften ("Privilegienbündel") und im Hinblick auf die generellen Rechtsprobleme der Religionsförderung sind ohnehin nicht, oder nur schwer begründbar. Ein Entfall des Art. 137 V WRV/140 GG wäre grundrechtlich (Art. 4 GG) unproblematisch, bedürfte aber einer bundesrechtlichen Neuregelung über den gemeinsamen allgemeinen Status von Religions- und Weltanschauungsgemeinschaften, etwa nach Art eines stark abgewandelten Vereinsrechts. Die zahllosen Probleme des bisherigen Status als K. d. ö. R und des Privilegienbündels entfielen."[119]

Ganz grundsätzlich drängt sich somit die Frage auf, warum im weltanschaulich-neutralen Staat den Religions- und Weltanschauungsgemeinschaften der Status einer Körperschaft des öffentlichen Rechts zukommen soll, wenn diese Gemeinschaften doch gar keine staatlichen Aufgaben erfüllen. Stattdessen, so Eric Hilgendorf, wäre ein Verbandsrecht sinnvoll, „das den Besonderheiten und Interessen aller in Deutschland vertretenen Religionsgemeinschaften gerecht wird."[120] So aber ist die Korporationsqualität mit öffentlich-rechtlichen Befugnissen verbunden, die für einen säkularen Staat sehr weitläufig und schwerwiegend sind. Man denke nur an die eben erwähnte Rechtsetzungsbefugnis und die Dienstherrenfähigkeit, aufgrund derer die Kirchen öffentlich-rechtliche Dienstverhältnisse begründen können, ohne dabei an staatliches Arbeitsrecht und Sozialversicherungsrecht gebunden zu sein. Aufgrund des Selbstbestimmungsrechts unterliegen die beiden großen christlichen Kirchen keiner Bindung an staatliche Grundrechte, „so weit sich ihre Rechts- und Glaubensordnung nicht unmittelbar auf den staatlichen Bereich auswirkt."[121] Hier können sich durchaus Konflikte auftun, wenn das kirchliche Arbeitsrecht von staatlichen Rechten abweicht. Beispielsweise wenn eine Religionsgemeinschaft intern Frauen nicht gleichberechtigt behandelt oder wenn im islamischen Religionsunterricht der vermittelte Glaube nicht mit dem Grundgesetz vereinbar ist.

Besonders schwer nachvollziehbar für den gesunden Menschenverstand ist die Tatsache, dass die zahlreichen schändlichen Missbrauchsfälle innerhalb der Kirchen in einer säkularen Gesellschaft zuerst kirchenintern geregelt werden dürfen und nicht von Anfang an den staatlichen Behörden angezeigt werden müssen. Der sexuelle Missbrauch von Minderjährigen ist ein schwerer Straftatbestand, der aber im Kirchenrecht als Verstoß gegen den Klerikerzölibat nur ein Sittlichkeitsdelikt darstellt. Die Kirche hat sich - und wird auch von weltlicher Seite - nicht dazu verpflichtet, die Staatsanwaltschaft über Missbrauchsfälle in vollem Umfange zu informieren und tut das in vielen Fälle auch nicht. Sie annonymisiert Unterlagen, gibt strafrechtlich relevante Akten nur auf Druck und dann auch nur selektiv oder gar nicht heraus. Keine Berufsgruppe darf in einem Rechtsstaat für sich in Anspruch nehmen, die Aufklärung von Straftaten in Eigenregie zu übernehmen. Warum lässt die Staatsanwaltschaft in entsprechenden Fällen keine Durchsuchungsaktionen durchführen, um Beweismittel zu beschlagnahmen und der Vertuschungsgefahr entgegen zu wirken, so wie das auch in anderen, weitaus weniger schwerwiegenden Fällen im weltlichen Bereich üblich ist? Das Recht dazu hätte sie und wie die hierfür eingesetzten Missbrauchsstudien zeigen, gab es durchaus Manipulationen und Vernichtung von einschlägigen Akten. Wer Vernichtung von Personalakten anordnet, um Straftaten zu vertuschen, begeht eine Straftat und muss dafür zur Rechenschaft gezogen werden, auch oder gerade wenn er Bischof ist und moralisches Vorbild sein will. Hier macht sich der Staat bzw. die zuständige Staatsanwaltschaft aufgrund ihrer devoten Passivität zum Handlanger der Beschuldigten. Denn das Selbstbestimmungsrecht betrifft nur die interne Organisation der Kirchen, nicht aber die selbstverständliche Geltung des Strafrechts. Kindesmissbrauch ist ein schwerwiegendes Delikt, das ganze Biografien zerstört. Die Aufarbeitung darf keinesfalls intern, unter zweifelhaften Umständen und abgeschirmt von der Öffentlichkeit geschehen, um einen Schein, nämlich den der moralischen Divinität aufrecht zu erhalten, hinter dem sich in Wirklichkeit so viel Unrecht und Leid verbirgt.

Hier offenbart sich die ganze Fragwürdigkeit der Gewährung des Körperschaftsstatus und dem damit verbundenen Selbstbestimmungsrecht der Kirchen auf eine Weise, die ein Rechtsstaat keinesfalls akzeptieren dürfte. Dass er im Gegensatz zu den öffentlichen Medien selbst bei strafrechtlich relevanten Verbrechen, wie Kindesmissbrauch, trotzdem nicht so genau hinschaut und nicht so konsequent verfolgt, wie es auch im säkularen Bereich üblich ist, das offenbart eine nicht nachvollziehbare devote Grundhaltung gegenüber christlichen Religionsgemeinschaften, deren hoher moralischer Anspruch, unter der historischen Perspektive betrachtet, noch nie gerechtfertigt war. Als Konsequenz der hier angeführten verfassungsrechtlich und religionssoziologisch begründeten Kritik am Körperschaftsstatus der RWG bleibt letztlich nur die Forderung, diesen und die damit verbundenen Privilegien als gleichheitswidrig und nicht mehr zeitgemäß zu streichen. Die von uns für dringend erforderlich gehaltene Streichung würde die damit verbundenen eklatanten Rechtsprobleme beseitigen. Sie käme auch nicht in Konflikt mit Art. 4 GG.

5.2 Der Reichtum der Kirchen und verfassungsrechtlich problematische Staatsleistungen

Staat und Kirche sind in der BRD finanziell eng verflochten.

Auch das widerspricht dem Geist der verfassungsmäßig gebotenen Trennung zwischen Staat und Religion. Leider macht es die enorme Intransparenz, mit der besonders die Katholische Kirche ihre Finanzgeschäfte und Vermögenswerte umgibt, selbst ausgewiesenen Finanzexperten sehr schwer, hier zu verbindlichen Zahlen zu kommen. Aufgrund zurückgehaltener und nicht offen gelegter Daten kann der Reichtum der katholischen Kirche in der BRD somit nur geschätzt werden. Er liegt aber sicherlich im dreistelligen Milliardenbereich und wird von Carsten Frerk 2013 auf rund 270 Milliarden Euro geschätzt.[122] Gemessen an der Armut Jesu und dessen Aufforderung, alles Hab und Gut den Armen zu verschenken, ein immenser, theologisch nicht zu rechtfertigender und in seinem Zustandekommen höchst fragwürdiger Reichtum. Verwiesen sei hier nur auf Matthäus 19, 21ff: „Willst du vollkommen sein, so gehe hin, verkaufe, was du hast, und gib's den Armen, so wirst du einen Schatz im Himmel haben; und komm und folge mir nach! Da der Jüngling das Wort hörte, ging er betrübt von ihm, denn er hatte viele Güter. Jesus aber sprach zu seinen Jüngern: Wahrlich, ich sage euch: Ein Reicher wird schwer ins Himmelreich kommen. Und weiter sage ich euch: Es ist leichter, dass ein Kamel durch ein Nadelöhr gehe, denn dass ein Reicher ins Reich Gottes komme."

Die Haupteinnahmequellen der Kirchen setzen sich dabei zusammen aus der Kirchensteuer, Vermögenserträgen und Staatsleistungen. Hinzu kommt aber noch, dass die Katholische Kirche in Deutschland auch größter privater Grundbesitzer ist. Allerdings kann auch deren Grundbesitz aufgrund der durchaus beabsichtigten Intransparenz ebenfalls nur geschätzt werden. Er liegt zwischen 257.000 und 390.000 ha, wovon ca. 5 % bebaut sind. Wenn man von der niedrigeren Zahl als Berechnungsgrundlage ausgeht, dann kommt man nach den Berechnungen von Hans-Peter Schintowski von der Humboldt-Universität Berlin, zu einem niedrigst geschätzten Gesamtwert von 200 Milliarden Euro des Immobilienvermögens alleine der röm. kath. Kirche in

Deutschland.[123]

Was die zahlreichen Begünstigungen und Zuwendungen durch den Staat betrifft, so ergibt sich hier nach Carsten Frerk, „Violettbuch Kirchenfinanzen" (2010), eine Summe von jährlich 15 Milliarden Euro. Sie setzt sich zusammen aus staatlichen Zahlungen aus allgemeinen Steuergeldern für Kindergärten, Konfessionsschulen, Religionsunterricht, theologische Fakultäten, kirchliche Kulturarbeit, Nachwuchsausbildung, Dotationen, Bauzuschüssen, Auslandsarbeit, Kirchenbaulasten, Entwicklungshilfe, Mission und Erwachsenenbildung. Eine weitere Begünstigung besteht im Einnahmeverzicht durch volle Absetzbarkeit der Kirchensteuer von der Einkommenssteuer und Steuerbefreiungen. Hinzu kommen noch Militär- und Anstaltsseelsorge, kostenfreie Medien-Senderechte, gerichtliche Bußgelder, Kirchentage, Befreiung von öffentlichen Gebühren usw. Alles zusammengerechnet ergibt sich nach Gerhard Czermak ein Gesamtkostentbetrag von jährlich knapp 20 Mrd. Euro. Die Fördermittel für die kirchlichen Sozialeinrichtungen Caritas und Diakonie, in der Höhe von 45 Milliarden Euro sind darin nicht enthalten.[124] Der Anteil der Kirchen an deren Kosten („Kirchenquote") beträgt dabei gerade mal 2%. Dafür aber haben sie ideologisch und arbeitsrechtlich das Sagen über diese Einrichtungen. Dass sich bei dem immensen Reichtum der Kirchen diese sich dann auch noch die Gehälter der Bischöfe vom Staat bzw. den Steuerzahlern bezahlen lassen, ist höchstgradig unanständig. Dass dies nicht im Sinne des Christentums und somit auch nicht der Wille Gottes sein kann, belegt das oben angeführte Zitat aus dem Matthäusevangelium. Zumindest für die Kirchen sollten deren heilige Schriften eine gewisse Verbindlichkeit darstellen.

Solange die Kirchen in der BRD ihren Status als Körperschaft des öffentlichen Rechts, also als Staat im Staat, behalten dürfen, solange werden die Rechtsnormen unserer Verfassung (Neutralität, Trennung, Gleichbehandlung und Äquidistanz) mit der Rechtspraxis weiterhin kollidieren. Privilegien wie die immensen Staatszahlungen und der

Körperschaftsstatus, mit dem die Kirchen niemandem Rechenschaft schuldig sind, sind ebenso wie die vom Staat eingezogenen Kirchensteuern weltweit ziemlich einmalig und bedürfen dringend einer zeitgemäßen, auch den demographischen Verhältnissen angepassten Überprüfung und notfalls auch der Abschaffung, um sowohl der gesellschaftlichen Entwicklung als auch dem Geiste des Grundgesetzes gerecht zu werden. Andere Länder jedenfalls kennen eine solche immense Religionsförderung nicht, ohne deshalb religionsfeindlich zu sein.

Die Bevorzugung der beiden großen Kirchen in der BRD durch den Staat ist somit auch im finanziellen Bereich eklatant und überschreitet bei weitem die vom Grundgesetz vorgesehene kooperative Grundhaltung gegenüber den RWG. Die Rechtspraxis steht daher in einem eklatanten Widerspruch zu den verfassungsrechtlichen Normen. Dies wird auch an den folgenden Punkte ersichtlich.

5.2.1 Die Kirchensteuer

Trotz der von der Verfassung verfügten institutionellen Trennung werden die Mitgliedsbeiträge der Kirchen als Kirchensteuer von derzeit etwa 10 Milliarden Euro jährlich, mit Mitteln der staatlichen Finanzverwaltung eingezogen, was durch das GG anerkanntermaßen nicht garantiert ist. Darin ist durchaus ein klarer Verstoß gegen das Gebot der institutionellen Trennung von Staat und Religion laut Art. 137 VI WRV/140 GG zu sehen. „Das darüber hinaus gehende komplizierte staatliche Kirchensteuersystem erfordert ein intensives Zusammenwirken mit den Kirchen und verstößt daher gegen das Trennungsgebot."[125] Weitere problematische Punkte hierzu sind die kostenlose Beanspruchung der Arbeitgeber, der gegen Art 136 III 1 WRV verstoßende Lohnsteuereintrag, die Behandlung glaubensverschiedener Ehen (Zusammenveranlagung) oder die Zahlungen nichtgläubiger Ehepartner durch ein „Besonderes Kirchengeld" sowie die damit verbundene Preisgabe von Steuerdaten des

Nichtmitgliedes an die Kirchen. Nach Auffassung Czemareks ergeben sich somit einige „Tatbestände", die sich neutralitätswidrig zugunsten der Kirchen und zulasten „vor allem der Nichtreligiösen auswirken."[126] Eine im Jahr 2015 vom Meinungsforschungsinstitut „YouGov" erhobene Umfrage ergab, dass 84 Prozent der befragten Bundesbürger das deutsche Kirchensteuermodell ablehnen.[127]

5.2.2 Steuerbefreiungen

Mit dem ebenfalls vom Körperschaftsstatus abhängigen Kirchensteuerrecht sind aber noch weitere Vergünstigungen für die Kirchen verbunden. So zahlen die Kirchen weder Körperschafts- und Gewerbesteuer noch Umsatz- und Kapitalertragssteuern. Und das, obwohl sie beträchtliche Erträge aus Geldanlagen, Wertpapierbesitz,Stiftungen, Vermietungen und Verpachtungen von Grundbesitz und Immobilien erzielen. Zudem sind die Kirchen auch wirtschaftlich tätig. Sie besitzen eigene Betriebe und Beteiligungen wie Brauereien, Weingüter, Baufirmen, Versicherungen, Banken, Handelsunternehmen, Verlage, Medienunternehmen, Touristikunternehmen u.v.m. Anders als andere Körperschaften des öffentlichen Rechts unterliegen ihre Finanzen aber keiner staatlichen Kontrolle. Anderen als den christlichen und jüdischen Religionsgemeinschaften werden kaum vergleichbare Verträge angeboten, die mit solchen immensen finanziellen Begünstigungen verbunden sind. Somit wird also auch hier, was die Finanzierung und steuerliche Vergünstigungen angeht, gegen das verfassungsrechtliche Neutralitäts- und Gleichbehandlungsgebot verstoßen. Aber auch bei einer gerechten Handhabung der finanziellen Privilegien durch den Staat für alle RWG gilt es zu betonen, dass diese Förderungen und Begünstigungen verfassungsrechtlich zwar nicht verboten, aber eben auch nicht geboten sind. Gerade deshalb spielt der Faktor deomographische bzw. religionssoziologische

Entwicklung eine entscheidende Rolle. Denn mit zunehmendem gesellschaftlichem Bedeutungsverlust der Kirchen aufgrund zunehmender Kirchenferne, Kirchenaustritte, Mitgliederschwund, religiöser Diversität, theologischem und moralischem Glaubwürdigkeitsverlust... wird die ideologische und finanzielle Privilegierung der christlichen Religionsgemeinschaften immer mehr zur staatspolitischen Farce. Sie steht in einem eklatanten Widerspruch zu den gesellschaftlichen Verhältnissen und zum Geiste des Religions- und Weltanschauungsrechts, wie es aus unserer Verfassung hervorgeht.

5.2.3 Staatlich finanzierte Bischöfe

Wenig bekannt ist, dass die Kirchensteuer zum größten Teil für Kirchengehälter und höchstens zu 8 bis 10% für allgemeine soziale Zwecke verwendet wird. Erzbischöfe und evangelische Landesbischöfe bekommen bis zu 12.000 Euro monatliches Grundgehalt, das nicht aus Kirchensteuern, sondern vom Staat und somit von den steuerpflichtigen Bürgern, auch von den nicht-christlichen Bürgern, finanziert wird. Hinzu kommen bis zu 75% bezuschusstes Wohnen in bester Wohnlage, Dienstwagen mit Chauffeur und noch weitere Zulagen. Arbeitslosen- und Rentenversicherung müssen sie freilich nicht selbst bezahlen. Auch die Kosten des gesamten „Hofstaates", also für Dignitäre, Kanoniker, Domkapitulare, Oberkirchenräte, Dom-Mesner, Leiter von bischöflichen Knabenseminaren usw. kommt der Steuerzahler auf. Zusätzlich zu den Einnahmen aus der Kirchensteuer erhalten die Kirchen damit noch einmal rund 485 Millionen Euro für die Gehälter der Kirchendiener.[128] Die Kirchen haben scheinbar kein Problem damit, sich auch von den Steuergeldern der Ungläubigen und Ausgetretenen aushalten zu lassen. Eine moralisch doch sehr fragwürdige Praxis, sich von denjenigen finanzieren zu lassen, von denen man abgelehnt wird und denen man zudem auch noch aufgrund ihres Unglaubens die ewige Verdammnis in Aussicht stellt. Auch wenn es sich bei den Gehaltszahlungen an die Kleriker, gemessen an den gesamten staatlichen Zuwendungen, nur um vernachlässigbare Summen handelt, so bleibt die Frage, wie gerecht und zeitgemäß diese Praxis noch ist, auch wenn sie vom Grundgesetz gedeckt ist.

5.2.4 Die Finanzierung der theologischen Fakultäten

Auch die zahlreichen theologischen Fakultäten als Ausbildungsstätten für Priester werden mit Steuergelder der Bürger mehr als üppig ausgestattet, was selbst der Bayerische Oberste Rechnungshof aufgrund des Missverhältnisses von immer weniger Studierenden und der Vielzahl der Fakultäten bereits 1998 und 2000 beanstandet hatte. In Deutschland gab es 2013/14 an den Universitäten und Fachhochschulen insgesamt 774 hauptamtliche katholische und evangelische Theologieprofessoren. Lehrstühle des neutralen wissenschaftlichen Faches Religionswissenschaft sind dagegen eher selten und der säkulare Humanismus als wichtige geistige Strömung, die einen Großteil der bundesdeutschen Bevölkerung repräsentieren würde, ist an den Universitäten gar nicht vertreten. Dafür aber erfreut sich die Ausbildung islamischer Theologen zunehmend staatlichen Wohlwollens, obwohl es nicht Aufgabe des Staates ist, akademische konfessionelle Religionslehre zu betreiben und Geistliche auszubilden. Nur für den schulischen Religionsunterricht gibt es mit Art. 7 III GG dafür eine Sonderregelung.
Ein anderes damit zusammenhängendes Problem ist der Spagat der Theologieprofessoren zwischen einer einerseits neutralen wissenschaftlichen und freien Forschung, wie sie in Art. 5 III GG gewährleistet ist sowie eine dem Selbstverständnis von „Wissenschaft" völlig konträren Unterwerfung unter kirchenkonforme Dogmen und Lehren. Wichtige Kriterien für eine solche Freiheit bzw. Autonomie der Wissenschaften sind beispielsweise die Unabhängigkeit von dogmatischen Festlegungen, die von außen einwirken; ebenso

der Zweifel als methodisches Erkenntnisprinzip; die rationale Erfassbarkeit des wissenschaftlichen Gegenstandes; die rationale und unabhängige Nachvollziehbarkeit der Ergebnisse; die Freiheit von jeglichem institutionellem und wissenschaftsfremdem Zwang. Wenn also Theologen nur dann als Professoren an eine staatliche Hochschule berufen werden, wenn sie sich in Einklang mit der kirchlich autorisierten Lehre befinden, dann stellt dies ein grundgesetzwidriges Verfahren dar, weil es gegen die Wissenschaftsfreiheit verstößt. Denn es bedarf für die katholische Theologie des „Nihil Obstat" des Diözesanbischofs, ohne das die Berufung nicht erfolgen darf. Dieses aber ist das genaue Gegenteil dessen, was man als Wissenschaft bezeichnet, da es nichts weiter als dogmatischen Stillstand bedeutet. Die evangelische Kirche kann immerhin nicht-konformen Theologen (wie im prominenten Fall Gerhard Lüdemann, der sich aufgrund seiner wissenschaftlichen Forschung vom Christentum losgesagt hat) die Prüfungen in innerkirchlichen Angelegenheiten versagen. Auch die Konkordatslehrstühle verstoßen bundesrechtlich gegen das Trennungsgebot, gegen die Wissenschaftsfreiheit und das Neutralitätsgebot. Hierbei handelt es sich um Lehrstühle, bei deren Besetzung die katholische Kirche aufgrund vertraglicher Vereinbarungen von ihrem Vetorecht Gebrauch machen darf, obwohl es sich hierbei um Lehrstühle im Bereich Philosophie, Pädagogik und Politik bzw. Soziologie handelt. Der BayVerfGH hat 1980 die Konkordatslehrstühle "unter Ignorierung... der Rspr. des BVerfG... in einer rechtshistorisch bemerkenswerten Entscheidung für mit der BayVerf vereinbar erklärt."[129]
Der Status der theologischen Fakultäten an staatlichen Hochschulen ist somit nicht nur wissenschaftstheoretisch, sondern auch politisch etwas höchst Skurriles. Einerseits sind Professoren an theologischen Fakultäten vom Staat bezahlte Staatsbeamte mit Anspruch auf Wissenschaftsfreiheit, andererseits aber stehen sie in einer festen kirchlichen Bindung. Das heißt, der Steuerzahler bezahlt wieder, nämlich die nicht gerechtfertigte staatliche Ausbildung von Priestern,

und die Kirchen bestimmen, wer lehren und was gelehrt werden darf. Auch das widerspricht dem Gebot der Trennung von Staat und Religion bzw. der religiös-weltanschaulichen Neutralität. Grundgesetzlich sind theologische Fakultäten an Staatlichen Hochschulen auch gar nicht vorgesehen und deshalb auch nicht zu rechtfertigen. Ihre weitere Existenz ist deshalb auch nicht grundgesetzlich garantiert. Die Ausbildung von Religionslehrern an Universitäten aufgrund von Art. 7 III GG ist dagegen gerechtfertigt, so lange der Staat eigenen Religionsunterricht anbietet.

5.2.5 Historische Staatsleistungen

Zu den bis hier her genannten finanziellen Begünstigungen der christlichen Volkskirchen kommt noch die jährliche staatliche Entschädigung (Dotation) hinzu, die im Zusammenhang mit der Säkularisation bzw. der Kirchenenteignung und dem damit verbundenen Reichsdeputationshauptschluss aus dem Jahre 1803 steht. Die historischen Staatsleistungen, die zu jener Zeit als Ausgleich für die Säkularisation des Kirchenguts festgelegt wurden, belaufen sich heute auf jährlich ca. 500 Millionen Euro. Diese seit über 200 Jahre bestehende Schuld ist damit schon längst mehr als getilgt. Entscheidend ist, dass diese altrechtlichen vermögenswerten Staat-Kirche-Verflechtungen, die noch Relikte aus der Zeit des christlichen Staates darstellen, ganz eklatant dem „klaren Verfassungswillen widersprechen"[130] Schon die Weimarer Verfassung von 1919 verlangte in Art. 138 diese Staatsleistungen abzulösen. Dieser klare Auftrag der Ablösung steht so auch im Grundgesetz (Art. 140 GG), allerdings ohne zeitliche Festsetzung. Angesichts des klaren Verfassungswillens „zur Beendigung der altrechtlichen vermögenswerten Staat-Kirche-Verflechtung", wie sie zu Zeiten des christlichen Staates vor der Weimarer Republik noch vorherrschend war, sind heute „alle historischen Staatsleistungen als obsolet anzusehen. Sie sind finanziell längst abgegolten und daher anrüchig geworden."[131] Laut einer

Hochrechnung von Carsten Frerk würde eine Ablösung von dieser jährlichen Zahlungspflicht den Ländern 12 Mrd. Euro kosten.[132] Mit dieser Summe hat die Kirche den Staat fest im Griff, denn kein Politiker traut sich diese gewaltige Einmalzahlung zu leisten. Damit laufen die jährlichen Staatsleistungen an die Kirchen wohl bis zum Sankt Nimmerleinstag weiter. Zahlungen, die aus einer längst vergangenen Zeit stammen, in der der Staat noch einer religiösen Begründung bedurfte.

Zudem darf hierbei durchaus die Frage gestellt werden, ob die Kirchen ihre damals enteigneten, aber teilweise (unter König Ludwig I. von Bayern) wieder an sie zurückgegebenen Besitztümer immer rechtmäßig und moralisch vertretbar erworben hatten oder ob Praktiken angewandt wurden, die mit rechtsstaatlichen Grundsätzen gar nicht vereinbar sind. Das müsste im einzelnen untersucht werden, um zu beurteilen, ob die vom Staat geleisteten Dotationen so auch gerechtfertigt sind. Eine Akzeptanz für diese Staatsdotationen ist in der breiten Bevölkerung jedenfalls nicht gegeben.

5.2.6 Vertragskirchenrecht

Verfassungsrechtlich ebenfalls problematisch, weil mit einer Bevorteilung der beiden großen Volkskirchen verbunden, sind die ab 1955 geschlossenen Kirchenverträge. Hierbei handelt es sich um vertragsrechtliche Regelungen zwischen Staat und Kirche bezüglich Anstalts- und Militärseelsorge, christliche theologische Fakultäten (als staatlich finanzierte Ausbildungsstätten von Priestern), Konkordatslehrstühle, Besoldung von Geistlichen, Religionsunterricht, Kirchensteuer, Treueid, Staatsleistungen, Religionsförderung, soziale Einrichtungen, Denkmalschutz, Rundfunk, kirchlichen Privatschulen und Gebührenbefreiung. Im Grunde geht es dabei um nichts anderes, als um die langfristige Sicherung kirchlicher Interessen und ihres Einflusses auf die Gesellschaft und Gesetzgebung. Nach Czermak sind dabei manche Regelungen durch das GG gedeckt, andere wiederum

„eindeutig verfassungswidrig, und nicht wenige bedürfen einer verfassungskonformen Auslegung."[133] Auch laut dem Kirchenrechtler Hermann Weber lassen sich „kaum irgendwo anders so viele verfassungsrechtlich anfechtbare Bestimmungen wie in den Kirchenverträgen" finden. Denn wenn auch die grundsätzliche Zulässigkeit von Staatskirchenverträgen nicht bestritten werden soll, so stellen auch sie in der gegebenen Form in etlichen Punkten einen Verstoß gegen das Neutralitätsgebot dar. Denn anderen als den christlichen oder jüdischen Glaubensgemeinschaften werden solche großzügigen Angebote nicht gemacht.[134] Außerdem stellen sie wiederum ein bundesdeutsches Spezifikum dar, das so in anderen Staaten, die ebenfalls die Religionsfreiheit in ihrer Verfassung verankert haben, nicht vorhanden ist. Zu bedenken ist auch hier wieder die schwindende Bedeutung der christlichen Kirchen in Deutschland aufgrund der religionssoziologischen Entwicklung, was als ausschlaggebendes Argument für alle hier angeführten Punkte mantraartig erwähnt werden muss. Gerade in diesem entwicklungsgeschichtlichem Zusammenhang ist zu kritisieren, dass die Kirchenvertreter versuchen den Verträgen eine besondere Dauerhaftigkeit, quasi eine übergesetzliche Bindungskraft zu verleihen, was sich am Fehlen von Kündigungsklauseln zeigt, wie es dagegen im staatlichen Recht Usus ist. Ein weiterer kritisch zu sehender Punkt betrifft das verfahrensmäßige Zustandekommen der Verträge, der einem „offenen Prozess der Meinungsbildung" entgegen steht. Denn die Verhandlungen über die Verträge werden, laut Czermak, auf Ministerialebene und Kirchenverwaltung geführt, danach die Vertragsentwürfe intern abgesegnet und schließlich als endgültige Festlegung „der parlamentarischen Behandlung in Form des Erlasses eines transformierenden Zustimmungsgesetzes zugeführt. Dem Parlament bleibt also regelmäßig nur ein Ja oder Nein zu dem bereits geschlossenen bzw. inhaltlich fixierten Vertrag. Faktisch bedeutet dies eine Selbstentmachtung des Parlaments."[135] Ganz entgegen demokratischen Prinzipien wird somit einem Wandel der politischen Willensbildung der Öffentlichkeit entgegen gewirkt.

6. Praktische und lebensweltliche Auswirkungen christlicher Religionspolitik

Vielleicht mag der ein oder andere die bis hierhin geführte Kritik an der Privilegierung der christlichen Kirchen durch den Staat für eher theoretisch und für die lebensweltliche Praxis für irrelevant halten. Dass dem aber durchaus nicht so ist, sollen die folgenden lebensnahen Beispiele verdeutlichen. Sie zeigen, wie staatlich tolerierte oder geförderte christlich-religiöse Normen auch in den Alltag nicht-religiöser Menschen hineinwirken. Sie betreffen alle Phasen unseres Lebensweges von der Geburt über die Schul- und Berufszeit bis hin zum Tod.

6.1 Die vorgeburtliche Phase

Die vorgeburtlichen Phase, in der religiöse Überzeugungen die Gesetzgebung beeinflussen, betrifft das Embryonenschutzgesetz (ESchG) und die Gesetzeslage zum Schwangerschaftsabbruch (§§ 218-219b StGB). Was das Embryonenschutzgesetz angeht, so sind die damit in Deutschland verbundenen Regelungen im internationalen Vergleich sehr restriktiv. So darf beispielsweise bei der künstlichen Befruchtung keine Vorauswahl getroffen werden, sondern es müssen immer mehrere Embryonen in die Gebärmutter implantiert werden. Die damit häufig verbundenen Mehrlingsschwangerschaften führen dazu, dass die Kinder oft zu früh kommen und der Schwangerschaftsverlauf für die Frau deutlich gefährlicher ist. Mit den Frühgeburten besteht für die Babys die Gefahr des Aufenthaltes auf der Intensivstation sowie langfristigen Folgeschäden. Auch das Verbot der Eizellspende und der Leihmutterschaft entfällt in anderen Ländern, weswegen viele deutsche Paare ins Ausland wie beispielsweise nach Belgien gehen, um sich dort ihren Kinderwunsch zu erfüllen. Hier muss die restriktive Gesetzeslage an die modernen medizinischen Möglichkeiten unter zwar ethischen Gesichtspunkten, aber ohne religiös-ideologische Bevormundung angepasst werden. Zugegebenermaßen handelt es sich bei der Beurteilung des Schwangerschaftsabbruchs um ein sehr komplexes medizinethisches Problem. Religiös motivierte Standpunkte verweisen dabei auf die „Unverfügbarkeit" oder „Heiligkeit" des Lebens, weswegen oftmals jegliche Diskussion über eine Abtreibung von dieser Seite abgelehnt wird. Auch dann, wenn der Schwangerschaft eine Vergewaltigung voraus ging oder es sich um eine mit einem leidvollen Leben verbundene schwere Krankheit handelt. Aus einer streng religiösen Perspektive heraus ist der Mensch von der Empfängnis an ein von Gott geschaffenes Wesen. Auch wenn die gegensätzliche radikalliberale Position, demnach das Selbstbestimmungsrecht der Schwangeren alleine ausschlaggebend ist, ebenso zu hinterfragen ist, so darf in der Gesetzgebung keine Position unhinterfragt bevorzugt werden, nur weil sie für sich eine besondere, z.B. göttlich legitimierte ethische Erhabenheit beansprucht. Wer die Sachlage unideologisch betrachtet, wird zunächst einmal feststellen, dass schon auf natürlichem Wege etwa die Hälfte aller befruchteten Eizellen spontan abgehen. Während also der natürliche Abort als naturgegeben hingenommen wird, wird beim künstlichen Abort den Frauen eine „zumutbare Opfergrenze" abverlangt. In diesem Zusammenhang erscheint die zugrunde liegende christliche Position, die sich unter Berufung auf den göttlichen Willen für den Schutz des Fötus einsetzt, wenig plausibel. Denn was ist von einem Gott zu halten, der nach streng christlicher Auffassung jeder befruchteten Eizelle eine „ewige Seele" einhaucht, um sie bei etwa der Hälfte der Fälle, beim natürlichen Abort, gleich wieder „auszuhauchen"? Wenn man den Gedanken zu Ende denkt, dann wäre wohl Gott selbst der schlimmste Abtreibungsarzt. Das moralische Vorrecht des Embryos gegenüber der Mutter könnte aber, da es sich hier um einen Entwicklungsprozess handelt, dann beginnen, wenn die Empfindungsfähigkeit des Embryos ab dem zweiten

Schwangerschaftsdrittel einsetzt. Mehr kann und soll hierzu an dieser Stelle nicht gesagt sein, da die ethische Komplexität dieses hier nicht im Mittelpunkt stehenden Themas den in diesem Rahmen vorgesehene Raum bei weitem überbeanspruchen würde. Es genügt hierzu festzustellen, dass religiöse Ideologien die Gesetzgebung, die das reale Leben auch nicht religiöser Menschen betrifft, nicht einseitig beeinflussen dürfen.

Auch bei der Frage über die Zulässigkeit der Präimplantationsdiagnostik handelt es sich um ein nicht minder komplexes ethisches Problem, das entsprechend kontrovers diskutiert und in unterschiedlichen Ländern unterschiedlich angewandt wird. Die medizinischen Leistungen dieses Verfahrens bestehen beispielsweise darin, den Frauen, die auf künstliche Befruchtung angewiesen sind und die einer höheren Gefahr ausgesetzt sind, ein krankes Kind auszutragen, dieses Risiko zu reduzieren. Die PID ist in der BRD ausschließlich zur Vermeidung von schweren Erbkrankheiten, Tot- oder Fehlgeburten zulässig, was den aus religiösen Gründen ablehnenden Positionen schon sehr entgegen kommt. Aber auch schwerstkranke Menschen kann mit der Verwendung von embryonalen Stammzellen zu therapeutischen Zwecken geholfen werden, weil damit weitaus größere Chancen auf Heilung verbunden sind. Immer handelt es sich dabei um interesselose Embryos ohne Empfindung und Ich-Bewusstsein. Wobei es natürlich auch hierzu wiederum unzählige ethische Positionen zwischen den Seiten der Gegner und Befürworter gibt, die im Rahmen unserer Abhandlung nicht berücksichtigt werden können. Dezidiert christliche Positionen lehnen dieses Verfahren jedenfalls ab, weil damit in den Prozess der menschlichen Fortpflanzung eingegriffen wird und weil Anfang und Ende des menschlichen Lebens der menschlichen Verfügbarkeit entzogen bleiben sollen. Wer sich für diese Haltung entscheidet und danach handelt, dem soll dies auch freigestellt bleiben. Problematisch wird es nur, wenn in einer säkularen und liberalen Gesellschaft auf religiösen Glaubenswahrheiten beruhende Überzeugungen zu allgemeinverbindlichen

Gesetzen erhoben werden sollen, die auch anders- oder nichtgläubige Menschen betreffen. Der Staat darf hierbei kein für alle Bürger geltendes Gesetz erlassen, das durch eine bestimmte religiöse oder weltanschauliche Vorstellung motiviert ist.

6.2 Nach der Geburt

Der Einfluss religiöser Weltanschauung setzt sich auf die Gesetzgebung, die die nachgeburtliche Phase des Lebens betrifft, fort. So hat der Deutsche Bundestag mithilfe des § 163d BGB die Beschneidung des männlichen Kindes ausdrücklich legalisiert, während die Verstümmelung weiblicher Genitalien (§ 226a StGB) verboten ist. Das widerspricht sowohl dem Grundrecht der körperlichen Unversehrtheit (Art. 2 GG) als auch dem der Gleichberechtigung von Mann und Frau (Art. 3 GG). Der Druck der islamischen und jüdischen Religionsgemeinschaften auf die Politik war wohl so groß, dass bei einer Entscheidung gegen die Beschneidung die Furcht vor deren Empörung enorm gewesen sein muss, gerade vor dem Hintergrund drohender rassistischer Vorwürfe oder der omnipräsenten Kultur der nationalsozialistischen Vergangenheitsbewältigung. Insofern haben hier nicht die Vernunft und die Menschlichkeit, sondern religiös archaische Riten und der Druck von Religionsgemeinschaften auf die noch immer von der nationalsozialistischen Vergangenheit traumatisierte Gesellschaft und Politik obsiegt.

6.3 Die Kindergarten- und Schulzeit

Was dem Lebensabschnitt des Kleinkindalters folgt, ist die Kindergarten- und Schulzeit. Abgesehen davon, dass die getauften Kinder mit ihrer ungewollten Taufe ihre erste, noch unbewusste Erfahrung mit der Kirche machen, begegnen sie dem öffentlichen Einfluss der Religionen so richtig erst im

Kindergarten und in der Schule. Die Kindergärten sind meist in kirchlicher Hand und in den Schulen ist der Religionsunterricht ordentliches Lehrfach (Art. 7 GG), außer in den bekenntnisfreien Schulen. Diese müssen keinen Religionsunterricht anbieten. Dort könnten all die wichtigen Fragen über Gott und die Welt, die Entstehung des Universums oder über den Sinn des Lebens so behandelt werden, wie von einer öffentlichen auf wissenschaftliche Kenntnisse basierenden Schule eigentlich erwartet, nämlich evidenzbasiert, rational, weltanschaulich neutral, philosophisch frei, d.h. ohne aus einer in engen dogmatischen Grenzen vorgegebenen Glaubenslehre. Der Haken daran ist nur, dass in Deutschland (bis auf Brandenburg) keine einzige bekenntnisfreie Schule existiert.

So wie die anderen religionsfreundlichen Passagen des Grundgesetzes, so sind auch die Regelungen zum Religionsunterricht auf den erheblichen Einfluss zurückzuführen, welche die Kirchen auf den Parlamentarischen Rat, anlässlich der Beratung zum Bonner Grundgesetz ausgeübt haben. Hierzu gehört die Zulassung der Konfessionsschulen als Regelschulen, mit der faktisch ein Konfessionsschulzwang vorherrschte. An nicht-christlichen Minderheiten, die es zu dieser Zeit auch kaum gab, wurde nicht gedacht. In den 1960er Jahren wurden dann die sogenannten Christlichen Gemeinschaftsschulen als Schulform für alle, also als Regelschulen etabliert. In diesen werden, so beispielsweise laut Art 135 BayVerf (1968), die Schüler „nach den Grundsätzen der christlichen Bekenntnisse unterrichtet und erzogen," was freilich der Religionsfreiheit und dem staatlichen Trennungsgebot widerspricht. Das gleiche gilt für das Erziehungsziel der „Ehrfurcht vor Gott," wie es in einigen Länderverfassungen festgeschrieben ist. Auch hier gilt, dass derjenige, der nicht an einen persönlichen Gott glaubt, laut Art. 4 GG nicht zu dieser Ehrfurcht erzogen werden darf. Freilich stellt der staatliche Religionsunterricht eine vom GG legitimierte Ausnahme vom Trennungsgebot (Art. 137 I WRV/140 GG) dar, aber er verstößt nur dann nicht gegen den Grundsatz der Neutralität, wenn auch anderen Religions- und

Weltanschauungsgemeinschaften prinzipiell das Recht zugestanden wird, ihren Unterricht gemäß Art.7 III GG anzubieten. Was dabei allerdings weniger bekannt und in Art. 7 II und 4 I GG garantiert ist, ist die Tatsache, dass die Teilnahme am Religionsunterricht auf freiwilliger Entscheidung religionsmündiger Schüler beruht. Dennoch wird den Schülern eine Abmeldung dadurch verleitet, dass sie ersatzweise einen speziellen Ersatzunterricht, meist Ethik (oft nachmittags), besuchen müssen. Da nun aber keine Religionspflicht herrscht, darf der Religionsunterricht auch nur als Angebot gesehen werden, woraus sich wiederum ergibt, dass es auch keine Ersatzpflicht in Form beispielsweise eines Ethikunterrichts, geben darf. Entgegen der landläufigen Meinung ist der Religionsunterricht also kein Pflichtfach, sondern ein Wahlfach, das allerdings zum schulischen Pflichtangebot gehört. Indem den Schülern diese Freiheit nicht gewährt wird, weicht auch hier die Rechtspraxis von der Rechtsnorm ab.[136] Eindeutig gegen den Geist der staatlichen Neutralität spricht die Tatsache, dass es in Nordrhein-Westfalen und Niedersachsen noch immer Konfessionsschulen als staatliche Schulen gibt, deren Finanzierung ausschließlich aus staatlichen Mitteln besteht. Die Religionsgemeinschaften beteiligen sich nicht an den Kosten.

Wenn man dennoch den Religionsunterricht als Wertevermittlung für den Zusammenhalt in unserer Gesellschaft und deshalb womöglich sogar als staatspolitisch unverzichtbar erachtet, dann gibt es aufgrund einer zunehmend säkularer werdenden Gesellschaft auch kein Argument mehr dafür, warum nicht auch andere Werte vermittelnden Fächer wie LER (Lebensgestaltung-Ethik-Religionskunde), Ethik, Werte und Normen oder Philosophie gleichberechtigt neben dem konfessionellen Religionsunterricht zur Auswahl gestellt werden sollten. Nicht akzeptabel ist der Umstand, dass - wie in Bayern - die Ethikunterricht-Lehrpläne mit den Kirchen abgestimmt werden müssen. „Diese sehen eine eingehende Berücksichtigung nichtchristlicher Religionen vor, während das humanistischaufklärerische Gedankengut bzw. naturalistisch-wissenschaftliche Weltbild mit seiner enormen Bedeutung für die europäische Kultur, einschließlich seiner bedeutenden Denker, systematisch und nahezu vollständig ausgeblendet wird."[137] Von einer „religiös-weltanschaulich neutralen Lehrplangestaltung" kann deshalb laut Gerhard Czermak nicht gesprochen werden. Ethikunterricht auf dieser Grundlage, der teilweise sogar von Religionslehrern unterrichtet wird, ist nichts weiter als ein durch die Hintertüre wieder hereingelassener Religionsunterricht.

Aufgrund der in Art. 4 I GG garantierten völligen Gleichberechtigung der religiösen und weltanschaulichen Bekenntnisse dürfte der Staat außerhalb des Religionsunterrichtes auch keine weltanschauliche Beeinflussung vornehmen. In der Praxis des Schulalltages wird dagegen jedoch verstoßen. Das Gebot der Neutralität (Gleichbehandlung, Nichtidentifikation, Äquidistanz) ist objektives Verfassungsrecht, das das GG dem Staat als „Heimstatt aller Bürger" auferlegt. In diesem Sinne hat das BVerfG a. 16.5.1995 in seinem sogenannten Kruzifixurteil auch entschieden. Erstmals wurde damit eine Entscheidung gefällt, die gegen christlich-konservative Interessen gerichtet war, indem es die religiös-weltanschauliche Gleichberechtigung sowie das Verbot einseitiger ideologischer Beeinflussung durch den Staat hervorgehoben hat. Das Schulkreuz ist eben nicht nur ein kulturelles Symbol, sondern hat durchaus einen „appellativen Charakter" (BVerfG), der auf eine emotionale Wirkung zielt und somit mit Art. 4 GG kollidiert. Der Verstoß gegen das objektive Neutralitätsgebot ist demnach offensichtlich, denn mit dessen öffentlicher Präsentation kann keine Unparteilichkeit bzw. Neutralität gegen andere religiöse und nichtreligiöse Weltanschauungen beansprucht werden. Der Beschluss vom 16. Mai 1995 besagt explizit, dass Art. 4 GG den Bürger davor schützt, in einem staatlich geschaffenen Pflichtraum (hier: Schulpflicht) dem Einfluss eines bestimmten Glaubens ausgesetzt zu sein, ohne sich diesem entziehen zu können. Damit wurden auch Teile der Bayerischen

Volksschulordnung von 1983 für verfassungswidrig und nichtig erklärt, nach denen in jedem Klassenzimmer der Volksschulen in Bayern Kreuze anzubringen waren. Davon betroffen ist auch die Praxis der Schulgebete, da sie meist nicht von den Schülern, sondern von den Lehrern, also von staatlichen Amtspersonen, initiiert werden.

Religionsunterricht ist immer auf die religiöse Erziehung im Sinne des jeweiligen spezifischen Glaubens ausgerichtet. Damit aber ist ihm immer auch ein gegenüber Anders- und Ungläubigen ausschließendes und desintegrierendes Element immanent. Angesichts der religionssoziologischen Situation in Deutschland mit einem stark zunehmenden religiösen Pluralismus und Säkularismus wäre ein Nachdenken über Alternativen nicht nur zeitgemäß, sondern aus soziologischer Sicht dringend geboten. Ein Religionskundeunterricht, der durch eine neutrale Äquidistanz gegenüber allen Religionen und Philosophemen gekennzeichnet ist, würde diesen demographischen und religionssoziologischen Veränderungen unserer Gesellschaft Rechnung tragen und wesentlich mehr für das Verständnis und die Toleranz gegenüber anderen Religionen und Weltanschauungen beitragen. Dies würde der Integration weitaus mehr zuträglich sein, als wenn die unterschiedlichen Religionsgemeinschaften ihre eigenen Lehren verkünden, denn zwangsläufig wird dadurch immer auch das Trennende thematisiert werden. Ein weiterer Vorteil wäre die neutrale und wissenschaftsbasierte Sichtweise auf die Religionen, die auch deren profane und historische Entwicklungsgeschichte sowie ihre gegenseitige Beeinflussung in den Blick nimmt.
Weitaus zeitgemäßer und sinnvoller als der traditionelle Religionsunterricht wäre aus den gleichen Gründen auch die Erziehung zum Verfassungspatriotismus, bei der die Grundprinzipien und die Akzeptanz des Grundgesetzes vermittelt werden. Denn wer glaubt, die Idee der Integration durch Religionsunterricht sei eine, die dem gesellschaftlichen Frieden dient, der gibt sich einer gefährlichen Illusion hin, denn damit wird mit den religionsimmanenten intoleranten und

gewaltsamen Elementen auch das Trennende und Ausgrenzende der Religionen unterschätzt. Vielmehr müsste in einer multireligiösen und säkularen Gesellschaft der Staat ein erhöhtes Interesse an der Integration aller unter das Grundgesetz haben und dafür auch den geeigneten rechtlichen Rahmen schaffen. Leider duckt sich bei der Lösung dieser ebenso dringlichen wie heiklen Frage die Politik weg. Gerhard Czermak kritisiert in diesem Zusammenhang, dass das BVerfG in seinem Beschluss vom 27.1.2015, dem sogenannten Kopftuch-Urteil, „bei der Güterabwägung zwischen der Religionsfreiheit der Lehrerinnen und der weltanschaulichen Neutralität des Staates dem persönlichen Grundrecht den grundsätzlichen Vorzug" gibt. Damit würde trotz voranschreitender Säkularisierung und religiöser Pluralisierung das religiöse Moment gestärkt werden und anstatt der „Pluralisierung durch Betonung der tragenden gemeinsamen Staatsgrundsätze gegenzusteuern, wird die Religion als trennendes Element gerade im staatlichen Raum zusätzlich hervorgehoben."[138] Nicht nur die Repräsentation der öffentlichen Gewalt in Gerichten, bei der Polizei oder in Gemeinden erfordern eine „stark distanzierende Neutralität", auch Lehrer repräsentieren eine säkulare Staatsmacht (Art. 7 I GG; staatliche Schulhoheit), so dass ihnen weitaus mehr Distanz auferlegt werden muss als Schülern."[139] Wenn dagegen die Religionsfreiheit von Amtsträgern, wenn sie im Konflikt mit der religiös-weltanschaulichen Neutralität steht, höher als diese gewichtet wird, dann ist darin durchaus ein desintegratives Signal enthalten, das sich als kontraproduktiv gegenüber den Integrationsbemühngen erweisen könnte. Ein integratives Signal an alle Religionsgemeinschaften kann viel mehr Wirkung zeigen, wenn für alle Religionsgemeinschaften klar erkennbar ist, dass die weltanschauliche Neutralität des Staates Vorrang vor der individuellen Religionsfreiheit im staatlich-hoheitlichen Bereich besitzt.

Natürlich sind im Bereich der Erziehung die Religionsgemeinschaften stark daran interessiert, dass die Kinder möglichst zahlreich in ihrem Sinne erzogen werden.

Der Religionsunterricht an Schulen erfüllt die wichtige Funktion der Bestandssicherung der Religionsgemeinschaften, die das Privileg besitzen, hier ihren Einfluss mit staatlicher Förderung geltend machen zu dürfen.[140] Dass es im Gegenzug hierzu keine einzige bekenntnisfreie Schule in der BRD gibt, verwundert insofern nicht, als in den diversen Präambeln der Landesverfassungen ein Bezug von Staat, Erziehung und Gott vorgegeben wurde. Erinnert sei deshalb an dieser Stelle noch mal daran, dass beispielsweise in NRW die „Ehrfurcht vor Gott" als staatliches Lernziel festgeschrieben ist, dass in Baden-Württemberg der staatliche Bildungsauftrag „in Verantwortung vor Gott, im Geiste der Nächstenliebe" erfolgt und dass in Bayern die obersten Bildungsziele die „Ehrfurcht vor Gott" und „Achtung vor religiöser Überzeugung" darstellen. Auch das Grundgesetz hat in seiner Präambel eine Denominatio Dei, einen (christlichen) Gottesbezug. Allerdings hat dieser „nach so gut wie allgemeiner Auffassung der Verfassungsjuristen keine spezifische normative Bedeutung,"[141] weil dies ansonsten dem strikten Neutralitätsgebot widersprechen würde.[142] Auch von einer christlichen Tradition des Abendlandes findet sich in der Staatsverfassung keine Spur, eben so wenig wie die Berufung auf eine (noch!) christliche Mehrheit oder Leitkultur, die der Bevölkerungsmehrheit einen Einfluss auf die religiöse und weltanschauliche Neutralität des Staates und seiner Institutionen (Gerichte) einräumen darf. Ohnehin wäre zu klären, was unter „Gott" genau zu verstehen ist. An den personalen Gott, so wie ihn die monotheistischen Weltreligionen und die christlichen Kirchen lehren, glaubt, wie oben dargelegt, ohnehin nur noch eine Minderheit der bundesdeutschen Bevölkerung. Aber auch rein juristisch gilt festzuhalten, dass die Landesverfassungen mit ihren eben erwähnten religiösen Bezügen, mit dem Grundgesetz kollidieren. Allerdings gilt Art. 31 GG: „Bundesrecht bricht Landesrecht." Der historische Hintergrund für die aller Neutralität widersprechenden (christlichen) Gottesbezüge ist der, dass es den christlichen Kirchen, trotz ihrer moralisch äußerst fragwürdigen Haltung und Kooperation mit dem nationalistischen Regime schon kurz nach Beendigung des zweiten Weltkrieges gelungen ist, ihren politischen Einfluss geltend zu machen und starke christliche Elemente in die Länderverfassungen zu inkorporieren.

Heute allerdings dürfte den meisten Jugendlichen und Schülern kaum noch einsichtig zu vermitteln sein, weshalb der Bezug auf ein höheres Wesen, von dem niemand weiß wie, wo und ob dieses überhaupt existiert, heute noch als „oberstes Bildungsziel" gelten sollte. Wie sollen auch die Bildungsinhalte eines solchen nur behaupteten und völlig ungreifbaren Wesens auf archaischer Grundlage überhaupt aussehen, wenn Bildung nicht in reiner Spekulation und Aberglauben münden soll? Dass eine ethische und moralische hochwertige Erziehung auf wissenschaftlich-humanistischer, z.B. evolutionsbiologischer, psychologischer, soziologischer, historischer oder ethnologischer Basis viel zeitgemäßer, wirkungsvoller und weil objektiv, deshalb auch einsichtiger vermittelbar ist als spekulative archaische Gottesvorstellungen, liegt angesichts der dargelegten religionssoziologischen Zahlen auf der Hand. Mit einem auf wissenschaftlicher Faktenlage basierenden Ethikunterricht würde eine allgemeinverbindliche Grundlage vorliegen, welche im Gegensatz zu den ethisch sehr ambivalent ausfallenden heiligen Büchern steht, die nur für diejenigen Geltung besitzt, die auch daran glauben. Wir erinnern uns hier an die im ersten Teil dargelegten Schilderungen des überaus grausamen Gottes im Alten Testament. Genau so wenig wie der in puncto Intoleranz und Grausamkeit diesem in Nichts nachstehende Gott des Korans können diese archaischen Gottesbilder heute unmöglich noch als ethische Bildungsgrundlage herangezogen werden. Das funktioniert nur dann, wenn sehr selektiv nur die schönfärberischen und der jeweiligen Sache gerade dienlichen Textstellen hierfür herangezogen werden. Davon aber abgesehen, stellt die verpflichtende Erziehung zum traditionellen Gottesglauben objektiv einen klaren Verstoß gegen das GG und die Religionsfreiheit dar.

6.4 Religiöse Symbole in öffentlichen staatlichen Räumen

Eine einseitige staatliche Bevorzugung der christlichen Glaubensgemeinschaften sowie eine Verletzung des Neutralitäts- und Trennungsgebotes stellt auch das Anbringen von Kreuzen in öffentlichen (kommunalen oder staatlichen) Räumen dar. Darunter fallen nicht nur Schulen, sondern auch Ratssäle, Gerichtssäle, Krankenhäuser etc., also Orte der säkularen öffentlichen Gewalt.

So sind beispielsweise in vielen Gerichtssälen Kreuze angebracht, obwohl aufgrund der strikten Trennung von Staat und Kirche der mit diesem Symbol verbundene Glaube keinen Einfluss auf die Gerichtstätigkeit haben darf. Vielmehr verletzt dies das Vertrauen auf die Unabhängigkeit und Neutralität des Richters. Wie viel Vertrauen kann man Richtern entgegen bringen, die auf ein verfassungswidrig installiertes Symbol bestehen? Es ist unsäglich, dass Schüler, Eltern oder vor Gericht geladene Bürger die oft mit einem Spießrutenlauf verbundene Beantragung auf Entfernung dieser Symbole erst durchfechten müssen. Die Bringschuld liegt auf Seiten der staatlichen Behörden und darf nicht dem Bürger auferlegt werden, indem er mit formellen Aufwand erst dagegen vorgehen muss. Dies ist eine bewusste Schikane und Missachtung der Gesetzgebung seitens des Staates bzw. kirchennaher Politiker und Juristen, um das Neutralitätsgebot in der Lebenswelt ein Stück weit zugunsten der christlichen Weltanschauung auszuhebeln. Während das Neutralitätsgebot beim Aufhängen von christlichen Symbolen staatlicherseits wie in Bayern, bewusst missachtet wird, spielt es in der Kopftuchdebatte plötzlich ein Hauptargument, um muslimischen Lehrerinnen das Tragen des Kopftuches im Unterricht zu verbieten. Die Rechtslage ist dabei klar, denn unabhängig von den weltanschaulichen Mehrheitsverhältnissen dürfen in Diensträumen mit Publikumsverkehr keine speziellen religiösen Symbole angebracht werden, gegen deren Anbringung sich dann erst stigmatisierte Andersdenkende durch die Instanzen klagen müssen. Wenn das Kreuz als Symbol des christlichen

Glaubens von Politikern zu einem bloßen Kultursymbol degradiert wird, um mit dieser Begründung dessen Anbringung in öffentlichen Räumen zu legitimieren, dann kann dies sicher nicht im Sinne der Kirchen sein. Für sie ist das Kreuz weit mehr als nur ein Symbol, das die Identität zu einer Kultur öffentlich zur Schau bringen soll. Wenn schon unbedingt Symbole in staatlichen oder kommunalen öffentlichen Räumen angebracht werden sollen, die auf eine gemeinsame kulturelle und historische Identität verweisen sollen, dann wäre das Anbringen beispielsweise des Länder- oder Bundeswappens oder ein Bild des Bundespräsidenten weitaus angebrachter. Zumindest würde das nicht gegen ein Grundrecht bzw. dessen Beugung durch eine fadenscheinige Begründung (das Kreuz als gemeinsames Kultursymbol) verstoßen, zumal sich - wie nun schon des öfteren dargelegt - sich nur noch eine Minderheit der bundesdeutschen Bevölkerung mit diesem Symbol identifiziert.

6.5 Das Berufsleben

Auch im Berufsleben kann sich die Privilegierung christlicher bzw. kirchlicher Institutionen negativ auswirken. Beispielsweise für Menschen, die beruflich in einer sozialen Einrichtung tätig werden möchten. Aufgrund der Ausweitung der individuellen Religionsausübungsfreiheit (Art. 4 II GG) durch das BVerfG 1968 auch auf mit der Kirche verbundene soziale Einrichtungen sind diese somit zu eigenständigen Grundrechtsträgern geworden. Kombiniert mit den Besonderheiten des kirchlichen Arbeitsrechtes und der bundesgesetzlichen Subsidaritätsklausel zugunsten privater Sozialträger, hat dies dazu geführt, dass der bundesdeutsche Sozialbereich heute von kirchlichen Sozialeinrichtungen dominiert wird. Dies steht insofern mit der Religionsfreiheit im Konflikt, da somit sowohl für die Arbeitsuchenden als auch für die Nutzer dieser Einrichtungen kaum noch säkulare Alternativen zur Verfügung stehen. Die beiden Sozialinstitutionen Caritas und Diakonie stellen innerhalb der freien Wohlfahrtspflege 97% aller Ausbildungs- und Fortbildungsplätze, was bedeutet, dass konfessionsfreie Menschen, die im sozialen bzw. medizinisch-therapeutischen Bereich arbeiten wollen, erst in die Kirche eintreten müssen, um einen Ausbildungsplatz oder Job zu bekommen bzw. nicht aus der Kirche austreten können, ohne ihre Anstellung zu verlieren. Sie müssen sich quasi zwischen zwei Grundrechten, dem auf Religions- und Weltanschauungsfreiheit und dem auf freier Berufswahl entscheiden. In der Praxis besteht also eine „unerhörte Ausweitung der sozial-karitativen Einrichtungen kirchlich gebundener Träger bis zu regional monopolhaften Stellungen."[143] Mit etwa 1,8 Millionen Beschäftigten sind Caritas und Diakonie die beiden nicht-staatlichen größten Arbeitgeber Deutschlands.[144] Damit waren 2012 innerhalb der freien Wohlfahrtspflege laut Angaben der „Bundesarbeitsgemeinschaft der Freien Wohlfahrtspflege" (BAGFW), immerhin 93% aller Krankenhausbetten, 59% der Jugendhilfe inklusive Kindertageseinrichtungen und 58% bei der Altenhilfe in konfessioneller Hand. Obwohl die Kirchen nur wenig bis gar nicht zur Finanzierung dieser Einrichtungen beitragen, haben sie ideologisch wie arbeitsrechtlich die Kontrolle über diese Einrichtungen. Der Politologe und Sozialwissenschaftler Carsten Frerk kommt zu dem Ergebnis, dass der Beitrag der Kirchen zum Gesamtvolumen von ca. 44,5 Mrd. Euro (2003) für Caritas und Diakonie lediglich 1,8% beträgt.[145] Es mutet schon etwas paradox an, dass um so mehr seit den 1970er Jahren die Kirchlichkeit abgenommen hat und sich die Zahl der Konfessionslosen vervielfacht hat, desto mehr das bundesdeutsche Sozialwesen konfessionalisiert wurde. Dank § 118 Abs. 2 BetrVG sind die Religionsgemeinschaften obendrein auch noch von den Bestimmungen des Betriebsverfassungsgesetzes befreit.[146] Damit können sie Grundrechte wie Religionsfreiheit, das Recht auf freie Meinungsäußerung, das Streikrecht, das staatliche Kündigungsschutzgesetz sowie das Recht auf Bildung von Gewerkschaften umgehen. Während die Verfassung den Religionsgemeinschaften das Recht einräumt, „ihre

Angelegenheiten selbständig innerhalb der Schranken des für alle geltenden Gesetzes zu ordnen und zu verwalten" (Art. 137 III WRV/140 GG), hat das BVerfG 1985 die religionsneutralen Kündigungsvorschriften durch amtskirchliche Loyalitätspflichten ersetzt. Den Grundrechten der Arbeitnehmer hat es damit nach der Auffassung von Gerhard Czermek, „kaum eine Rolle beigemessen,"[147] denn im Rahmen der Arbeitsverträge „können die Kirchen kraft ihres Selbstbestimmungsrechtes das besondere Leitbild einer christlichen Dienstgemeinschaft zugrunde legen." Das gilt bis hinein in die Privatsphäre der Arbeitnehmer, z.B. bei der ehelichen Scheidung bzw. Wiederheirat, die einen fristlosen Kündigungsgrund aufgrund „sittenwidrigen Verhaltens" darstellt. Diese Rechtspraxis weicht meilenweit von dem in der Gesellschaft vorherrschenden allgemeinen Rechtsempfinden ab, das die Rechtsprechung zu berücksichtigen hätte.

Somit scheint es also durchaus berechtigt, von einer Bevorzugung der kirchlich-sozialen Einrichtungen wie Kindergärten, Alten- und Pflegeheime, Sozialstationen, Krankenhäuser seitens der Justiz und des Staates zu sprechen. Auch diese Bevorzugung stellt eine dringend zu begradigende arbeitsrechtliche Schieflage zwischen Staat und Kirche bzw. deren sozialen Einrichtungen unter dem Dach von Caritas und Diakonie dar. Die Folge dieser Schieflage betrifft nämlich nicht nur die dort Beschäftigten, sondern ebenso diejenigen, um deren wegen es diese Einrichtungen überhaupt erst gibt, nämlich den Menschen, die gezwungen sind, von Kindertagesstätten, Krankenhäusern, Pflege- und Altenheimen usw. Gebrauch zu machen. So wird die zunehmende Zahl an glaubensfernen Bürger genötigt, diese in christlicher Hand befindlichen Einrichtungen zu nutzen, auch wenn sie deren Ideologie im Innersten ablehnen. Dies gilt sowohl für die dort Beschäftigten als auch für die Nutzer dieser sozialen Einrichtungen. Das Versagen des Staates besteht darin, dass er aufgrund des Neutralitätsgebotes eigentlich dazu gezwungen wäre, Sozialstrukturen zu schaffen, die paritätisch auch religiös-weltanschaulich neutrale Einrichtungen berücksichtigen. Dies ist jedoch trotz der zunehmenden religiösen Pluralität und Säkularisierung der Gesellschaft nicht der Fall.

6.6 Alter und Tod

Auch in der letzten Phase unseres Lebens spielen religiöse Glaubensüberzeugungen in die Gesetzgebung bezüglich eines selbstbestimmten Sterbens hinein. Wenn ein Katholik mit Johannes Paul II. der Auffassung ist, der Suizid sei Mord, nämlich „Selbst-Mord", und dieser deshalb so unannehmbar wie Mord sei, dann darf und soll er sein Lebensende, an dieser persönlichen Glaubensgrundlage sich orientierend, gestalten. Umgekehrt darf der weltanschaulich neutrale Staat nichtreligiösen Menschen aber auch keine religiös beeinflussten Restriktionen aufbürden, die Sterbehilfe als einen gegen Gottes Willen verstoßenden „Selbst-Mord" betrachten. Freie Menschen haben ein natürliches Recht darauf auch frei zu entscheiden, wann und wie sie ihr Leben beenden und welche Hilfe sie dabei in Anspruch nehmen wollen. Wenn der im GG sehr unbestimmte Begriff der Menschenwürde dadurch gekennzeichnet ist, dass nicht der Staat oder die Kirche, sondern der Einzelne selbst über seine Würde bestimmt, so darf eine Beschränkung des einzelnen durch eine christlich beeinflusste Gesetzgebung nicht akzeptiert werden. „Der Staat darf sich auf keinen Fall, wie dies 2015 bei der Verabschiedung des Sterbehilfegesetzes § 217 StGB (Geschäftsmäßige Förderung der Selbsttötung) geschehen ist, zum Anwalt einer spezifischen, nämlich christlichen Weltanschauung machen und deren Werte zur allgemeinverbindlichen Norm erheben."[148] Jedes Individuum selbst und nicht der Staat oder irgend eine Weltanschauungs- oder Religionsgemeinschaft besitzt das Recht über seine Würde selbst zu bestimmen. Das hat auch das Bundesverfassungsgericht, allerdings erst kürzlich, im Februar 2020, in seiner Entscheidung über die „geschäftsmäßige Sterbehilfe" so gesehen, wenngleich die aktive Sterbehilfe in der BRD nach wie vor verboten bleibt. Aber schon vorher sprachen freiheitliche Denker wie der Philosoph Hermann Josef Schmidt im Zusammenhang mit dem Verbot der Suizidbeihilfe durch Dritte oder der Genehmigung der Beschneidung männlicher Kinder und Jugendlicher aus religiösen Gründen von einer "dreisten Verabschiedung von Gesetzen durch den deutschen Bundestag, die fast schon auf eine Verhöhnung des Verfassungsgrundsatzes der Trennung von Kirchen und Staat hinauslaufen und einer zunehmend religionsfreien Bevölkerung dennoch primär religiös begründete Auffassungen strafbewehrt aufzuoktroyieren sucht."[149] In der Tat war unsere abendländische Kultur aus einem humanistischen Blickwinkel heraus gesehen schon einmal weiter, denn bei vielen antiken Philosophen, wie Sokrates, Seneca, den Kynikern und den Stoikern galt der selbstbestimmte Tod als die letzte große Freiheit des Menschen.

6.7 Weitere Schieflagen zwischen Rechtsnorm und Rechtspraxis

Ein weiteres Beispiel betrifft die Medien, die aufgrund ihres immensen Einflusses auf die Bevölkerung auch oft als die vierte Macht oder als die „publikative Gewalt" neben Exekutive, Legislative und Judikative angesehen werden. Aufgrund der „normativen Vergünstigungen" für die etablierten Religionsgemeinschaften werden die Interessen eines Großteils der nichtgläubigen Menschen, also Atheisten, säkulare Humanisten, Agnostiker u.s.w., aber auch Muslime und andere religiöse Minderheiten trotz der durch Art. 5 I GG gewährleisteten Meinungsvielfalt in den öffentlich-rechtlichen Medien weitgehend ignoriert oder doch zumindest stark benachteiligt. Dies mag von Bundesland zu Bundesland etwas divergieren, aber für eher kirchlich und konservativ geprägte Bundesländer wie beispielsweise Bayern dominieren ganz klar Übertragungen von Gottesdiensten, Wallfahrten und sonstigen kirchlichen Themen über eher religionskritische oder gar atheistische Beiträge. Dies ist insofern nicht verwunderlich, als bei der Auswahl der medialen Führungspersonen und Rundfunkräte neben politischen auch religiös motivierte Einflussnahmen stattfinden. So befinden sich in dem Bereich Religion und Weltanschauung ausschließlich Vertreter der katholischen und evangelischen Kirche sowie der jüdischen Kultusgemeinde. „Generell kann man feststellen, dass das geschichtsmäßige Gedankengut der europäischen Aufklärung, das Demokratie, Menschenrechte (insbesondere Meinungs- und Religionsfreiheit), Toleranz und die Überwindung der religiösen Meinungskontrolle erst ermöglicht hat, nicht adäquat berücksichtigt wird. Das humanistisch-wissenschaftliche, nicht-religiöse Weltverständnis als eigenständige Weltanschauung, hat trotz der erheblichen religionsstatistischen Veränderungen keinen Platz im Programm."[150] Auch hier zeigt sich der ausgeprägte Lobbyismus von Religionsgemeinschaften als noch immer sehr einflussreich. Das Problematische daran ist aber, dass den religiösen Positionen eine medial viel größere Plattform geboten wird, als es deren Bedeutung in der Zivilgesellschaft mittlerweile noch zuständе. Der Bevölkerungsanteil der „praktizierenden Gläubigen", also derjenigen, die mindestens einmal im Monat eine Kirche, Synagoge oder Moschee besuchen, liegt bei gerade mal 12 Prozent.[151] Dennoch werden die Interessen jüdischer, muslimischer oder christlicher Belange öffentlichkeitswirksam in den Medien in Szene gesetzt. So, wenn es beispielsweise um die Beschneidung männlicher Kinder, das Schächten von Tieren, das Tragen von Kopftüchern oder das Anbringen von Kruzifixen in öffentlichen Räumen oder das Kirchenasyl geht. Wenn dagegen humanistische oder atheistische Belange kaum Berücksichtigung finden, dann mag dies auch damit zusammenhängen, dass sich eine sozusagen „schweigende" und weniger emotionale „gottlose" Klientel nicht zu wirkmächtigen großen Organisationen vereinen und sich deshalb auch wenig Gehör in den Parlamenten, Gerichtshöfen und Medien verschaffen kann. Klappern gehört nun mal zum Handwerk, und wer sich am lautesten und schrillsten bemerkbar macht, der wird nun mal auch eher wahrgenommen als die schweigende Mehrheit.

7. Die Notwendigkeit der Religionskritik für offene, demokratische Gesellschaften, in Hinblick auf den Islam

Auch wenn die den beiden großen christlichen Volkskirchen vom bundesdeutschen Staat zugestandenen Privilegien als verfassungsrechtlich problematisch, nicht mehr zeitgemäß, weltweit fast einzigartig und deshalb scharf zu kritisieren sind, so muss doch anerkannt werden, dass sich die Kirchen dem Zeitgeist einer aufgeklärten Gesellschaft nach langen Kulturkämpfen längst gebeugt haben und von ihnen keinerlei theokratische Herrschaftsansprüche mehr ausgehen. Etwas anders sieht dies mit den rückwärtsgewandten islamischen Religionsgemeinschaften aus, die oftmals wie Fremdkörper aus einer anderen Zeit und Welt in den freien und freizügigen westlichen Gesellschaften anmuten. Die Sorge, dass mit dem durch Flucht, Migration und hoher Fertilität verbundenen Erstarken des politischen Islam in Europa eine neue Gefahr für die in Jahrhunderten gegen religiöse Interessen erkämpften freiheitlichen Werte heraufzieht, ist nicht ganz unbegründet. Zahlreiche islamistisch motivierte Terroranschläge, aber auch Kriminalstatistiken belegen die mit der Migration nach Europa verbundenen Spannungen zweier komplett unterschiedlicher Kulturen. Erinnern wir uns nur an Salman Rushdie, der 1989 mittels einer Fatwa zum Tode verurteilt wurde, an Theo van Gogh, der 2004 in Amsterdam von Islamisten ermordet wurde, an den Anschlag auf Charlie Hebdo von 2015, den Anschlag während eines Rockkonzertes im Bataclan-Theater in Paris im gleichen Jahr, den Anschlag auf den Berliner Weihnachtsmarkt am Breitscheidplatz 2016, die Ermordung des Lehrers und Familienvaters Samuel Paty 2020, der sich für die freiheitlichen Werte wie die Meinungsfreiheit eingesetzt hatte. Dies sind nur einige wenige Beispiele, welche die Gefahren im Zusammenhang von Migration und Islam als real belegen. Die Empörung und Bestürzung über solche religiös motivierten

Anschläge ist jedes Mal groß, aber eine schonungslose Analyse der Probleme in ihrer Wurzel, die sich nicht nur mit dem Islamismus, sondern auch mit dem diesem zugrunde liegenden Islam auseinandersetzt, findet aus falsch verstandener Toleranz nicht statt. Ein vielsagendes Beispiele für die Gefährlichkeit der islamischen Religionsideologie ist auch die hysterische Reaktion auf den Karikaturenstreit von 2006. Dass sich dabei auch westliche Regierungen, Kirchen und Medien beschwichtigend auf die Seite der Islamvertreter gestellt haben und nicht eindeutig für die säkulare Verfassung und das Grundrecht der Meinungs- und Religionsfreiheit eingetreten sind, ist ein Armutszeugnis und ein Beleg für die nicht vorhandene Intoleranz gegenüber der Intoleranz. Diese offizielle, die wahren Ursachen nicht offen benennende politische Grundhaltung, bestärkt die Skepsis vieler Bundesbürger gegenüber dem Islam und den immigrierenden Muslimen. Diese Skepsis dem Islam und Muslimen gegenüber hat im Grunde nichts mit einer allgemeinen Islamophobie oder Ausländerfeindlichkeit zu tun, denn gegenüber Migranten aus anderen Kulturkreisen bestehen keine oder zumindest weitaus weniger Vorbehalte. Insofern muss die Frage erlaubt sein, weshalb es in den westlichen Gesellschaften weniger mit den hierher gezogenen und hier lebenden Juden, Christen, Hindus, Buddhisten etc., dafür aber um so mehr mit Menschen aus dem islamischen Kulturkreis zu Konflikten kommt.

Eine demokratie- und freiheitsdienliche Religionskritik kann sich deshalb aufgrund der gegebenen gesellschaftlichen Entwicklungen heutzutage nicht mehr nur alleine gegen die christliche Religion und deren Institutionen richten, sondern muss insbesondere gegen jene Religionen gerichtet sein, die selbst noch keinen Aufklärungsprozess durchlaufen haben und diesen sogar mit sehr restriktiven Mitteln bis hin zum Einsatz von physischer Gewalt bis heute sehr erfolgreich zu verhindern wissen. Warum sollte der Begriff „Islamkritik" negativ mit Islamophobie und Rassismus konnotiert sein, wenn gleichzeitig die Kritik gegenüber der christlichen Religion und ihrer Institutionen als legitim und berechtigt angesehen wird? Es hat sich für freie westliche Gesellschaften einfach nicht bewährt, immer nur Verständnis, Nachsicht und Toleranz fremden Kulturkreisen entgegenzubringen, die diese Tugenden dann auch noch als Schwäche auslegen und ausnutzen. Vielleicht würden den westlichen Gesellschaften mehr Achtung und Respekt für ihre Kultur und ihre Lebensweise entgegengebracht werden, wenn sie selbstbewusster für diese einstehen und auch in Politik, Justiz und Gesellschaft deutlicher zum Ausdruck bringen würden, dass in freiheitlichen westlichen Ländern nicht heilige Schriften, sondern deren Verfassungen und die damit verbundenen Werte maßgeblich sind. Hierzu gehört u.a. auch die positive wie negative Religionsfreiheit, von der auch die hier lebenden Muslime profitieren, während man in deren Herkunftsländern nicht bereit ist, diese in umgekehrter Weise anderen Religions- und Weltanschauungsgemeinschaften ebenfalls zu gewähren. Da die Mehrzahl der Migranten in Europa nun mal aus muslimischen Kulturkreisen stammen, muss auch die Religionskritik auf die damit verbundenen neuen Herausforderungen reagieren. Damit ist die Hoffnung verknüpft, dass aufgrund der damit verbundenen aufklärerischen Rationalität intolerante und fundamentalistische Positionen relativiert werden können, was dann wiederum eine größere Akzeptanz unserer freiheitlichen Verfassung und Gesellschaft zur Folge hätte. Das ist sicher keine leichte Aufgabe, gerade weil in fundamentalistischen Kreisen nur eine geringe rationale Bereitschaft zur kritischen Hinterfragung des eigenen Glaubens vorhanden ist. Hinzu kommt noch eine emotional hohe, sich auch physisch leicht entladende Reizbarkeit der religiös fundamentalistischen Glaubensgemeinschaften. Dabei besteht das oberste Ziel der Religionskritik gar nicht darin, gläubige Menschen von ihrem Glauben abzubringen, sondern ihnen in der Tradition der Aufklärung eine selbstreflexive und selbstkritische Denkweise aufzuzeigen, welche die eigenen absolutistischen Standpunkte hinterfragt, um somit andere religiöse und säkulare Lebensweisen und Werte wie das für alle deutschen Staatsbürger verbindliche Grundgesetz, als gesetzlich über allen Religions- und Weltanschauungen stehend zu respektieren. Das vom Grundgesetz garantierte Recht auf freie Religionsausübung bleibt also von unserer Kritik gegenüber den Religionsgemeinschaften und deren Privilegierung durch den Staat völlig unberührt und soll in keiner Weise infrage gestellt sein. Berechtigt erscheint uns dagegen die Infragestellung religiöser Exklusivitätsansprüche und deren damit verbundene Einflussnahme auf die demokratischen und freiheitlichen Gesellschaften. Mit deren kritischer Hinterfragung soll den religiösen Gemeinschaften vielmehr die restriktive Macht über die Menschen genommen werden, um damit ein tolerantes, auf gegenseitigem Verständnis beruhendes Zusammenleben auch langfristig zu ermöglichen. Dies kann aber nur gelingen, wenn man auch die Fragwürdigkeiten des eigenen Glaubens sieht und ihn deshalb als nicht absolut verbindlich und gesetzlich nicht als über dem Grundgesetz stehend betrachtet.

Mit einer auf rationalen Argumenten beruhenden Relativierung religiös-politischer Ansprüche wäre also schon viel in Richtung Toleranz erreicht, denn sie ist mit der eigentlich naheliegenden Einsicht verbunden, dass man aus Sicht der Anders- oder Ungläubigen ebenfalls ein Anders- oder Ungläubiger ist. Wer die Religionen kritisch hinterfragt und auch ein Stück weit ihre absolutistischen und göttlichen Ansprüche entzaubert, stärkt damit die für säkulare und offene Gesellschaften essentiellen liberalen und aufklärungsorientierten Positionen. In diesem Sinne stellt Religionskritik eben nicht, wie gerne von Religionsvertretern, Politikern oder Medien suggeriert, ein verwerfliches Verhalten dar, sondern ganz im Gegenteil, sie liefert einen wichtigen Beitrag zu mehr Aufklärung und Demokratie. Sie ist, wie hier schon des öfteren konstatiert wurde, von existentieller Bedeutung für offene, demokratische und säkulare Gesellschaften. Die historischen Verfehlungen an der Würde des Menschen gerade der großen monotheistischen Weltreligionen und ihrer institutionalisierten Vertreter sind weitgehend bekannt und wurden in unzähligen Dokumentationen belegt, weswegen an dieser Stelle nicht noch einmal näher darauf eingegangen werden muss. Als Stichworte genügen hier die Aufrufe zum Mord an Anders-

bzw. Ungläubigen, zu Religionskriegen, Verfolgung und Ausrottung Andersdenkender, religiöse Intoleranz, Ketzerverfolgung, Inquisition und Hexenverbrennung, Enteignungen, Betrug (z.B. die konstantinische Schenkung), Vetternwirtschaft, Hurerei u.v.m. Auch gegenwärtig werden noch immer Verbrechen und Kriege im Namen Gottes bzw. Allahs begangen, was einen höheren moralischen und ethischen Anspruch der monotheistischen Religionen in ebensolchen Fragen die Gesellschaft betreffend negiert. Schon alleine aus dem moralischen Versagen der abrahamitischen Weltreligionen in ihrer Historie ist also der von ihnen behauptete moralische Nutzen und Führungsanspruch infrage zu stellen. Deshalb ist auch die Hinterfragung ihrer Privilegierung durch Politik und Rechtspraxis gerechtfertigt, weil in der Historie und der gegenwärtigen Praxis nicht belegt ist, dass mit den Kirchen und anderen monotheistischen Religionsgemeinschaften tatsächlich ein Nutzen für die Menschheit und insbesondere für säkulare Gesellschaften, wie die der heutigen BRD verbunden ist. Andere europäische Länder, in denen eine solche weitgehende staatliche Privilegierung religiöser Glaubensgemeinschaften nicht existiert, sind keineswegs als ethisch oder moralisch minderwertiger einzustufen. Es ist die Aufklärung, welcher wir historisch betrachtet unsere freiheitliche Verfassung und Lebensweise in den westlichen Ländern zu verdanken haben. Mit ihr wurden die Plausibilität und der Wahrheitsanspruch von Religionen in Frage gestellt, was wiederum zur Folge hat, dass damit auch deren breite gesellschaftliche Einflussnahme in Grenzen gehalten wird. Auch die in westliche Gesellschaften freiwillig eingewanderten Muslime profitieren von der daraus resultierenden, in liberalen Verfassungen garantierten Religionsfreiheit. Allerdings haben sie auch zu akzeptieren, dass man auch ihren islamischen Glauben nicht nur kritisch hinterfragen darf, sondern dieser, wie die anderen Religionen auch, dem Grundgesetz unterzuordnen ist. Alle Macht geht hier vom Volke und nicht von Gott oder Allah aus.

Und dennoch tut sich insbesondere unsere bundesdeutsche Gesellschaft schwer, diese Selbstverständlichkeit der Unterordnung des politischen Islam unter das Grundgesetz auch offensiv einzufordern und dafür auch einzustehen, weil sie mit der damit verbundenen kritischen Auseinandersetzung befürchtet, sich nationalchauvinistischen oder rassistischen Vorwürfen auszuliefern. Das vielleicht mit unserer nationalsozialistischen Vergangenheit zu begründende mangelnde kollektive Selbstbewusstsein und der damit zusammenhängende selbst auferlegte Maulkorb, der kritische Meinungsäußerungen hierzu nur unter sehr eng gesetzten Grenzen der political correctnis zulässt, wird ebenso wie eine deshalb auch furchtsam und inkonsequent agierende Politik und Justiz nicht selten von den hierher migrierten, meist jugendlichen und männlichen Muslimen als Schwäche empfunden und ausgenutzt. Während linksliberale Intellektuelle auf Toleranz, Einsicht und die mediale sowie vermeintlich moralische Deutungshoheit setzen, stehen große Teile der autochthonen Bevölkerung diesem Phänomen kopfschüttelnd, fassungslos und ohnmächtig gegenüber. Einer resignierend schweigenden Mehrheit sind angesichts des jegliche rationale Diskussion im Keim erstickenden Totschlagarguments „Rassismus" und „Islamophobie" die Hände gebunden. Dabei ließe sich in der Tat auch das propagierte multikulturelle Gesellschaftsmodell hinterfragen, denn nicht allen Bürgern erschließt es sich, weshalb eine freie, wohlhabende, in Frieden und Toleranz lebende Gesellschaft, sich diese Politik der massenhaften Zuwanderung von wenig qualifizierten Menschen aus sehr fern stehenden Kulturkreisen ohne Not antun sollte. Was soll an einer multikulturellen Gesellschaft besser sein als an der Daseinsform einer kulturell überwiegend homogenen Gesellschaft? Vor dem Hintergrund, dass aufgrund der klimatischen Zuspitzung die mit der Migration verbundenen Probleme in Zukunft noch weitaus dringlicher werden, werden solche Fragen sicherlich noch für gesellschaftlichen Sprengstoff sorgen und auch weiterhin als islamophob oder rassistisch angeprangert werden. Damit aber würde folgerichtig der Großteil der bundesdeutschen Bürger, nur weil sie der in Europa einmalig liberalen deutschen Migrations- und Flüchtlingspolitik kritisch gegenüberstehen, automatisch als Rassisten und Fremdenfeinde verurteilt. Restriktive, aber für den gesunden Menschenverstand selbstverständliche Forderungen wie das Abschieben selbst schwer straffällig gewordener Flüchtlinge oder Asylbewerber stoßen auf erheblichen Widerstand in linksliberalen Kreisen und den Medien. Diese bestimmen den medial propagierten gesellschaftlichen Mainstream und das, was von allen als politisch korrekt hinzunehmen ist. Das Grundprinzip „keine Toleranz der Intoleranz" wird ausgesetzt, die mit der Migrations- und Flüchtlingspolitik verbundene gesellschaftliche Spaltung in Kauf genommen, ebenso auch das Recht auf politisches Gehör einer der liberalen Flüchtlings- und Migrationspolitik eher kritisch gegenüberstehenden Bevölkerungsmehrheit. Das Feld wird somit komplett der politischen Rechten überlassen. Außer diesen getrauen sich nur noch ausgerechnet einige hier lebende muslimische Intellektuelle vor den möglichen gesellschaftlichen Folgen dieser ideologisch und gesinnungsethisch motivierten Einwanderungspolitik zu warnen. Nur aufgrund der Tatsache, dass Islamkritiker von einem Grundrecht Gebrauch machen, nämlich dem Recht auf freie Meinungsäußerung, müssen muslimische Islamkritiker wie Basan Tibi, Abdel-Samad, der Politologe Ahmad Mansour oder die Gründerin der Berliner Ibn-Rushd-Goethe-Moschee, Seyran Ates, hierzulande aufgrund massiver Todesdrohungen unter Polizeischutz gestellt werden. Alleine diese Tatsache beweist, dass sie mit ihrer Islam-Kritik Recht haben. Davon abgesehen gibt es weltweit keinen islamischen Staat, der auch nur annähernd den genannten humanitären Werten säkularer und offener Gesellschaften entspricht. "Zentrale humanitäre Werte der Moderne, wie Menschenwürde und Menschenrechte.... werden vor großen Teilen des Islam bis heute nicht anerkannt."[152] Die große Aufgabe der wissenschaftsbasierten Religionskritik wird hierzulande deshalb auch darin bestehen, mehr noch als das mittlerweile domestizierte Christentum den Islam durch die sogenannte „kritisch-historische Methode" zu betrachten und damit - wie bereits in der Aufklärung mit dem Christentum geschehen - ihn als das darzulegen, was er wie auch alle anderen monotheistischen Weltreligionen in Wirklichkeit ist, nämlich ein regionales Produkt der menschlichen Kulturgeschichte. Jedenfalls besteht in der mit wissenschaftlich fundierten Argumenten geführten Auseinandersetzung mit dem Islam die Hoffnung, den Islam mit seinen Absolutheitsansprüchen ein Stück weit zu entzaubern und ihn damit zu dem vielzitierten liberalen Euroislam weiter zu entwickeln, der dann auch dauerhaft und vorbehaltlos mit den säkularen Grundgesetzen der offenen Gesellschaften vereinbar ist.

Die eben gestellte Frage, warum man als sogenannter „Biodeutscher" diesen immensen, an keinerlei Qualifikationen gebundenen Zustrom an Migranten aus fremden Kulturkreisen für gut erachten soll, mag politisch nicht korrekt sein, aber dennoch ist sie aufgrund der hohen Zuwanderungsraten aus islamischen Ländern eben auch im Zusammenhang mit dem Islam zu sehen und besitzt somit ihre Berechtigung und Relevanz. In gewisser Weise allerdings ist es wiederum müßig, über den Sinn, Zweck und Nutzen der Zuwanderung aus kulturfernen Ländern zu diskutieren, da sich das Rad der Geschichte nun mal nicht mehr zurückdrehen lässt und diese von einer demokratischen Mehrheit, trotz dem damit verbundenen Überfremdungsgefühl großer Bevölkerungsteile, den immensen Kosten und den Integrationsproblemen, vielleicht nicht gewollt, aber zumindest toleriert wurde. Vielleicht lassen sich aber mit einem offenen Diskurs darüber, wie wir mit diesem Problem in Zukunft umgehen wollen, neue Perspektiven darüber eröffnen. Leider ist eine freie öffentliche und kritische Positionierung gegen die praktizierte liberale Einwanderungspolitik ohne den medial schnell erhobenen Vorwurf der Fremdenfeindlichkeit und des Rassismus in der BRD momentan kaum möglich. Hier herrscht im öffentlichen Diskurs, der eigentlich frei sein sollte, eine dialektische Asymmetrie. Dabei werden liberale migrationspolitische Positionen als vermeintlicher gesellschaftlicher Konsens suggeriert und kritische Argumente gegen die Zuwanderungs-

und Flüchtlingspolitik medial und politisch eher als rechtslastige Außenseiterpositionen gebrandmarkt, als dass man den Willen einer großen Bevölkerungsanteils ernst nimmt. Die deutsche Gesellschaft nimmt es sogar hin, dass die Mehrzahl der aus wirtschaftlichen Gründen geflüchteten Menschen sich nicht mit dem Aufenthaltsland zufrieden geben, in dem sie zuerst registriert wurden, sondern in das vermeintlich reichste Land, nach Deutschland weiter ziehen, obwohl hierfür gar kein Rechtsanspruch besteht. 2018 kamen in Deutschland mehr Zuwanderer an, als insgesamt in die EU einreisten.[153] Wie viel kann und soll Deutschland in der Flüchtlings- und Migrationspolitik noch leisten, wo die restlichen EU-Länder bereits längst eine Kehrtwende vollzogen haben? Ein Land alleine kann nicht für alle Verfolgten, Armen und Leidtragenden dieser Welt Aufnahme und Schutz gewähren, ohne sich dabei selbst zu überfordern und sich damit letztlich selbst zu schaden. „Wer halb Kalkutta aufnimmt, rettet nicht Kalkutta, sondern wird selbst zu Kalkutta" (Peter Scholl-Latour). Auch verdiente Männer, die weit jenseits des Verdachtes des Rassismus stehen, äußern sich kritisch gegen Zuwanderung aus kulturfernen Ländern. Der Ex-Bundeskanzler Helmut Schmidt verlangte im „Focus" einen radikalen Kurswechsel in der Ausländerpolitik: „Die Zuwanderung von Menschen aus dem Osten Anatoliens oder aus Schwarzafrika löst das Problem nicht, schaffte nur ein zusätzliches dickes Problem."[154] Und in einem Interview mit Sandra Maischberger äußert sich Schmidt: "Zuwanderung aus fremden Zivilisationen schafft mehr Probleme, als es uns auf dem Arbeitsmarkt an positiven Faktoren bringen kann..." Schon im September 1992 äußerte sich Schmidt in der Frankfurter Rundschau skeptisch gegenüber dem propagierten Modell einer multikulturellen Gesellschaft: „Die Vorstellung, dass eine moderne Gesellschaft in der Lage sein müsste, sich als multikulturelle Gesellschaft zu etablieren, mit möglichst vielen kulturellen Gruppen, halte ich für abwegig. Man kann aus Deutschland mit immerhin einer tausendjährigen Geschichte seit Otto I. nicht nachträglich einen Schmelztiegel machen."[155] Man mag diese Ansicht für antiquiert und aufgrund der Faktenlage für überholt halten, aber das Eintreten für kulturell und ethnisch überwiegend homogene Gesellschaften, egal ob auf dem europäischen, afrikanischen oder asiatischen Kontinent, ist nicht weniger legitim als das Eintreten für multikulturelle Gesellschaften, die man euphemistisch auch als „bunt" bezeichnet. „Bunt" ist ja was Schönes, wer könnte da widersprechen? Dass man die Quantität des Bunten, also die sehr hohen Zuwanderungszahlen unterschiedlichster Kulturen, dass man dies irgendwann auch einmal als unerträglich „schrill" empfinden könnte und sich tatsächlich auch immer mehr Bundesbürger mit dieser „Buntheit" überfordert oder überfremdet fühlen, das versucht diese euphemistische Begrifflichkeit zu verdecken. Wieso sollten alle autochthonen Deutschen dieses schönfärberisch als „bunt" bezeichnete multikulturelle Gesellschaftsmodell als gut, nützlich und angenehm empfinden? Alleine aber schon diese Frage, die sich nicht nur Millionen von Bundesbürgern, sondern angesichts der migrationspolitischen Entwicklungen in den europäischen Nachbarländern scheinbar auch immer mehr Europäer stellen, haftet aus Sicht der linksliberalen Gesellschaftsideologie der Makel des Rassismus und des Kulturchauvinismus an. Was wir anderen Ethnien und Kulturen wie z.B. den amerikanischen Ureinwohnern, den afrikanischen Massai, den Inuit, den muslimischen Gesellschaften in Asien oder Afrika, den hinduistischen und buddhistischen Ländern usw. mit großer Selbstverständlichkeit zugestehen, nämlich ihre kulturelle und ethnische Homogenität, das wird hierzulande aus Sicht der Vertreter einer offenen Zuwanderungs- und Flüchtlingsideologie zum Rassismus, sobald Deutsche oder Europäer das gleiche ethnische Recht unter sich zu bleiben für sich beanspruchen. Natürlich treten nicht alle Skeptiker der derzeitigen, von einer (noch) schweigenden Mehrheit als zu offen empfundenen Flüchtlings- und Migrationspolitik für eine totale Abschottungspolitik ein, aber sehr wohl für eine „maß-vollere" Zuwanderungspolitik, die eine überfordernde und von sehr vielen autochthonen

Deutschen gar nicht gewollten Umsetzung des multikulturellen Gesellschaftsmodells ablehnt. Die respektvolle Akzeptanz anderer Kulturen in ihren angestammten Territorien, verbunden mit fairen Handels- und Wettbewerbsbedingungen, birgt jedenfalls weniger sozialen Sprengstoff als das multikulturelle Modell, bei dem immer zahlreichere und unterschiedliche Kulturen innerhalb eines engen Territoriums koexistieren.

Was also dringend notwendig erscheint, ist zum einen ein offener Diskurs über die künftige Migrations- und Flüchtlingspolitik. Beispielsweise darüber, wie viele Menschen, aus welchen Kulturkreisen, mit welchen Qualifikationen aufgenommen werden sollen; und zum andern, sofern die meisten Flüchtlinge und Migranten aus islamischen Ländern kommen, eine offene Klarstellung darüber, was die angestammte Gesellschaft von ihnen erwartet. Unter anderem eben auch ein klares Bekenntnis zu unserer freiheitlichen und säkularen Verfassung als verfassungsrechtlich begründete Leitkultur.
Leider lässt die starke und enge Gebundenheit vieler Muslime an ihren Glauben oftmals wenig Spielraum, die der Freiheit, Toleranz und Wissenschaftlichkeit zugrunde liegende Bedeutung der Aufklärung und Religionskritik für die Kultur- und Menschheitsgeschichte zu begreifen. Und das, obwohl viele von ihnen gerade deshalb in das säkulare und wohlhabende Europa immigriert sind, weil die Religion, der sie angehören, in ihren Heimatländern Zustände hervorgebracht oder befördert hat, vor denen sie geflohen sind, um in den westlichen und säkularen Zivilisationen ein besseres Leben zu führen. Dass hierbei ihre Religion als zentrale kulturprägende Kraft, für diesen unfreien und (auch wirtschaftlich und technologisch) rückständigen Zustand in ihren Herkunftsländern mitverantwortlich ist, und dass ferner die Säkularisation in den Zielländern der tiefere Grund des von ihnen angestrebten freiheitlichen Lebens und Wohlstandes ist, das ist vielen muslimischen Migranten, selbst denen, die schon in der dritten oder vierten Generationen hier leben,

oftmals gar nicht bewusst. Nur so erklärt sich die paradoxe Situation, dass viele der hier lebenden Muslime die Segnungen des „ungläubigen" Westens gerne für sich in Anspruch nehmen, gleichzeitig aber in religiöser Rückwärtsgewandtheit zu einem sehr hohen Anteil dem politischen Islam anhängen. So wurde Recep Tayyip Erdogan 2018 von einer überwältigenden Mehrheit der hier in Freiheit und Wohlstand lebenden Deutschtürken zum Präsidenten gewählt. Der selbst türkisch stämmige Grünen Politiker Cem Özdemir hierzu: „Die feiernden deutsch-türkischen Erdogan-Anhänger jubeln nicht nur ihrem Alleinherrscher zu, sondern drücken damit zugleich ihre Ablehnung unserer liberalen Demokratie aus."[156] Paradoxer Weise sind es gerade die dem islamischen Weltbild ideologisch eher fern stehenden Gruppierungen wie christliche Gesinnungsethiker oder das links-liberal und grün geprägte bürgerliche Klientel, die als Verfechter von Homoehe, Gleichberechtigung, Toleranz, Meinungsfreiheit, Emanzipation usw., den diese Werte ablehnenden muslimischen Migranten dennoch zur Seite stehen. Paradox deshalb, weil gerade gläubige Muslime, sollten sie eines Tages den dafür notwendigen politischen und gesellschaftlichen Einfluss erlangen, diese mit ihrer religiösen Überzeugung nicht zu vereinbarenden freiheitlichen Werte ihrer einstigen links-liberalen Unterstützer mit an Sicherheit grenzender Wahrscheinlichkeit als erstes kassieren würden.

Aufgrund dieses nicht sehr unwahrscheinlichen Szenarios muss die Frage gestellt werden, wie viel Toleranz in einer offenen Gesellschaften der (religiösen) Intoleranz entgegengebracht werden darf, ohne dass dabei, was schon Karl Popper im Zusammenhang mit dem Nationalsozialismus zu bedenken gab, das System selbst untergraben und zum Einsturz gebracht wird. Ohne ein klares Bekenntnis offener Gesellschaften zur Intoleranz gegenüber der Intoleranz laufen diese Gefahr ausgehöhlt zu werden und in Richtung (religiöser oder weltlicher) Diktatur abzudriften. Mit der bestehenden systemischen Gefahr der Erstarkung fundamentalistischer und rückwärtsgewandter islamischer Strömungen ist durchaus auch die Gefahr von bürgerkriegsähnlichen Verhältnissen verbunden, da korrelativ und als Gegenreaktion hierzu ein Rechtsruck innerhalb der autochthonen Bevölkerung und somit antidemokratische und antiliberale Strömungen verbunden sind. Der von Samuel Huntington schon in den 1990er Jahren beschriebene Clash of Civilisation ist eine noch immer real bestehende Gefahr, denn das Pendel eines gut gemeinten Mulitkulturalismus kann nolens volens - wenn eine gewisse „kritische Masse" erreicht ist - in eine ganz andere politisch extreme Richtung ausschlagen, die man nicht bedacht hatte und ganz sicher auch nicht wollte. Die demokratische Mitte als die existentielle Grundlage für offene und demokratische Staaten und Verfassungen bricht dabei immer mehr weg, wie zahlreiche Wahlen nicht nur in der BRD belegen, sobald Flüchtlings- und Migrationsfragen die Debatte bestimmen. Eine gelingende integrative Flüchtlings- und Migrationspolitik kann aber nur mit und nicht gegen die „autochthone" bürgerliche Mehrheit erfolgreich sein.

Dass sich Humanismus und Aufklärung in Europa über viele Jahrhunderte hinweg durchsetzen konnten, war keineswegs selbstverständlich, und ebenso wenig ist es selbstverständlich, dass die freiheitlichen Errungenschaften dieser großen säkularen Bewegung dauerhaft Bestand haben werden. Das hängt unter anderem auch von der Migrationspolitik der europäischen Länder ab und der Frage, inwieweit der gesellschaftliche Zusammenhalt und das Eintreten für die Vorzüge dieser freiheitlichen Errungenschaften erhalten werden können. Genau deshalb aber, um diese freiheitlichen Errungenschaften gegenüber ihren Feinden zu schützen und zu sichern, muss eine verantwortungsvolle Migrationspolitik auch unter Berücksichtigung der hierzu restriktiver eingestellten autochthonen Bevölkerungsteile praktiziert werden. Ebenso müssen die basalen Werte von Humanismus und Aufklärung wie Freiheit und Toleranz aktiv gelebt und öffentlich gegen restriktive Herrschaftsansprüche verteidigt werden. Ansonsten besteht einerseits die Gefahr eines ungewollten Erstarkens des Islam bzw. Islamismus und andererseits als Gegenreaktion darauf ein womöglich verhängnisvoller Rechtsruck der bürgerlichen Mitte. Wenn man sich diese potentielle Gefahrenlage aus der Sicht eines Anhängers unserer freiheitlich-demokratischen Verfassung und Gesellschaft betrachtet, dann müssten nicht die Religionen und Kirchen, sondern Religions- und Kirchenkritik, wenn sie sachlich und wissenschaftlich fundiert vorgetragen werden, als staatliche Aufgabe gefördert werden, weil sie die damit verbundenen freiheitlichen und ethischen Werte befördert und schützt. Dies gilt um so mehr in Zeiten, in denen immer mehr ein religiöser Pluralismus entsteht, der aufgrund der damit zusammenhängenden Glaubensdifferenzen, der ethnischen Zugehörigkeiten und eines hohen Emotionalitätspotentials auch ein enormes Konfliktpotential in sich birgt. Dem entgegenzuwirken, indem religiöse Glaubensansprüche, aber auch gesellschaftliche Einflussnahmen durch die Religionskritik relativiert werden, rechtfertigt deren neue und systemrelevante gesellschaftliche Aufgabe. Das sieht auch der renommierte und bereits zitierte Strafrechtler und Rechtsphilosoph Eric Hilgendorf so: „Mit der Pluralisierung der Gesellschaft, die auch eine religiöse Pluralisierung beinhaltet, steigt die Gefahr, dass religiöse Lehren und Praktiken mit zentralen Wertvorgaben des Grundgesetzes in Konflikt geraten. Schon die beiden großen christlichen Kirchen, vor allem die römisch-katholische, vertreten Positionen, die sich teilweise nur mit Mühe mit den Vorgaben des Grundgesetzes vereinbaren lassen. Ich erwähne nur den Ausschluss von Frauen aus den meisten kirchlichen Ämtern (vgl. dagegen den Gleichheitssatz des Art. 3 GG)."[157] Hilgendorf spricht im Zusammenhang einer fairen Auseinandersetzung mit der Religionskritik sogar von einer "erfolgreichen Blockade des wissenschaftlichen Denkens" durch kirchliche Institutionen über 1000 Jahre hinweg. Explizit weist er auch darauf hin, dass unsere heutigen freiheitlichen Werte "gegen den erbitterten Widerstand der christlichen Religion(en) und vor allem ihrer offiziellen Repräsentanten durchgesetzt werden" mussten. Von großen Teilen des Islam werden sie bis heute nicht anerkannt."[158]

Religionskritik, auch und insbesondere die an der islamischen Religion, erscheint also wichtiger denn je und hat nichts mit Islamophobie, sondern letztlich mit dem praktischen Einsatz von Vernunft und Aufklärung[159] zu tun. Aufgrund des Fehlens einer historisch durchlaufenen Phase der Aufklärung enthält der sich in Deutschland wie in ganz Europa rasant ausbreitende Islam für die offenen Gesellschaften und ihre Werte[160] ein durchaus bedrohliches Potential. Die theokratischen Grundansichten des Korans und der muslimischen Communitys sind ebenso wie die Scharia schlicht nicht vereinbar mit den freiheitlichen Grundwerten offener Gesellschaften, in denen nicht Götter oder religiöse Gesetze die gesellschaftliche Realität bestimmen, sondern das Volk selbst, nämlich nach demokratischen Grundprinzipien und Abläufen. Dieser Sachverhalt verdeutlicht die Notwendigkeit einer offenen und kritischen Auseinandersetzung mit dem Islam und einem gleichermaßen selbstbewussten wie alternativlosen Eintreten für unsere freiheitlichen Werte. Deren Anerkennung und Akzeptanz muss auch von der muslimischen Community eingefordert werden, da sie freiwillig und ohne Zwang in die freiheitlichen und säkularen Gesellschaften immigriert sind. Niemand von ihnen wurde gezwungen, in den westlichen säkularen und demokratischen Ländern zu leben. Wer aber dort leben möchte, hat sich auch deren Gesetzen und freiheitlichen Werten unterzuordnen. Die sozialen und materiellen Annehmlichkeiten für sich zu beanspruchen, gleichzeitig aber die mit der Einwanderung verbundene Anerkennung der kulturellen, sozialpolitischen oder verfassungsrechtlichen Gegebenheiten der Gastländer bis hin - in Extremfällen - zu deren Verhöhnung zu verweigern, das muss von keiner autochthonen Bevölkerung akzeptiert werden. Von Bürgern mit Migrationshintergrund darf erwartet werden, dass sie begreifen, dass die Anreize, weswegen sie oder ihre Vorfahren in den westlichen Kulturkreis eingewandert sind, auch den säkularen Voraussetzungen ihres Ziellandes zu verdanken sind. Mit einer Infragestellung oder gar Abschaffung jener freiheitlichen und säkularen Werte aus religiösen Gründen würden sie auf lange Sicht hin genau jene Zustände wieder herstellen, vor denen sie geflüchtet sind, nämlich Unfreiheit, religiöse Unterdrückung, Rückschritt und materielle Armut. Entscheidend für ein friedfertiges Zusammenleben wird daher sein, ob der von seinem innersten Wesen her theokratisch angelegte Islam mit den säkularen Werten unseres Grundgesetzes kompatibel gestaltet werden kann oder nicht. Mit der hierfür notwendigen Religions- bzw. Islamkritik wird das nachgeholt, was der Islam bis heute gut zu verhindern wusste, nämlich eine nachhaltige und wirkmächtige Epoche der kritischen Selbsthinterfragung und einer damit verbundenen wissenschaftsbasierten Aufklärung. Die Konsequenz dieses historischen Versäumnisses ist bis heute die Abgehängtheit der gesamten islamischen Welt in allen wissenschaftlichen, medizinischen und technologischen Bereichen. Aber auch in Zusammenhang mit gesellschaftlichen Entwicklungen fällt auf, dass keinerlei Fortschritt in Richtung freiheitlicher, demokratischer und humanistischer Verfassungen und Gesellschaftsmodelle in den islamischen Nationen stattgefunden hat. Noch immer gelten in fast allen islamischen Ländern die alten rückwärtsgewandten Regelungen, die vom Propheten vor sehr langer Zeit unter völlig anderen, heute anachronistisch gewordenen Voraussetzungen festgeschrieben wurden. Es gibt keinen größeren Widerspruch zwischen Rückständigkeit und Moderne als den Glauben an eine wörtliche Auslegung heiliger Schriften und einer auf Toleranz, Fortschritt, Humanismus und Wissenschaft basierenden Geisteshaltung. So zum Beispiel Evolution vs. Kreationismus, Demokratie vs. Theokratie, Diesseitigkeit vs. Jenseitigkeit. Weitere Belege hierzu haben wir im ersten Teil des Buches angeführt.

Noch immer werden in islamischen Parallelgesellschaften Lebensverhältnisse wie etwa das Ehe- und Familienrecht nach rein religiösen Vorgaben geordnet. Der Versuch der Integration ohne die Akzeptanz der Priorität demokratischer Werte vor Glaubenseinstellungen im öffentlichen Bereich ist deshalb ein Widerspruch in sich. Sie muss - bei aller Toleranz gegenüber den Gepflogenheiten anderer Kulturen in unserer Gesellschaft - mit der entsprechenden intoleranten Kompromisslosigkeit zum Schutz und Erhalt unserer Werte eingefordert werden.[161] Denn die Segnungen freiheitlicher demokratischer Gesellschaften wie ihre liberalen Verfassungen, Menschenrechte, Freiheitsrechte, ihrem technologischen und medizinischen Fortschritt, dem materiellen Wohlstand u.v.m., sind nicht den restriktiven, den rückwärts gewandten und das Reich Gottes erwartenden Institutionen, sondern den progressiven, kritischen und visionären Geistern der Aufklärung und der Wissenschaft zu verdanken. Religionskritik ist deshalb keine Frage der Blasphemie, sondern eine Frage des Fortbestands freiheitlicher und fortschrittlicher Gesellschaften. Gerade deshalb ist die Auseinandersetzung insbesondere mit dem Islam eine wichtige und prioritäre Aufgabe für die Religionskritik des 21. Jahrhunderts.

Um die langfristige Kompatibilität zwischen Islam und säkularen, demokratischen Verfassungen und Gesellschaften zu erreichen, ist - und das sollte hier deutlich gemacht werden - auch eine schonungslos offene, d.h. nicht von Angst oder falsch verstandener Toleranz geprägte Kultur- und Religionskritik am Islam notwendig. Sie ist sowohl aus inhaltlichen Gründen als auch aus Gründen des langfristigen friedfertigen Zusammenlebens durchaus gerechtfertigt.[162] Dabei werden religionswissenschaftliche Methoden und Erkenntnisse einen essentiellen und notwendigen Beitrag zu leisten haben. Im Rahmen der Grundrechte der Meinungs- und Wissenschaftsfreiheit müssen die hier lebenden Muslime diese wissenschaftsbasierte Evaluation und Hinterfragung ihrer Glaubensgrundlagen aushalten, so wie dies auch andere, z.B. christliche Glaubensgemeinschaften über sich ergehen lassen müssen. Umgekehrt garantiert ihnen das weltanschaulich und religiös neutrale Grundgesetz, dass sie ihre Religion freiheitlich im Rahmen der Grundgesetzlichkeit praktizieren können. Insofern gewährt es den hier lebenden Muslimen das, was ihre Religion und ihre islamischen Herkunftsländer meist nicht bereit sind, andersgläubigen Menschen zu gewähren:

Freiheit. Nämlich die Freiheit der Religionsausübung, des Denkens, der freien Meinungsäußerung, der Wissenschaften oder die der sexuellen Selbstbestimmung.

Das Fortbestehen von freiheitlichen Demokratien ist keineswegs eine in Stein gemeißelte Selbstverständlichkeit. Welche Rolle dabei die Religionen spielen können, zeigt der Einfluss der evangelikalen Christen bei den Ereignissen der US-Wahl 2020 ebenso wie die zahlreichen islamistischen Terroranschläge in den Metropolen Europas. Von ihren Anfängen an neigen die abrahamitischen Offenbarungsreligionen zur Errichtung theokratischer Strukturen mit einem von Gott gesandten Führer an ihrer Spitze. Die damit verbundene rückwärtsgewandte wortwörtliche Auslegung der heiligen Schriften und der Einfluss auf hierfür empfängliche Menschen kann - so die Hoffnung - vielleicht mittels einer auf Aufklärung, Bildung und Humanismus beruhenden Religionskritik erfolgen. Daran ist die Hoffnung geknüpft, religiös-fundamentalistische Bestrebungen zu einem gewissen Grad unterbinden zu können. Es muss gelingen, auch ultraorthodoxe Juden, Christen oder Muslime mittels Vernunft und Argumenten von den freiheitlichen, friedfertigen und auch materiellen Vorteilen des säkularen, religions- und weltanschaulich neutralen Staates sowie der damit einhergehenden Unterordnung religiöser und weltanschaulicher Interessen unter die säkularen Verfassungen zu überzeugen. Anders kann ein friedvolles Zusammenleben in einer multireligiösen und weltanschaulich zunehmend diverser werdenden Gesellschaft in einer multireligiösen und multikulturellen Zukunft nicht funktionieren. Denn gerade in solchen inhomogenen Gesellschaften ist die Gefahr groß, dass dort, wo das Religiöse, Fundamentalistische und Irrationale wieder überhand nimmt, sich religiöse Intoleranz und gewaltsame Auseinandersetzungen breit machen könnten. Nichts garantiert einen besseren Schutz vor einem Rückfall in jene überwunden geglaubten dunklen Zeiten als Bildung, Aufklärung und eine permanente kritische Auseinandersetzung mit religiösen Anschauungen und ihren institutionellen Manifestationen. Dies gilt ebenso für die säkularen Religionen wie Kommunismus oder Nationalismus, von denen eine nicht minder große Gefahr für freiheitliche demokratische Gesellschaften ausgeht. Auch diese Systeme sind geprägt von (weltlichen) Erlösern, Heilsbringern und Führern, die von einer höheren und heiligen Sache beseelt sind. Auch sie kennen Heiligenkulte, heilige Bücher wie Hitlers „Mein Kampf" oder Marx/Engels „Kommunistisches Manifest." Auch sie wähnen sich im Besitz von absoluten Glaubenswahrheiten (Nationalismus, Kommunismus) oder von einem elitären Erwähltheitsgedanken (der arischen Rasse). Auch sie eint die radikale Ablehnung von Aufklärung und Vernunft sowie der Traum von der Weltherrschaft. Die pseudoreligiösen und missionarischen Gefahren, die von einer politisch extrem rechten oder linken Glaubensideologie ausgehen, bedürfen aber einer eigenen, ganz spezifischen Aufklärungsarbeit, die nicht Thema dieses Buches ist.

Was somit die Zukunft einer religiös immer diverser und gleichzeitig säkularer werdenden Gesellschaft angeht, ist nicht nur gegenseitige Achtung und Toleranz nötig, sondern auch eine kritische Evaluation der diese gefährdenden religiösen Ansprüche. In diesem Sinne spricht sich auch der bereits zitierte Eric Hilgendorf für den auch von uns vertretenen zentralen Gedanken aus, sich „angesichts der Veränderungen [gemeint ist die religiöse Pluralisierung, P.K.].... wieder auf die alte Tradition der Religionskritik zu besinnen."[163]

8. Schluss

Religionskritik besitzt alleine schon für sich genommen eine wissenschaftsgestützte und inhaltliche Berechtigung. Aufgrund ihrer entzaubernden Wirkung für religiöse Institutionen und ihrer Glaubenslehren trug und trägt sie noch immer darüber hinausgehend dazu bei, religiöse Macht und Einflussnahmen auf Politik und Gesellschaft zu relativieren, indem die theologischen, philosophischen und wissenschaftsbasierten

Infragestellungen religiöser Glaubenswahrheiten und mit ihr die Entzauberung heiliger Bücher als menschliche bzw. kulturell entstandene Produkte, ihrer Göttlichkeit und somit ihrer Absolutheitsansprüche beraubt werden. Im ersten Teil dieses Buches haben wir aufgezeigt, dass auch Religionen einer profanen, natürlichen und evolutiven Entwicklung unterliegen und keineswegs, wie gerne behauptet, als göttliche Offenbarung vom Himmel gefallen sind. Die systemimmanenten Widersprüche, Irrtümer und Fiktionen religiöser Glaubensansprüche haben wir dargelegt, genau so wie deren kritische Infragestellung durch bedeutende Philosophen und Wissenschaftler. Mit dieser auf Vernunft und Wissenschaftlichkeit basierenden Entmachtung und Relativierung religiöser Systeme und ihrer Institutionen ebneten die Aufklärung und mit ihr die Religionskritik ganz entscheidend den Weg zu den heutigen freiheitlichen und säkularen Verfassungen westlicher Demokratien. Um die dabei errungenen und von der Verfassung garantierten freiheitlichen Werte der westlichen demokratischen und offenen Gesellschaften auch weiterhin zu erhalten, ist es nach unserer Auffassung insbesondere aufgrund der multikulturell und damit auch multireligiös sich rasch entwickelnden gesellschaftlichen Veränderungen nötig, religiös motivierte Einflussnahmen auf Politik und Gesellschaft permanent kritisch zu hinterfragen. Man kann es nicht oft genug wiederholen, aber Religionskritik ist nichts Verwerfliches, sondern im Gegenteil, sie ist die Voraussetzung für das Zustandekommen und für den Erhalt von freiheitlichen offenen Gesellschaften und deshalb im Sinne unserer freiheitlichen Verfassung und Werte eine für diese existentielle Notwendigkeit. Bei aller berechtigten oder manchmal auch unberechtigten Kritik an den Religionen und Religionsgemeinschaften wird damit nicht in Frage gestellt, dass der freiheitliche Rechtsstaat als Heimstatt aller Bürger auch denjenigen neutral entgegenkommen muss, die sich zu ihrem religiösen Glauben bekennen und ihn im Rahmen der grundgesetzlich garantierten Religionsfreiheit friedlich ausleben wollen. Aber vice versa kann es in einer zunehmend sich säkularisierenden und multikultureller werdenden

Gesellschaft auch nicht mehr hingenommen werden, dass bestimmte Religionsgemeinschaften noch immer einen privilegierten Sonderstatus zugesprochen bekommen. Die Gefahr besteht, dass auch weniger aufgeklärte und friedfertige Religionsgemeinschaften aus Gleichheitsgründen die gleichen Privilegien für sich beanspruchen und diese womöglich auch grundgesetzlich zugesprochen bekommen. Die mit diesen Privilegien verbundenen Probleme, die wir ausführlich dargelegt haben, würden sich damit entsprechend verschärfen.

Alle Staatsgewalt geht in freiheitlichen und demokratischen Verfassungen nicht von einer bestimmten Gottheit oder einem sonstigen Transzendenzbezug, sondern vom Volke aus (Art. 20 GG). Dieser wesentliche Grundsatz moderner Demokratien sollte um der Menschlichkeit willen unter allen Umständen verteidigt und erhalten werden, denn nie gab es eine höhere, mit Freiheit, Wohlstand und Toleranz verbundene Lebensqualität als unter den heutigen demokratischen und säkularen Verfassungen. Die Geschichte zeigt, dass gerade in jenen Zeiten, in denen religiöse Institutionen und Führer besonders mächtig waren, es zu besonders restriktiven Maßnahmen gegenüber den nicht glaubenskonformen Untertanen und zu besonders schweren Gewaltexzessen und Kriegen gegenüber andersgläubigen Völkern kam. Natürlich gilt dies nicht nur für religiöse, sondern auch für quasireligiöse weltliche Diktaturen wie den Nationalsozialismus oder den Kommunismus, unter denen ebenfalls charismatische Führer, heilige Bücher, absolute Wahrheiten, Fortschrittsfeindlichkeit oder ein (nicht religiöser, aber rassistischer) Erwähltheitsglaube maßgeblich sind. Zwischen sowohl theokratischen als auch quasireligiösen totalitären Machtstrukturen gibt es somit erstaunliche Gemeinsamkeiten. Unter beiden Herrschaftsformen litten und leiden noch immer die Menschen gleichermaßen. Ein Blick auf die jüngere Geschichte der USA und die Präsidentschaft Donald Trumps verdeutlicht dabei, wie schmal der Grat auch für bestehende und etablierte Demokratien ist, um nicht in religiös begründete autoritäre Herrschaftsformen abzurutschen. Diese Gefahr ist eben nicht nur rein theoretisch, denn weltweit nimmt die Bedeutung bzw. die Revitalisierung der Religionen und der Diktaturen wieder zu und gleichzeitig zeigt sich dabei, wie leicht Krisen (Corona-Pandemie) die Demokratien gefährden können. Die durch Aufklärung und Humanismus errungene Staatsform der Demokratie, die mit Individualismus, Freiheit und Wohlstand verbunden ist, ist keine Selbstverständlichkeit, sondern sie lebt in der Tat von Voraussetzungen, die sie selbst nicht garantieren kann. Aber diese Voraussetzungen sind eben nicht religiöser Natur, sondern müssen durch politische Bildung, humanistische Werte und insbesondere durch kritische Aufklärung, wozu eben auch eine sachliche und wissenschaftsbasierte Religions- und Kirchenkritik gehört, geschaffen werden.

Selbst wenn eine existenzgefährdende Gefahr von theokratischen Strukturen in Europa zur Zeit nicht ersichtlich ist und zumindest seitens des aufgeklärten Christentums der säkulare Staat mittlerweile anerkannt wird, so geht es uns hier auch um die Umsetzung von rechtsstaatlicher Gerechtigkeit. Um diese zu erlangen, müssen die hier erwähnten verfassungsrechtlich problematischen Privilegien der Kirchen benannt und - falls nicht mehr zeitgemäß oder gar verfassungswidrig - beseitigt werden. Dass es diese problematischen Privilegien gibt, dass religionsverfassungsrechtliche Gebote wie das der Neutralität, der Trennung von Staat und Kirche, der religiös-weltanschaulichen Gleichbehandlung aus Gerechtigkeitsgründen, nicht immer gewährleistet sind, ja dass gegen diese Rechtsnormen in der Rechtswirklichkeit und Politik in teils eklatanter Weise verstoßen wird, das sollte hier aufgezeigt werden.

Neben diesen verfassungsrechtlichen Bedenken kommt noch ein zweiter, demographischer Faktor hinzu. Wie dargelegt, werden sich die heutigen (2022) Mitgliederzahlen der beiden großen Kirchengemeinschaften bis 2060 halbieren. Auch der mit dieser Entwicklung verbundene gesellschaftliche Bedeutungsverlust der Kirchen spricht für eine endlich zu vollziehende gerechte Gleichsetzung mit anderen Religions- und Weltanschauungsgemeinschaften. Der Rechtsphilosoph Eric Hilgendorf kommt zu dem Schluss, dass die großen christlichen Kirchen "nach wie vor gegenüber anderen Religionsgemeinschaften und Weltanschauungsgemeinschaften privilegiert [sind]. Diese Privilegierung ist historisch aus der besonderen Situation im Nachkriegsdeutschland zu erklären, aber angesichts der gewaltigen sozio-kulturellen Wandlungen der deutschen Gesellschaft seit den 60er Jahren des 20. Jahrhunderts nicht mehr zu legitimieren."[164] Aufgrund der hier aufgelisteten staatlichen Privilegien und Zuwendungen im mehrstelligen Milliardenbereich (die mit dem fraglichen Körperschaftsstatus verbunden sind) ist es doch mehr als berechtigt zu hinterfragen, ob diese Privilegien angesichts des massiven Bedeutungsverlustes und Mitgliederschwundes der Kirchen noch aufrecht erhalten werden dürfen. Denn diese Entwicklung hat auch zur Folge, dass immer mehr nicht-christliche Bürger und Steuerzahler die Kirchenprivilegien nicht nur erdulden müssen, sondern hierfür auch noch die Kosten zu tragen haben. Es kann doch nicht sein, dass ein immer größer werdender kirchenferner Bevölkerungsteil die immensen finanziellen Kosten, welche mit den Kirchenprivilegien verbunden sind, auch noch finanzieren muss.

Die sich aus dieser Schieflage ergebende Forderung nach einem Staat ohne Gott bedeutet ja nicht eine Forderung nach einer Gesellschaft ohne Gott. Im Gegenteil, alle Religionen und Weltanschauungen genießen eine gleichberechtigte Daseinsberechtigung und können sich - miteinander konkurrierend - im Rahmen der allgemeinen gesetzlichen Vorgaben frei entfalten. Insofern ging es uns hier nicht um die Abschaffung des Gottesglaubens, sondern um die gerechte Gleichbehandlung aller Religions- und Weltanschauungsgemeinschaften, so wie es im Grundgesetz durch das Neutralitäts-, Gleichheits- und Trennungsgebot festgeschrieben ist. Natürlich bedeutet diese Gleichbehandlung nicht, dass nun auch alle anderen RWG in den Genuss derselben Privilegien kommen können, wie sie den beiden großen christlichen Kirchen zugestanden werden, dies wäre auch schlicht nicht bezahlbar. Vielmehr müssen deren nicht (mehr) gerechtfertigten Privilegien zurückgenommen werden, um somit eine Gleichberechtigung aller RWG auf niedrigerem, aber verfassungsrechtlich gesichertem Niveau herzustellen. Mit Eric Hilgendorf ist somit die Forderung zu stellen, "dass der Staat im Einklang mit der... Entscheidung des Bundesverfassungsgerichtes (BverfGE 19, 206, 216) dafür Sorge zu tragen hat, dass alle Religions- und Weltanschauungsgemeinschaften nicht bloß auf dem Papier, sondern auch in der Rechtswirklichkeit gleich behandelt werden."[165] Somit kann also nur die die sukzessive Rücknahme der verfassungsrechtlich problematischen Kirchenprivilegien in Betracht kommen. Erst recht, wenn man auch noch den zunehmenden und ebenfalls dargelegten demographischen, religionssoziologischen und ethisch-moralischen Bedeutungsverlust, den die Kirchen in der BRD erfahren, berücksichtigt. Auch der emeritierte Professor für Sozialökologie der Humboldt Universität Berlin, Johannes Heinrichs, sieht das sehr ähnlich: "Es herrscht [...] bei Weitem keine Fairness zwischen den Religionen und Weltanschauungen. Die Konkordatsverhältnisse (zurückgehend auf das Hitler-Konkordat von 1933, doch versteckt in Staats-Kirchen-Verträgen mit den Ländern) überprivilegieren die 'großen' Kirchen in einem Maße, das der großen Öffentlichkeit bei Weitem nicht bekannt ist und das nur deshalb noch immer fortbestehen kann."[166]

Auch wenn es uns also gar nicht um die ohnehin unmögliche und auch gar nicht beabsichtigte Abschaffung des Gottesglaubens in der Bevölkerung geht, so war es uns wichtig aufzuzeigen, dass eine kritische Auseinandersetzung mit den Religionen und deren Institutionen ein notwendiges demokratisches Mittel ist, um deren gesellschaftliche und politische Macht und Einfluss einzuschränken. Denn dies wiederum ist die Voraussetzung für den Erhalt und das Funktionieren offener, also freiheitlicher, demokratischer und säkularer Gesellschaften. Unter Berücksichtigung der aktuellen Situation bezüglich der Migrationsströme in die EU und insbesondere in die BRD sollte zudem darauf hingewiesen werden, dass gerade in multireligiösen Einwanderungsgesellschaften mit einem zunehmend hohen Potential an weltanschaulichen Konflikten die Unterordnung des Religiösen unter die säkulare Verfassung eine strikt zu fordernde und unabdingbare Voraussetzung für den inneren Frieden darstellt. Wie uns die Geschichte lehrt, besitzen insbesondere die monotheistischen Religionen neben ihren segensreichen Wirkungen für die Psyche ihrer Anhänger, auch einen monopolistischen Glaubensanspruch, verbunden mit einem hohen Potential an Intoleranz und Gewalt. Zurecht wirbt deshalb auch der Rechtsphilosoph Horst Dreier eindringlich für die „Entkopplung" von Staat und Kirche bzw. Verfassung und Religion. Diese sei existentiell, "denn sie ermöglicht freie demokratische Selbstbestimmung ebenso wie autonome religiöse und weltanschauliche Selbstfindung, dient also der Politik wie dem Glauben gleichermaßen. Ohne sie kämen individuelle Freiheit und gesellschaftlicher Pluralismus über kurz oder lang an ihr Ende."[167] Dass und in welchen Bereichen es dabei aber eklatante Schieflagen zwischen verfassungsrechtlichen Normen und der Rechtswirklichkeit gibt, die dringend einer verfassungsgemäßen Entkopplung und einer der heutigen gesellschaftlichen Situation angepassten Begradigung bedürfen, das sollte hier dargelegt werden. Aus Gründen der Gerechtigkeit und der religionssoziologischen Entwicklung wäre sie, wie dargelegt wurde, mehr als berechtigt. Damit hoffen wir deutlich gemacht zu haben, welch bedeutsame Rolle die Religions- und Kirchenkritik nicht nur für ein aufgeklärtes Menschen- und Weltbild, sondern auch für unsere freiheitliche Verfassung und für den gesellschaftlichen Frieden spielt

9. Anmerkungen

[1] Czermak, Gerhard: Religions- und Weltanschauungsrecht, Springer, 2008, S. 4

[2] Beispielsweise rangieren die Kirchen laut dem Meinungsforschungsinstitut forsa beim „Institutionen-Ranking" von 2020 am unteren Ende. Gefragt nach ihrem Vertrauen in verschiedenen Institutionen, gaben nur 36% der befragten Bundesbürger an, dass sie großes Vertrauen in die evangelische Kirche, 14% in die katholische Kirche und nur 9% in den Islam haben. Quelle: Deutsche vertrauen evangelischer Kirche deutlich mehr als katholischer - katholisch.de

[3] BverfGE 19, 206, S. 216

[4] Die kritischen und wissenschaftsbasierten Einwände gegen das auf dem Alten und Neuen Testament beruhende Christentum fasst der Theologe Heinz–Werner Kubitza in seinem Buch „Der Jesuswahn. Wie die Christen sich ihren Gott erschufen. Die Entzauberung einer Weltreligion durch die wissenschaftliche Forschung" zusammen. Es ist im Tectum-Verlag, 2013, erscheinen. Es dient hier als Grundlage für die das Alte und Neue Testament betreffenden Erörterungen. (a.a.O., S. 36ff.)

[5] Eine göttliche Karriere, in: Bild der Wissenschaft, 12/2005. S. 58ff. Michael Zicke gibt die Auffassung des Kieler Bibelforschers Prof. Ulrich Hübner wieder.

[6] Ein von vielen Alttestamentlern angenommenes Szenario besteht darin, dass eine Sippe von Proto-Judäern, vielleicht sogar tatsächlich unter der Führung eines Mannes namens Moses, bei ihrer Rückkehr aus Ägypten auf dem Sinai die Midianiter und ihren Gott Jahwe kennenlernten und ihn mit in die judäischen Berge nahmen. Im Laufe der Zeit avancierte er zur dominierenden Gottheit in Judäa und Israel.

[7] Kubitza, a.a.O., S. 32ff

[8] Entstehung und Entwicklung des monotheistischen Gottesbildes im Alten Israel und im Alten Testament. Der Beitrag wurde ursprünglich publiziert in der Festschrift für Prof. Dr. Wilfried Eckey, Seminar für Evangelische Theologie, Bergische Universität, Wuppertal 2000, Seite 48-66.

[9] Kubitza, a.a.O., S. 236

[10] Sowohl bei den Juden als auch bei den Urchristen ging man noch davon aus, dass das Gottesreich hier auf Erden stattfindet. Die in den Himmel verortete Paradiesvorstellung wurde erst später entwickelt. An die Stelle des Reiches Gottes auf der Erde trat später das Himmelreich.

[11] Im Konzil von Konstantinopel wurde dann noch verkündet, dass Maria nicht nur bei Jesu Geburt Jungfrau war (wie bei der Dogmatisierung der Gottesmutter auf dem Konzil von Ephesus, 431), sondern dass sie dies auch Zeit ihres Lebens mit der Ehe mit Josef geblieben ist (Josefsehe). Aber auch dem widerspricht die Bibel selbst, denn nach der hat Jesus noch mindestens 4 Brüder und zwei Schwestern (Mk 6,3)

[12] Kubitza, a.a.O., S. 250

[13] Kubitza, 2013, S. 310

[14] Xenophanes:
„Stumpfnasig, schwarz: so seh'n Äthiopiens Menschen die Götter.
Blauäugig aber und blond: so seh'n ihre Götter die Thraker.
Aber die Rinder und Rosse und Löwen, hätten sie Hände,
Hände wie Menschen, zum Zeichnen, zum Malen, ein Bildwerk zu formen,
Dann würden Rosse die Götter gleich Rossen, die Rinder gleich Rindern
Malen, und deren Gestalten, die Formen der göttlichen Körper,
Nach ihrem Bilde erschaffen: ein jedes nach seinem."

[15] Während der Universalienrealismus davon ausging, dass das Besondere aus dem realen Allgemeinen (Universalien) abzuleiten sei, ist für Ockham nur das Besondere wirklich, das Allgemeine sind ihm nur (zusammenfassende) „signa", also nur Zeichen, denen keine Wirklichkeit zukommt und die aus Einzeldingen in unserem Denken erst abgeleitet werden. Die Universalia sind somit also nicht ante res, sondern post rem. Theologisch weiter gedacht hatte dies zur Konsequenz, dass es dann auch keine Schöpfung aus dem Nichts geben kann, da ja die Universalien in dem Falle vorher schon im Geiste Gottes existieren müssten. Ein gefährlicher Schluss, der zeigt, wie auch erkenntnistheoretische Überlegungen zu revolutionären theologischen Konsequenzen führen kann.

[16] Hume, David: Eine Untersuchung über den menschlichen Verstand (An Enquiry Concerning Human Understanding, 1777), Hamburg, 1993, S. 190.

[17] Hume, David: a.a.O., 1993, S. 136.

[18] Hirschberger, Johannes: Geschichte der Philosophie, 1976, Band 2, S. 263.

[19] Vorländer, Karl: Immanuel Kant. Der Mann und das Werk. Meiner, 1992, S. 174f. Das Folgende über Kants Religionsansichten, wie sie dem Kantbiografen Karl Vorländer zu entnehmen sind (a.a.O., II., S. 173ff), ist zitiert aus Peter Kamleiter, Der entzauberte Glaube, Tectum, 2016, S. 70f.

[20] Vorländer, Karl, a.a.O., S. 176

[21] Kant, Immanuel: Die Religion innerhalb der Grenzen der bloßen Vernunft, S. 151f. Zitiert nach Vorländer, Karl: a.a.O., 1992, S. 184.

[22] Vorländer, Karl, 1992, a.a.O., II., S. 178

[23] Brief Goethes an Herder vom Mai 1775 und vom 4. September 1788.

[24] Goethe, Übergangenes zu den Venezianischen Epigrammen, 11

[25] 1792 erschien Fichtes "Versuch einer Kritik aller Offenbarung." Hinter diesem anonym erschienenen Werk, welches Fichte mit einem Schlag berühmt machte, vermutete man zuerst Immanuel Kant als Autor. Nach Richtigstellung durch Kant wurde Fichte schnell berühmt und man bot ihm daraufhin einen Lehrstuhl für Philosophie in Jena an. 1794 übernahm er diesen Lehrstuhl und befasste sich mit der Wissenschaftslehre, der theoretischen Philosophie, der Rechts- und der Moralphilosophie.

[26] Historisches Wörterbuch der Philosophie (Hist. WB der Philosophie), Bd. 1, Sp. 597

[27] Metzler, Philosophenlexikon, S. 276

[28] Metzler, Philosophenlexikon, S. 275

[29] Hist. WB der Philosophie, Bd. 3, Sp. 788

[30] Hist. WB der Philosophie, a.a.O.

[31] Über Hegel schreibt er: „Das Publikum war genöthigt worden einzusehen (durch Kant), dass das Dunkle nicht immer sinnlos ist: sogleich flüchtete sich das Sinnlose hinter den dunklen Vorhang. Fichte war der Erste... Schelling that es ihm darin wenigstens gleich... Jedoch die größte Frechheit im Auftischen baaren Unsinns, im Zusammenhang sinnleerer, rasender Wortgefechte, wie man sie bis dahin nur in Tollhäusern vernommen hatte, trat endlich in Hegel auf..." Schopenhauer, Die Welt als Wille und Vorstellung, Leipzig 1891, Bd. 1, Anhang, S, 508

[32] Zitiert nach: Walter Abendrot: Schopenhauer, Reinbek bei Hamburg 2003 (1967), S. 28

[33] Schopenhauer, Arthur: „Über Religion", Kap. XV., §174, in „Parerga und Paralipomena" II, Haffmans Verlag, 1988, S. 290

[34] Schopenhauer, ebda, S. 308f

[35] Bolin/Jodl, a.a.O. VIII, S. 293

[36] Wie sein Vorbild, der französische Philosoph Pierre Bayle (1647-1706), so meint auch Feuerbach, dass sittliche Normen im religiösen Verhalten eine bloß abgeleitete äußerliche Bedeutung erhalten.Sie werden nicht um ihrer selbst willen, sondern um Gottes Willen, weil er sie befiehlt und damit Lohn bzw. Strafe verknüpft ist, beachtet. Der Zorn Gottes „ist somit nichts anderes als Vergegenständlichung der Furcht und Angst des religiösen Gemüts".Feuerbach, L.: SW, VI

[37] Nicht die Eigenschaft der Gottheit, sondern die Göttlichkeit der Eigenschaften, wie z.B. Liebe, Sehnsucht nach ewigem Leben, Glück usw. ist somit das erste wahre göttliche Wesen.

[38] Feuerbach, L.: „Das Wesen des Christentums", Reclam, Stuttgart, 1969: „Der Charakter der Religion ist die unmittelbare, unwillkürliche unbewusste Anschauung des menschlichen Wesens als eines anderen Wesens. Dieses gegenständlich angeschaute Wesen aber zum Objekt der Reflexion, der Theologie gemacht, so wird es zu einer unerschöpflichen Fundgrube von Lügen, Täuschungen, Blendwerken, Widersprüchen und Sophismen" (S. 323) "Gott ist und hat alles was der Mensch, aber in unendlich vergrößertem Maßstabe". (S. 324). Oder: "Alle Prädikate, alle Bestimmungen des göttlichen Wesens sind grundmenschliche" (S. 335). "Die Persönlichkeit Gottes ist selbst nichts anderes als die entäußerte, vergegenständlichte Persönlichkeit des Menschen" (S. 340).

[39] Feuerbach versucht die Elemente zu einer "Philosophie der positiven Religion der Offenbarung" im Sinne eines Aufweises der natürlichen Wahrheiten der übernatürlichen Mysterien "genetisch-kritisch" darzulegen. Das Bewusstsein des religiösen Gegenstandes fällt mit dem menschlichen Selbstbewusstsein zusammen: Gott ist – ähnlich wie bei Hegel - das offenbare Innere, das „ausgesprochene Selbst des Menschen", wobei sich allerdings – entgegen Hegel - der religiöse Mensch nicht bewusst ist, dass sein Bewusstsein von Gott Selbstbewusstsein des eigenen Wesens ist.

[40] Feuerbach, L.: „Das Wesen des Christentums", Reclam, Stuttgart, 1969, S. 295

[41] „Darum hat auch der Religiöse kein Bedürfnis der Bildung in sich. Warum" – so fragt Feuerbach - „hatten die Hebräer keine Kunst, keine Wissenschaft wie die Griechen? - Weil sie kein Bedürfnis danach hatten. Und warum hatten sie kein Bedürfnis? Jehova ersetzte ihnen das Bedürfnis" indem er der Inbegriff aller Schätze und Kostbarkeiten, aller Wissens- und Denkwürdigkeiten war. Religiöse Phantastereien und mystische Gottesvorstellungen bringen auf die eigentlichen Fragen die die Menschen bewegen, aber nur bildhaft naive Antworten. Auch die christliche Religion – so das Urteil Feuerbachs - hat daher in ihrem Wesen „kein Prinzip der Kultur, der Bildung in sich, denn sie überwindet die Schranken und Beschwerden des irdischen Lebens nur durch Phantasie, also nur in Gott, im Himmel..." Feuerbach, L: a.a.O., S. 325ff

[42] Die reine - naturgegebene - Liebe (gegenüber Verwandten, Freunden, dem anderen Geschlecht usw.) ist vom Glauben dagegen völlig unabhängig, sie ist ihrem eigentlichen Wesen nach "ungläubig", so wie andererseits der Glaube an sich lieblos ist.

[43] Karl Marx: Zur Kritik der Hegelschen Rechtsphilosophie. Einleitung 1843–1844, in Karl Marx/Friedrich Engels – Werke. Dietz Verlag, Berlin 1976, Band I, S. 378–391

[44] Siehe Nachwort zu Webers „Wissenschaft als Beruf", Reclam, Friedrich Tenbruck, S. 52f

[45] Nietzsche, Fr. Menschliches Allzumenschliches. Insel Taschenbuch, 1982. Drittes Hauptstück 108 ff.

[46] Nietzsche, F.: „Zur Genealogie der Moral", Dritte Abhandlung, §25. Im Sinne Nietzsches bestätigt der amerikanische Soziopsychologe Edward O. Wilson aus heutiger evolutionsbiologischer Sicht Nietzsches düstere Lehre: „Die Wissenschaft hat uns von jenem persönlichen Gott entfernt, der einst über die Zivilisationen des Abendlandes herrschte.... Das wirkliche spirituelle Dilemma der Menschheit ist, dass unsere genetische Entwicklung dafür gesorgt hat, dass wir an eine bestimmte Wahrheit glauben, aber eine andere entdeckt haben." Wilson, E.: 1998, a.a.O, S. 351

[47] Von der fraglichen Selbstwidersprüchlichkeit dieser Auffassung wollen wir hier absehen, da dies zu sehr von dem hier vorgezeichneten Wege der chronologischen und paradigmatischen Auflistung religionskritischer Positionen führen würde.

[48] Jean-Paul Sartre: Ist der Existentialismus ein Humanismus? Drei Essays, Ullstein, Frankfurt 1989, S. 11

[49] Die folgenden Zitate Russels stammen aus dieser Schrift.

[50] https://www.wissenschaft.de/allgemein/titelthema-kein-platz-fuer-gott-der-glaubensstreit/

[51] Popper, Karl: „Ausgangspunkte", Hoffmann und Campe, 1994, S. 250

[52] Darwin, Die Abstammung des Menschen, Voltmedia, Paderborn, S. 667

[53] ebda S. 196

[54] ebda

[55] Kutschera, 2009, a.a.O., S. 132 Siehe auch ebda, S. 98

[56] Markus Lanz und Heiner Geißler, Youtube, vom 17.05.2017. In seinem Buch „Kann man noch Christ sein, wenn man an Gott zweifeln muss?" (2017) mauserte sich der Jesuit Heiner Geißler am Ende seines Lebens vom Christen zum Skeptiker und Religionskritiker.

[57] Schillp, Paul Arthur: Albert Einstein als Philosoph und Naturforscher, Kapitel: Albert Einstein: „Autobiographisches", Stuttgart, 1979.

[58] Einstein, Albert: Mein Weltbild , 1991, S. 171.

[59] Wickert, Johannes: Einstein, Hamburg, 1979, S. 121.

[60] Einstein, Albert: „Religion und Wissenschaft", in: Einstein, Albert: Mein Weltbild , 1991, S. 15.

[61] Einstein, Albert: „Religion und Wissenschaft", in: Einstein, Albert: a.a.O., 1991, S. 17.

[62] in: Einstein, Albert: a.a.O., 1991, S. 10.

[63] Zitat aus „Der Spiegel", 1999, Nr. 50, S. 276.

[64] Wilson, Edward: Die Einheit des Wissens, 1998, S. 334ff. Die Ethologie, also die Verhaltensforschung bei Tieren, zeigt, dass in der Tat schon bei Primaten ein moralanaloges Verhalten ausgeprägt ist. Hinzu kommt noch das Verlangen nach einer die irdische Endlichkeit überwindenden Fortdauer unserer Existenz. „Getreu seinem Primatenerbe ist der Mensch leicht durch selbstsichere, charismatische und vor allem männliche Führungspersönlichkeiten verführbar... Jede Kultur bildet sich um Führungspersönlichkeiten. Mit der Zeit werden überragende Autoritäten sogar zu Religionsbegründern erhoben und in heiligen Schriften verewigt (a.a.O., S. 346). Die „unbequeme Wahrheit" nach Wilson ist, „dass diese beiden Überzeugungen" – gemeint ist der Glaube an das Übernatürliche und die wissenschaftliche Biologie – „faktisch nicht kompatibel sind, was zur Folge hat, dass all diejenigen, die es nach sowohl intellektueller wie religiöser Wahrheit dürstet, niemals beide in vollem Umfang erfahren werden." (a.a.O., S. 349).

[65] William H. Press und Alan Lightman haben 1983 das Modell von Max Born erweitert und zeigten, dass die wesentlichen Eigenschaften der makrophysischen Phänomene durch vier Größen bestimmt werden: die Elektronenmasse, die Protonenmasse, die Stärke der elektromagnetischen Kraft sowie die Stärke der starken Kraft. Der US-amerikanische Astronom Victor J. Stenger kam durch Analysen und Computersimulationen, in denen er (im Gegensatz zu Max Tegmark) alle vier der von Press und Lightman benannten Konstanten gleichzeitig variieren ließ, zu dem Ergebnis, dass viel größere Schwankungen der Konstanten erlaubt seien. Analysen von hundert Universen, in denen er die Konstanten zufällig in einem Bereich von zehn Größenordnungen (10^{10}) schwanken ließ, führten in mehr als der Hälfte der Fälle zu Sternen mit einer Lebensdauer von mehr als einer Milliarde Jahren. Dies könne man, so Stenger, wohl kaum Feinabstimmung nennen.

[66] Nachdem Papst Pius XII. die darwinistische Lehre in seinem Apostolischen Rundschreiben „Humani Generis" 1950 noch als Gefahr für den katholischen Glauben eingeschätzt hatte und die Evolutionstheorie nur als Hypothese akzeptierte, wurde sie von der katholischen Kirche am 22. Oktober 1996 endlich rehabilitiert. In seiner Botschaft mit dem Titel „Christliches Menschenbild und moderne Evolutionstheorien" erklärte Johannes Paul II: „Neue Erkenntnisse führen zu der Feststellung, dass die Evolutionstheorie mehr als eine Hypothese ist." Allerdings ist anzumerken, dass es noch immer sehr viele evangelikale Christen ebenso wie orthodoxe Juden und Muslime gibt, die aufgrund einer strengen Auslegung ihrer heiligen Bücher eine davon abweichende wissenschaftliche Erkenntnislage leugnen.

[67] Angefangen von Vorstellungen einfacher Naturvölker über Hochkulturen wie die der Ägypter und Griechen über das Mittelalter hinaus bis weit in die Neuzeit hinein hat man sich Gedanken über die "Seele" gemacht und ist zu den unterschiedlichsten Auffassungen gelangt. Schon bei Platon und Aristoteles zeigen sich die Gegensätze, wenn der eine (Platon) - von den Pythagoreern beeinflusst - von einer immateriellen und unsterblichen, reinkarnierenden, der andere (Aristoteles) von einer materiellen und sterblichen Seele spricht. Die unterschiedlichsten und gegensätzlichsten Vorstellungen von einer Seele sind ein Zeichen für den hohen spekulativen bzw. metaphysischen Gehalt, der mit der Vorstellung einer "Seele" schon immer verbunden war. Spätestens mit der Etablierung der modernen Evolutionstheorien seit Darwin, mehr noch durch die moderne Hirnforschung wurden dann die alten metaphysischen Konnotationen, die mit dem Seelenbegriff verbunden sind, infrage gestellt.

[68] Der Appell des Dalai Lama an die Welt. Mit Franz Alt. Ethik ist wichtiger als Religion. Benevento, 2015, S. 7.

[69] Anton Grabner-Haider: Transformation von Religion in modernen Gesellschaften. In: Aufklärung und Kritik 2/2020, S. 63-73.

[70] In manchen jüdischen und christlichen Traditionen wird das Bilderverbot als zweites Gebot gezählt. Wir folgen hier der lutherischen und römisch-katholischen Tradition.

[71] Mit der Bulle „Dum Diversas (1452) und Romanus Pontifes (1554) legitimierte Papst Nikolaus V. den Menschenhandel sowie den Kolonialismus. Dabei konnte er sich sogar auf das 3. Buch Mose und auf die Genesis berufen, in der Noah seinen Enkel Kanaan als einer der biblischen Stammväter der Afrikaner, zum „Knecht aller Knechte" machte. Kaum bekannt ist auch, dass die katholische Kirche bzw. deren Geistliche in den USA selbst Sklaven hielten und mit diesen handelten. So war die US-Kirche in den Sklavenhandel verstrickt - katholisch.de

[72] Hilgendorf, Eric: Staatsbürger im multikulturellen Staat, in: Aufklärung und Kritik, 3/2010, S. 254

[73] Horst Dreier, Säkularisierung und Sakralität, Mohr Siebeck, 2013, S. 89

[74] Quelle: Deutsche vertrauen evangelischer Kirche deutlich mehr als katholischer - katholisch.de

[75] Hilgendorf, 2010, a.a.O., S. 254

[76] Das Anbringen von Kreuzen in öffentlichen Räumen wie Gerichtssälen stellt hier ein Beispiel für eine religiös motivierte verfassungsrechtliche Unzulässigkeit dar.

[77] Czermak, Gerhard, Religions- und Weltanschauungsrecht, Springer, 2018, S. 83

[78] Quelle: Duden Recht A-Z. Fachlexikon für Studium, Ausbildung und Beruf. 3. Aufl. Berlin: Bibliographisches Institut 2015. Lizenzausgabe Bonn: Bundeszentrale für politische Bildung. Neutralität | bpb

[79] Hierbei sind eben auch an die zahlreichen Privilegien der Kirchen zu denken, wie sie durch den Körperschaftsstatus oder die Staat-Kirche-Verträge noch immer gewehrt werden.

[80] Quelle: Wikipedia, Religionen in Deutschland. Laut der Forschungsgruppe für Weltanschauungen in Deutschland fowid, steigt der Anteil der Konfessionslosen und hat sich 2019 um ein Prozent auf 38,8%, erhöht.

[81] Microsoft Word - Religionszugehörigkeit-und-Gottesglaube,2002.doc (fowid.de). An ein „höheres Wesen" oder eine „geistige Macht" glaubten von den Katholiken 41,8% und den Evangelischen (ohne Freikirchen) 39,6%.

[82] https://www.bpb.de/nachschlagen/zahlen-und-fakten/soziale-situation-in-deutschland/61565/kirche

[83] https://fowid.de/meldung/religionszugehoerigkeiten-2019

[84] https://fowid.de/meldung/ekd-und-katholiken-deutschland-jahr-2060 Das Forschungszentrum Generationenverträge (FZG) der Universität Freiburg hat eine koordinierte Mitglieder- und Kirchensteuervorausberechnung für die evangelische und katholische Kirche in Deutschland erstellt, die von der EKD gemeinsam mit der Deutschen Bischofskonferenz veröffentlicht wurde.

[85] Projektion 2060 - Entwicklung der Kirchenmitgliederzahlen – EKD. Die Kirchensteuerpflicht betrifft ausschließlich Religions- und Weltanschauungsgemeinschaften, die gemäß Art. 137 V WRV/140 GG als Körperschaften des öffentlichen Rechts anerkannt sind. Kirchensteuerpflichtig sind alle gültig Getauften, die nicht aus der Kirche ausgetreten sind.

[86] https://fowid.de/meldung/empirie-weltanschauungen

[87] Religionszugehörigkeiten 2019 | fowid - Forschungsgruppe Weltanschauungen in Deutschland. Die „Forschungsgruppe Weltanschauungen in Deutschland" beruft sich bei diesen Zahlen auf die Angaben der Katholischen Bischofskonferenz, die Evangelische Kirche in Deutschland (EKD) sowie auf Angaben des Statistischen Bundesamtes zum 31.12.2019.

[88] https://fowid.de/meldung/religionszugehoerigkeiten-2018)

[89] Quelle: Deutsche Bischofskonferenz, EKD, REMID, BAMF, Statistisches Bundesamt, sowie Berechnungen der fowid(CF)

[90] https://fowid.de/meldung/glaubensbekenntnis-katholiken-und-protestanten-1989

[91] Quelle: Institut für Demoskopie Allensbach, 1989. Das Glaubensbekenntnis.

[92] Quelle: SPIEGEL Umfrage durch KantarPublic. Zeitraum 12.-14.März 2019

[93] Basis: Bundesrepublik Deutschland, Bevölkerung ab 16 Jahren. Quelle: Allensbacher Archiv, IfD-Umfrage 10097 (September 2012) FAZ_September, Layout 1 (ifd-allensbach.de)

[94] Quelle: Kantar Public für das Magazin „Der Spiegel" 2005 und 2019. Jeweils Bevölkerung ab 18 Jahren (Wahlberechtigte)

[95] Quelle: Microsoft Word - Auferstehung Jesus - Ansichten, 2004.doc (fowid.de)

[96] Bedeutung von Religion in Deutschland 2017, 2015, 2012, 2011, 2008 | fowid - Forschungsgruppe Weltanschauungen in Deutschland

[97] Wissenschaftliche Dienste, Deutscher Bundestag, 2014: Mitgliederentwicklung von Kirchen und Religionsgemeinschaften in Deutschland seit 1919. wd-1-086-14-pdf-data.pdf (bundestag.de)

[98] Hilgendorf, a.a.O. 2010, S. 246-257

[99] Hilgendorf, a.a.O. 2010, S. 248

[100] Horst Dreier, Staat ohne Gott. Religion in der säkularen Moderne.", Beck, 2018, S. 12

[101] „Weltanschauung in Grundgesetz und Verfassungswirklichkeit", Alibri, 2016, S. 7.

[102] Czermak, 2016, a.a.O., S. 17

[103] BVerfGE 6, 389ff, 10. Mai, 1957

[104] Czermak, 2016, a.a.O., S. 29

[105] Czermak, 2016, a.a.O., S. 36

[106] Czermak, 2016, a.a.O., S. 42

[107] Die Entstehung des Staates, als Vorgang der Säkularisation (Aufsatz, 1967). Abgedruckt, in: E.-W. Böckenförde, Der säkularisierte Staat, 2007.

[108] Czermak, 2016, a.a.O., S. 104

[109] Böckenförde, Der säkularisierte Staat, S. 7f

[110] Ursula Neumann hat in „Kirche und Recht" 1999, Nr. 980, S. 205 f, bereits auf diese Fehlinterpretation aufmerksam gemacht. Die Richtigkeit dieser Ansicht hat Böckenförde „im unmittelbaren Anschluss an Neumann bestätigt." (Czermak, 2016, S. 105)

[111] Horst Dreier, Säkularisierung und Sakralität, Mohr Siebeck, 2013, S.42. Horst Dreier war von 1995 bis 2020 Ordinarius für Rechtsphilosophie, Staats- und Verwaltungsrecht an der Juristischen Fakultät der Julius-Maximilians-Universität Würzburg.

[112] Böckenförde, „Der säkulare Staat", Vortrag 2006. Böckenförde-Dilemma | ifw - Institut für Weltanschauungsrecht

[113] Yuval Noah Harari: Homo Deus. Eine Geschichte von Morgen. C.H.Beck, 2017.

[114] Harari, Yuval Noah: Homo Deus. Eine Geschichte von Morgen. C.H. Beck, 2020.

[115] Religions- und Verfassungsrecht. Eine Einführung. Czermak, Gerhard und Hilgendorf, Eric. Springer, 2008 und 2018.

[116] Siehe beispielsweise: „Umfrage: 38 Prozent der Bundesbürger bezeichnen sich als gläubig | DOMRADIO.DE - Katholische Nachrichten" (05.03.2021)

[117] Czermak, 2008, S. 108

[118] Czermak, 2008, S. 107

[119] Körperschaftsstatus | ifw - Institut für Weltanschauungsrecht

[120] Hilgendorf, Eric, a.a.O., 2010, S. 250.

[121] Czermak, 2018, S.113

[122] Carsten Frerk: Finanzen und Vermögen der Kirchen in Deutschland. Alibri Verlag, Aschaffenburg, 2002.

[123] Vergelt's Gott - Der verborgene Reichtum der katholischen Kirche - YouTube

[124] Czermak, 2018, S. 215f und 223f. Siehe auch: So finanziert sich die Katholische Kirche - Panorama - SZ.de (sueddeutsche.de)

[125] Czermak, 2016, a.a.O., S. 49

[126] Czermak, 2016, a.a.O., S. 43

[127] Siehe Wikipedia. Verwendete Quellen: Kirchensteuer: Große Mehrheit gegen staatlichen Einzug, Bericht von diesseits – Das humanistische Magazin, abgerufen am 11. August 2015. Deutsche wollen Kirchenreformen, Bericht des Online-Portals der Römisch-katholischen Kirche in Deutschland, abgerufen am 11. August 2015.

[128] Warum werden Bischöfe vom Staat bezahlt und nicht aus der Kirchensteuer? | refrago. Die Zahlen beziehen sich auf das Jahr 2017.

[129] Czermak, 2008, S. 218

[130] Czermak, 2008, S. 191

[131] Czermak, 2008, S. 191

[132] Die Kirche und das Geld - mit Carsten Frerk - YouTube. (Dokumentation 2016)

[133] Czermak, 2016, a.a.O., S. 66

[134] „Insgesamt" bedürfte das gesamte Vertragsmaterial einer systematischen und kritischen Durchforschung. Es lässt sich aber unschwer feststellen,.... dass die Verträge insgesamt recht einseitig zugunsten der Kirchen und zulasten des staatlichen Vertragspartners und mittelbar zulasten anderer religions- und Weltanschauungsgemeinschaften gehen....", Czermak, 2018, S. 205

[135] Czermak, 2018, S. 203

[136] Den religionsmündigen Schülern für die Nichtteilnahme am Religionsunterricht einen anderen Unterricht (z.B. Ethikunterricht) aufzuerlegen, ist ein Verstoß gegen die Freiheitsgewährleistung des Art. 4 I, II GG sowie des weltanschaulichen Anknüpfungsverbotes des Art. 3 III.

[137] Czermak, 2018, S. 178

[138] Czermak, 2016, a.a.O., S. 96

[139] Czermak, 2016, a.a.O., S. 97

[140] Als in Folge der WRV es ab 1919 aufgrund der Aufhebung der geistlichen Schulaufsicht möglich war, sich vom Religionsunterricht abzumelden, empörten sich die katholischen Bischöfe wie Kardinal Faulhuber in einem Hirtenbrief im Januar 1919, dass die durch Verordnung verfügte Möglichkeit der Abmeldung schlimmer wiege als der Blutbefehl des Herodes zum Kindesmord (ebenfalls eine historisch frei erfundene christliche Lüge) und der Religionsunterricht sei jetzt „der Willkür der Eltern und Vormünder ausgesetzt." Um wie viel weiser zeigt sich dagegen die Offenheit des Dalai Lama. Wer meint Sittlichkeit und Moral der Bevölkerung sei nur mit religiöser Erziehung möglich, der muss auch erklären können, wie es in einer zu fast 100 Prozent sich aus Christen zusammensetzenden Bevölkerung wie der deutschen, es zu zwei Weltkriegen und den Holocaust kommen konnte. Ganz zu schweigen von den vorausgehenden Jahrhunderten mit christlich initiierten Genoziden, Verbrennungen und Folter von Andersdenkenden.

[141] Czermak, 2018, S.95

[142] Siehe S. 62 („Nichteinmischung")

[143] Czermak, 2016, a.a.O., S. 59. Bekannt geworden ist der Fall eines Chefarztes eines katholischen Krankenhauses, dem wegen Wiederheirat gekündigt wurde. Obwohl diesem bei seiner Klage gegen die Kündigung vom Bundesarbeitsgericht Recht gegeben wurde und obwohl in innerkirchlichen Kreisen diese rigide Anwendung des Selbstbestimmungsrechtes kritisiert wurde, bestärkte das BVerfG 2014 seine schon 1984 als „außergewöhnlich" empfundene Auffassung noch verfestigen zu müssen. Laut Czemarek hat bald danach sogar die katholische Bischofskonferenz sich dazu durchgerungen, die kirchlichen Vorgaben „etwas abzumildern."

[144] Czermak, 2018, 224.

[145] Erwähnt in Czermak, 2008, S. 200

[146] Czermak, 2018, 224.

[147] Czermak,2016, a.a.O., S. 59

[148] Schmidt-Salomon, a.a.O., S. 18

[149] Hermann Josef Schmidt, emeritierter Professor für Philosophie in Dortmund, in Aufklärung und Kritik, 4/2018, S. 219.

[150] Czermak, 2008, S. 231

[151] Schmidt-Salomon, a.a.O., S. 23

[152] Hilgendorf, 2010, a.a.O., S. 254

[153] Migration innerhalb Europas nimmt zu: Warum das Dublin-Asylsystem nicht funktioniert - Politik - Tagesspiegel. 05.04.2019

[154] https://www.focus.de/politik/deutschland/helmut-schmidt-ii_aid_95473.html. 01.03.2016

[155] 1992: Frankfurter Rundschau, Ausgabe 12.09.1992.

[156] 65 Prozent der Deutschtürken für Erdogan: Wahrheit ist komplexer, als es scheint - FOCUS Online

[157] Hilgendorf, a.a.O. 2010, S. 252 Ergänzend muss darauf hingewiesen werden, dass auch das unter dem Grundrecht der freien Religionsausübung stehende Schächten der Tiere und die Beschneidung von kleinen männlichen Babys bei islamischen und jüdischen Religionsgemeinschaften mit anderen Grundrechten, dem des Tierschutzes und der körperlichen Unversehrtheit und der geschlechtlichen Gleichstellung kollidiert.

[158] Hilgendorf, a.a.O., S. 254

[159] In der Tat hat in der islamischen Geschichte leider keine nachhaltige Aufklärung und eine damit verbundene historisch-kritische Exegese heiliger Schriften stattgefunden. Die im 11. und 12. Jahrhundert durch philosophische Strömungen auf der iberischen Halbinsel stattgefundene kurze Epoche der islamischen Aufklärung konnte leider keine bis heute durchschlagende Wirkung erzielen.

[160] Gleichberechtigung, sexuelle Selbstbestimmung, Toleranz, Wissenschafts-, Meinungs- und Religionsfreiheit

[161] Nach orthodoxer islamischer Vorstellung wird, ganz ähnlich wie die christliche mittelalterliche Vorstellung, das Reich Gottes erst dann kommen, wenn alle Ungläubigen bekehrt oder umgebracht sind. Vgl.H. Abdel-Samad, Der islamische Faschismus, Droemer, S. 84f

[162] Czermak, Gerhard, Islam und Menschenrechte, in: Aufklärung und Kritik, 13/2007, S. 137: "Der orthodoxe Islam und erst recht der aggressive Islamismus sind mit einer Kultur individueller Menschenrechte, die unabhängig von Religion oder säkularer Weltanschauung sind, schlechthin nicht vereinbar. Beide erstreben als Fernziel eine islamische Weltherrschaft, in der persönliche Rechte gegenüber den politisch Herrschenden nicht vorgesehen sind."

[163] Hilgendorf, 2010, a.a.O., S. 252

[164] Hilgendorf, 2010, a.a.O., S. 255

[165] Hilgendorf, a.a.O. 2010, S. 251

[166] Kulturelle Solidarität – der unbekannte Kern des Migrationsproblems", in Aufklärung und Kritik, 1/2016, S. 36 - 52

[167] Dreier, Horst: Säkularisierung und Sakralität, Mohr Siebeck, 2013, S. 117

© 2023 Peter Kamleiter
Herstellung und Verlag: BoD – Books on Demand,
Norderstedt
ISBN: 9783744802390